国家社科基金青年项目"权力视阈下大学组织内部冲突机理及对策研究（CFA130153）"和河南省科技厅软科学项目"河南省科技人才管理促进机制研究（162400410053）"资助

大学机构扩张的社会学分析

田子俊 著

中国社会科学出版社

图书在版编目(CIP)数据

大学机构扩张的社会学分析 / 田子俊著 . —北京：中国社会科学
出版社，2016.12

ISBN 978 – 7 – 5161 – 9590 – 1

Ⅰ.①大… Ⅱ.①田… Ⅲ.①高等学校－组织机构－研究－中国

Ⅳ.①G647.22

中国版本图书馆 CIP 数据核字(2016)第 326585 号

出 版 人	赵剑英
责任编辑	李庆红
责任校对	刘 娟
责任印制	王 超

出 版	中国社会科学出版社
社 址	北京鼓楼西大街甲 158 号
邮 编	100720
网 址	http：//www.csspw.cn
发 行 部	010 – 84083685
门 市 部	010 – 84029450
经 销	新华书店及其他书店

印 刷	北京君升印刷有限公司
装 订	廊坊市广阳区广增装订厂
版 次	2016 年 12 月第 1 版
印 次	2016 年 12 月第 1 次印刷

开 本	710×1000 1/16
印 张	17.75
插 页	2
字 数	255 千字
定 价	66.00 元

目　　录

第一章

导　　论

第一节　选题的意义

一　研究的缘起

自毕业到大学工作，迄今已 30 年头。在这 30 年里，用"发生了翻天覆地的变化"这句套话形容中国大学一点也不为过。我们最切身的感受是 30 年前能进大学学习那是要经过"千军万马过独木桥"的"一场厮杀"。今天，这座"独木桥"已大大拓宽，尽管还有"拼搏"，但毕竟是上"好大学"与"差大学"的不同。身在大学 30 年，感觉个人已与大学融为一体，再也难解难分。我为大学工作，大学为我提供"衣食住行"。身在大学中，对大学的发展感同身受；对大学的问题"犹痛在心"。此是选题缘起之一。

如今的大学是座"巨型的城市"，涉及的研究内容庞杂宏大、包罗万象。如何在其中选取研究的切入点？我选择的原则有三，即自己比较熟悉、有研究价值和感兴趣。三者的交集是"大学的机构设置"。连续多年从事的工作与大学的机构设置有比较多的关联，尽管目前已经离开了那个岗位，但是对大学的机构设置应该说还是比较熟悉的，而且有兴趣继续对其进行探究。同时，基于大学机构设置在大学管理中的地位，其研究价值自不必多言。此是选题缘起之二。

2004 年读到一本《大学有问题》的书，大学"一个校长和三五百个机关干部""处级干部一礼堂，科级干部一操场"，并发出了

"我们要得了那么多副校长和部门吗?"的疑问。① 如今，大学的内设机构越来越庞大，以"985工程"大学为例，2013年39所"985工程"大学，共有机构总数3229个，其中党政管理机构数1273个，教学机构数1308个，其他机构数648个。校均党政管理机构数33个，教学机构数34个，其他机构数17个。机构总数最多的某高校达到131个。② 如此看来，大学机构确实存在问题。

其实，中国大学机构的扩张问题在20世纪90年代就有不少学者开始研究，"由于与政府部门机构一一对口，已经臃肿到令人难以容忍的地步了……科学地设置机构，合理地配备编制，有效地调整工作关系，删繁就简，'消肿'、'减肥'，提高工作效益，是高校内部管理体制改革的一项紧迫任务"③。

尽管许多学者提出了很多对策，但大学机构扩张20多年来并没有停止。如果有问题，为何存在如此长的时间？组织研究中有一个定律：如果一个问题长期得不到解决，这个问题一定有其存在的必然性。

与西方大学"自然而生"不同，中国大学是在政府主导下产生的。从京师大学堂成立至今，政府主导大学发展的模式一直没有发生根本性的改变，这是中国大学发展的宏观背景。与此同时，大学作为一个社会组织，其生存和发展一刻也离不开外部环境，这个环境包括技术环境和制度环境。大学在与环境进行各种信息和资源的交换过程中，自身不可避免地会受到来自环境的影响，其中也包括大学的机构设置。

中国大学的内设机构是如何走到今天的状况？其历史发展轨迹和影响因素是什么？这个问题该如何解决或者优化？基于此，本书从政府、社会及文化因素的视角，确定了中国大学机构扩张研究这一选题。

---

① 熊丙奇：《大学有问题》，天地出版社2004年版，第131—132页。

② 数据来源为有关大学的网站，具体统计情况见后续章节。

③ 韩克敬、苏英：《高校人事制度改革研究》，湖南大学出版社1997年版，第88页。

二　选题的意义

把学术性价值与工具性价值有机结合起来是社会科学研究的追求目标之一，许多研究选题的意义都划分为理论意义和实践意义或现实意义，这也是社会科学研究通常的套路或框架。这也许是"合法性"的又一体现。本研究的意义也没有突破这个套路，仍然分为理论意义和现实意义。

第一，选题的理论意义。

组织社会学家周雪光在总结学术研究的贡献时，提出了五种研究贡献类型，其中之一即是在已有理论框架内进行资料积累和实证研究①，扩展相关理论的解释空间与应用范围，拓宽一个理论逻辑的研究领域和解释能力。也就是说，以原有的理论末端为出发点，解决之前的理论所没有解决的实际问题，也即"借用别人的理论来研究现实中的新问题"。②

本研究的理论意义正在于此。本书将中国大学机构扩张的事实纳入结构功能论的框架之下，从组织社会学的效率机制、合法性机制、组织趋同化的理论视角出发，扩展了大学机构扩张的理论解释空间与范围，为验证相关理论提供了新的资料积累和实证研究。譬如，几十年来中国大学内设机构扩张的表现之一就是大学机构与政府机构高度趋同，其原因何在？这也许可以从组织社会学的新制度主义理论得到解释。组织社会学的新制度主义理论于 20 世纪 80 年代兴起，主要关注点为现代社会中的组织趋同现象，其观点之一强调许多组织制度和

---

① 其余四种分别是：开创性的理论研究，通常这种研究提出了一个崭新的问题，或者一个新的研究角度，或者一个新的解释逻辑，因而带动起一系列的研究活动，形成了一个理论学派；研究方法上的贡献，诸如新的研究设计、研究的操作化、变量的测量等，新的方法可能会开辟新的研究空间；对原来理论的进一步阐发、发展与完善，对开创性研究的理论逻辑做了进一步的阐发，在可操作性上加以推进等；致力于不同流派之间的对比和融合，例如，新制度学派与种群生态学派在研究工作中的结合。参见张永宏《组织社会学的新制度主义学派》，上海人民出版社 2007 年版，第 2—4 页。

② 董泽芳：《博士学位论文创新的十个切入点》，《学位与研究生教育》2008 年第 7 期。

组织行为是源于组织追求合法性的需要，这种合法性包括法律制度、文化期待、社会规范和观念制度等人们"广为接受"的社会事实。大学机构追求与政府机构的同形逻辑，不仅有利于大学从政府获得资源支持，也能够获得社会的广泛认同。

第二，选题的现实意义。

社会学的研究对象是"社会良性运行和协调发展的条件和机制"①，把大学机构设置的问题搞清楚了，也有利于大学的良性运行和协调发展。多年来，伴随中国高等教育的高速发展和大众化进程，大学机构扩张也饱受诟病，甚至将大学的行政化及由此带来的学术权力弱化、学术泡沫和学术诚信危机、管理效率低下等诸多乱象都与机构扩张扯上了联系。显然，从这种角度看，大学的"良性运行和协调发展"遇到了问题。

提问之一，大学管理机构存在的价值体现是什么？比较一致的观点是，一所大学，首要性质是学术机构，学术赋予大学基本的生命力，这是一所大学发展存在的根本。丧失了学术生命，大学只能成为一个高楼林立的场所。学术权力的缺失和空间被挤压，必然严重挫伤教师的工作积极性，从而直接导致教学质量的滑坡和办学水平的下降。② 大学管理机构的存在，是为教学提供高水平的服务，为知识的产出和应用提供有力的支持。

提问之二，目前我国大学的机构设置是否太多了？通常的观点是，与发达国家高校相比，我国高等学校内部党政管理部门及院系教学部门，数量都远居其上。机构重叠、职能交叉、部门庞杂以及过多的管理层级等现象，都大大降低了我国大学的管理效率和办学效益。党政管理人员比例过高，必然产生人浮于事的现象，造成大学内部治理过程中人、财、物的大量浪费。更为严重的是大学中行政权力的不断增长，影响了行政权力与学术权力的平衡，甚至使学术权力成为行政权力的附庸，造成了学术权力不断被挤压，教师逐步被排除在大学

---

① 郑杭生：《社会学概论新修》（第三版），中国人民大学出版社 2003 年版，第 4 页。

② 陈磊：《大学的理想与实践》，武汉理工大学出版社 2009 年版，第 26 页。

决策程序之外，从大学的中心成为大学的雇员，行政管理者成为大学的雇主和主宰，大学日益成为一个官僚化的机构。还有一部分集学术与党政管理于一身的管理者，其管理职位越高，占有的资源越多，在课题申报与鉴定、著作出版、职称评审、学术荣誉授予等领域拥有更多的发言权，从而导致学术腐败。

有关的提问还有很多，基本是站在反对方对机构扩张的诘问，还有不少遏制机构进一步扩张的"对策建议"。但是，现实情况是都觉得有问题，都觉得应该解决这个问题，但是这个"问题"却迟迟得不到解决。更有趣的是一旦有了"机遇"，不少人反而是在"推波助澜"使机构再次扩张。这就是中国大学机构扩张的现实。这和中国社会现实中的很多"场景"颇为相似。

大学的内设机构一直在"长大"，由此带来了大学管理和运行的一系列疑问和困惑。分析、研究中国大学机构扩张的影响因素，为大学机构扩张走出困惑提供路径选择，不仅有利于大学自身的"良性运行和协调发展"，而且对中国的创新型国家建设、科技发展、经济和社会的进步具有现实意义。

本研究的意义还在于试图记录这一时期中国高等教育的发展历史，以及这段历史下大学教师、管理人员的"生活"片段，围绕大学机构扩张曾经发生的一些事情，以期"留住历史"。

第二节　现有研究文献评述

一　国内学者的相关研究

第一，从组织社会学的视角研究大学的边界和管理问题。刘广明依据组织社会学理论，认为大学边界在效率机制、合法性机制和院校文化机制作用下形成。效率机制始终影响着组织的设计，并确保大学的组织形式、工作效率和大学的发展速度，以适应日益变化的外部环境。大学组织结构的相似性，是合法性机制作用的结果，合法性机制确保大学得到社会的认可，使大学与外部环境保持和谐。院校文化机制使大学保持了各自的特色。大学边界具有维持功能、筛选功能、符号功能和协调功能。未来的中国大学边界将是大学主导型的边界、渗透性强的边界、保持维持与跨越合理张力的边界。[①] 曹云亮分析了大学管理制度合法性危机的表现，诸如凝聚力低、"离散现象"普遍存在、大学内个体"原子化"等。合法性危机的起点是一些制度的程序不合法，正式制度表达与制度实践相背离加剧了制度的合法性危机，大学管理的"合法性资源"短缺、管理观念相对滞后。[②]

　　第二，从管理学组织理论角度出发来进行研究。龙献忠通过对组织结构理论及其对高校组织结构形成的影响，对高校组织结构的历史流变及原因进行分析，提出了我国高校组织结构改革的趋势：扁平化、弹性化、多元化、网络化及重视非正式组织建设。[③] 苗素莲从组织环境、组织目标、组织结构和组织文化四个方面，考察了自清末京师大学堂产生以来中国大学组织特性的历史演变历程。认为行政权力左右中国大学发展百年历程，社会的政治经济状况和高等教育管理体制直接决定大学的组织目标，而组织目标决定大学内部机构设置和职权划分及学科结构。[④] 宣勇基于学科的角度，从学科、学院、学校以及研究型大学、教学研究型大学、教学型大学、大学的学生组织等方面，分析了大学的组织结构。认为我国大学目前的组织结构更加复杂化、正规化、多样化，同时组织规模增长还导致管理分权。大学组织结构的变革与创设，要充分认识和把握大学组织的目标、使命、性质、功能以及本质特征，并在组织理论的指导下进行。[⑤] 胡仁东从组织变革的理论基础、大学组织结构演进、国际比较的视角以及我国大

---

① 刘广明：《大学边界的形成与功能：组织社会学的视角》，《郑州大学学报》（哲学社会科学版）2008 年第 5 期。

② 曹云亮：《高校管理制度的合法性危机现象探析》，《现代教育管理》2012 年第 4 期。

③ 龙献忠：《高等学校组织结构分析及改革研究》，《湖南师范大学教育科学学报》2004 年第 1 期。

④ 苗素莲：《中国大学组织特性历史演变研究》，博士学位论文，华东师范大学，2004 年。

⑤ 宣勇：《大学组织结构研究》，博士学位论文，华东师范大学，2004 年。

学组织结构的现状，提出了我国大学组织内部机构生成机制。他认为现代大学组织以高深知识为其运行逻辑起点，大学组织属性主要包括制衡性、自主性、自律性和传承性。大学组织内部是一个权力场域，学者共同体、管理群体、学生群体这三个权力主体之间因其价值取向不同，形成了一种相互制衡的关系。大学这一学术组织的专业化特点和组织内部知识领域间的"联邦化"特点决定了大学是一个自主性很强的组织。这个组织的活动主要通过"同行审查"及"学术共同体内部制度"以自律，而且具有极强的承继属性。基于这些特性，大学管理中存在两种不同的取向，即科层取向和专业取向。①

第三，从大学管理要素及校、院关系来讨论高校的组织结构。冒荣等从高等学校管理的诸要素出发，对高校的教学、科研、人事、财务等方面进行了较详细的研究。其中，作者从一般组织结构出发，结合高校组织结构的特点，提出了高校通常使用的组织结构和高校组织管理原则。② 吴志功则认为，一所大学组织结构是其组织内部结构要素在外部环境诸要素作用下，组成的具有一定关系的组织形式。他研究了大学组织具体的结构模式，并试图找到适合中国大学的相关结构模式。③ 钱建平认为，现阶段学院制运行现状与改革目标相去甚远。绝大部分学院制高校仍未摆脱以学校为中心的管理体制，校院职责边界不清。其改革的方向和路径为重塑大学办学理念，创新内部治理结构，转变现行"学校→校设职能部门→学院"三级组织结构，推行校院两级治理模式，重建大学内部决策体制，强化职能部门的服务职能，将管理重心下移至学院。④ 刘亚荣、高建广等也持相近观点，要建立以学院为中心的管理体制，以提高学校的办学效率和办学水平。⑤ 黄祥林将学院制看作是目前大学普遍实行的一种内部管理制度，分析

---

① 胡仁东：《我国大学组织内部机构生成机制研究》，广东教育出版社 2010 年版。

② 冒荣等：《高等学校管理学》，南京大学出版社 1997 年版。

③ 吴志功：《现代大学组织结构设计》，北京师范大学出版社 1998 年版。

④ 钱建平：《新一轮学院制改革的动力与路径探析》，《江苏高教》2010 年第 6 期。

⑤ 刘亚荣、高建广等：《我国高校实行院校两级管理体制改革的调研报告》，《国家教育行政学院学报》2008 年第 3 期。

了国外大学学院的划分情况，认为学院制改革与教学、科研机构的重组都应贯彻系统、全面、发展及效率的原则，结合各大学具体实际，有计划、有步骤地实施重组。[①] 俞建伟认为学院的主要职能是管理职能，是大学的"管理中心"，学院应实行系、所、中心的设置制度。[②] 刘少雪等探析了世界 30 所大学的学院设置情况，从学科布局的角度出发，建议国内也应制定统一的学科专业目录，同时，尽可能淡化二级学科，减少学院设置数量，按学科大类或学科群来设置学院。[③] 冀斌的研究认为，高校机构改革主要是指高校党政管理机构改革和院系调整，改革的主要任务是实现大学机构"精简、效能"的目标。[④] 特别需要提到的是，袁祖望认为，我国高校机构设置存在的突出弊端为机构设置过于政府化。目前，高校机构改革的症结在于"不敢改"——存在思想禁区、"权宜改"——利益调整阻力大、"盲目改"——缺乏理论指导。笔者提出高校机构改革需遵循的基本原则包括：功能齐全、实在必要、权责明确。[⑤]

第四，对大学组织内部机构设置原则的研究。母国光认为，高校机构设置应当改革，着力点有三个方面：其一，要明确决策机构；其二，要建立健全参谋的咨询机构；其三，要完善信息反馈机制和系统。[⑥] 这种策略性的建议，对大学的机构设置具有较好的参考作用。陈孝彬从学校组织管理和建设的角度，认为我国现代学校已形成了自己的组织体系和管理原则，但还存在不少问题。这些问题多数要由国家出面从宏观上入手解决。在微观层面，学校领导者要树立新观念，按现代化的原则建设学校组织。具体原则为：一是精兵简政、与学校

---

① 黄祥林：《"学院制"改革与高校内部教学科研机构重组》，《延安大学学报》（社会科学版）2004 年第 3 期。

② 俞建伟：《学院制中学院的内部管理体制》，《江苏高教》2001 年第 1 期。

③ 刘少雪等：《创新学科布局　规范院系设置》，《清华大学教育研究》2005 年第 5 期。

④ 冀斌：《高等学校机构调整及其组织变改的理论内涵》，《宁夏大学学报》（人文社会科学版）2002 年第 1 期。

⑤ 袁祖望：《高校党政机构设置缺陷及纠偏》，《高教探索》2004 年第 3 期。

⑥ 母国光：《高等教育管理》，北京师范大学出版社 2000 年版。

目标任务相一致原则，二是统一领导原则，三是分工协作原则，四是职责、权利相一致原则，五是监督与民主管理原则，六是因校制宜原则。① 胡仁东认为，我国大学组织内部机构设置的原则是分工原则、协作原则、资源利用的有效性原则及稳定与灵活原则。② 马玲则从研究型大学的视角，提出了我国研究型大学校级行政机构与岗位设置应遵循效益性原则、权责一致原则、实在必要原则、党政协调原则及法制化原则。③ 诸常初按大部制理念，将大学的机构整合为四大系统，即决策系统、行政管理系统、教学科研管理系统、学生管理系统。这四个大系统中设立机构应遵循按需设岗原则、精简高效原则、注重服务原则和统一协调原则。④ 万志峰从地方院校的内部机构设置入手，提出了管理机构设置的原则是党政分工原则、不可替代原则、责权相当原则、管理层次与管理幅度原则和精简高效原则。同时提出院系和科研机构设置的原则是社会需要原则、学科专业发展需要原则和特色原则。⑤ 袁祖望认为，许多高校的机构改革缺乏理论指导，机构设置的盲目性、权限划分的混乱性、人员配置的随意性仍然很大。⑥

　　第五，由于大学机构扩张导致大学"行政化"的研究。王英杰从文化的视角，解析了大学学术权力和行政权力的冲突，从两种权力冲突的起源、学术文化与行政文化的误解和敌意的分析中，探索了大学校长在大学新文化建设中的职责。⑦ 章晓莉则提出了优化行政权力与

---

　　① 陈孝彬：《教育管理学》（修订版），北京师范大学出版社 2002 年版。

　　② 胡仁东：《我国大学组织内部机构生成机制研究》，广东教育出版社 2010 年版，第353—355 页。

　　③ 马玲：《我国研究型大学校级行政机构与岗位设置研究》，硕士学位论文，上海交通大学，2005 年，第 39—40 页。

　　④ 诸常初：《大部制理念下的高校机构改革研究——以温州大学为例》，硕士学位论文，浙江师范大学，2009 年，第 65—66 页。

　　⑤ 万志峰：《大学内部机构设置及现状研究》，硕士学位论文，曲阜师范大学，2008年，第 25—27 页。

　　⑥ 袁祖望：《高校党政机构设置缺陷及纠偏》，《高教探索》2004 年第 3 期。

　　⑦ 王英杰：《大学学术权力和行政权力冲突解析》，《北京大学教育评论》2007 年第1 期。

学术权力的对策，即强化校长的协调作用，按照适当分离、适当下移、适当分散的原则调整大学权力结构。同时，书中也提出要加强党委领导下的教职工民主管理制度设计。① 李春梅、孟蓉蓉分析了大学行政权力与学术权力在运行中失衡的表现，一是行政权力与学术权力主体重叠；二是行政权力泛化，官本位思想严重；三是学术权力弱化，教师钻研思想消极。② 周光礼系统总结了中国大学行政化历程的两个阶段，把中国大学的"行政化"与制度主义理论相联系，分析了同构逻辑与办学自主权、积淀主义与路径依赖、认识逻辑与思维定式，提出了大学"去行政化"改革的实现路径，一是转变政府职能，为大学营造好外部环境；二是建立利益相关者协调机制，推动大学认知方式的转变；三是强化学术人员在大学治理中的作用；四是以样板组织推动"去行政化"的制度扩散。③

　　第六，对大学"学术泡沫"的成因及表现的研究。大学行政化对学术环境造成严重影响，出现了学术不端、"学术泡沫"等一系列问题。纯洁的学术，如今成了官场的"婢女"。在北京师范大学文学院召开的 2010 年第二届全国学术批评与学风建设论坛上的发言可见一斑。北京师范大学文学院程正民教授认为学术和权力结盟，导致"学术随着权力无限膨胀"。有些学者不能说原来学问做得不好，但也不见得权威。当了官之后却马上成了权威。随之而来的是"鸡犬升天似的膨胀"。"学者当了官之后，要人有人，要钱有钱，要奖有奖，要项目有项目。很快所在学科就成了重点学科，成了基地。"关于今日的学术泡沫的严重性，山东大学当代社会主义研究所王建民教授认为"不是泡沫，而是绝大部分都是泡沫，80%—90% 都是泡沫。"天津大学谭汝为教授用宋词来形容当前的学风：用李清照的词来说，是

---

　　① 章晓莉：《高校行政权力与学术权力博弈分析》，《黑龙江高教研究》2009 年第 12 期。

　　② 李春梅、孟蓉蓉：《大学行政权力与学术权力的博弈分析》，《陕西科技大学学报》2012 年第 10 期。

　　③ 周光礼：《中国大学"去行政化"改革的制度困境及其破解》，《现代大学教育》2012 年第 3 期。

"这次第，怎一个愁字了得"；用辛弃疾的词来说，是"更能消几番风雨"；用姜夔的词来说，是"最可惜一片江山"。①

王文江统计了有关数据，我国 SCI 论文平均 4.74 年增长一倍，论文数量在世界排名每 5.98 年增长一倍。但反映论文质量的重要尺度——单篇论文平均被引数不断下降，只有 3.01 次，居世界第124 位。②

对于造成学术泡沫这一问题，学术期刊与出版平台作为"出口"之一难辞其咎。学术不端的根基在学术界，但其助燃渠道却在出版界。设立核心期刊的初衷，是为了图书情报部门优化馆藏和指导阅读服务。但随着核心期刊越来越多地进入学术评价体系，它的原始功能迅速异化，被广泛用于津贴、职称等的评定，从而演变为一种评价尺度进而造成核心期刊功能泛化。③ 由于学术界对核心期刊的"刚性"需求不断上升，倒逼了核心期刊功利化倾向的不断恶化。相当多的期刊"刊厚、字小、刊期短"之流行色十分鲜明。④ 学报越办越多，老的学术刊物纷纷由季刊变为双月刊，由双月刊变为月刊，甚至为一月二期、三期的旬刊，同时版面也普遍扩大。⑤

二　国外学者的相关研究

第一，从组织的角度对大学定义的研究。伯顿·克拉克比较系统地解读了大学组织，他认为"知识是人们赖以开展工作的基本材料；教学和研究是制作和操作这些材料的基本活动；这些任务分成许多相互联系但却独立自主的专业；这种任务的划分促使控制权分散；最后，目的必然是模糊的，广义概括的目标可以起到十几层操作部门具

① 叶铁桥：《学术打假，怎一个愁字了得》，《中国青年报》2010 年 11 月 10 日。
② 王文江：《构建和谐的学术生态》，《赤峰学院学报》（汉文哲学社会科学版）2009年第 6 期。
③ 黄红梅：《论核心期刊泛化的负效应》，《江汉大学学报》（人文科学版）2003 年第6 期。
④ 李东辉：《学术泡沫下的期刊趋势一鉴》，《云梦学刊》2010 年第 1 期。
⑤ 杨明丽：《学术泡沫中沉浮的学术期刊》，《江西社会科学》2005 年第 2 期。

体目标合法化的作用"。他通过对工作表达和安排方式、信念、权力等组织要素的分析，得出结论："大学是围绕学科和行政单位组成的矩阵型组织，其基本组织单位是从学科出发并围绕学科发展起来的集工作、信念、权力各种形态为一体的综合结构。"①

　　第二，关于大学组织趋同的研究。大学组织趋同的概念最初由瑞斯曼提出，他通过对美国高等教育系统的观察，认为"毋庸置疑，国内的学院和大学相互模仿……每个人都应当注意趋同的范围"。他把趋同现象描绘为"宛如游蛇"一样的一个过程。在这个过程中，底层、中层的组织模仿顶层组织行为，造成组织之间的各种差异越发模糊。大学组织追求学术卓越方面的趋同是大学与生俱来的一个特点。②马丁·特罗认为，高等教育的竞争一方面越来越导致多样化，另一方面又越来越导致同一性。一方面，由于不同大学在市场竞争中取得的成果不同，同时由于地位较低的大学在同其他大学竞争时为了在市场上获得优势所运用的"边际差别"的结果不同，就使这些大学变得越来越多样化了。另一方面，大学的相互竞争，以及地位较低的大学对地位较高的大学的模仿，学术形式和风格、课程和办学标准，越来越向着名牌大学的特点和风格发展，整个高等教育系统的差别趋于缩小，这种现象随处可见。所以，大学的趋同是自然发展的规律，都是在激烈的院校生存竞争中产生的，这符合美国高等教育发展的轨迹。③

　　第三，对大学运行模式的研究。罗伯特·伯恩鲍姆在其著述《大学运行模式——大学组织与领导的控制系统》一书中以自己独有的方法分析了"松散联合"这一概念。在他看来，大学组织的松散联合

---

　　① 伯顿·R.克拉克：《高等教育系统——学术组织的跨国研究》，王承绪等译，杭州大学出版社 1994 年版，第 25 页。

　　② Risman David, *The Academic Procession: Constraint and Variety in American Higher Education*, Lincoln: University of Nebraska Press, 1956.

　　③ 伯顿·克拉克：《高等教育新论——多学科的研究》，王承绪等译，浙江教育出版社 2001 年版，第 145 页。

不仅体现在系统要素之间，更体现在不同的组织运行模式中。① 另一学者托尼·布什认为"松散联合"系统所体现的组织不稳定性和复杂性实际上是一种模糊教育管理模式，其特征为九个方面：一是组织的目标是不明确的，目标的模糊性使任何意义上的教育目标的实现都不可能成为学校管理工作的中心；二是组织管理的手段和程序是不清楚的；三是组织具有分散和松散联结的特征；四是组织的结构是不确定的；五是它一般是只以人为工作对象的专业性组织；六是强调组织管理中参与者的流动性，无法固定参与决策的成员；七是组织对外部信息的把握不确定，内部决策过程具有模糊性；八是组织的决策通常无计划；九是具有组织强调分权之优势。"由于松散联结系统内部各部分的相对独立性，其中一部分出现问题并不会影响组织的其他部分……一个松散联结的组织能够使问题明显地暴露出来，从而防止这些问题的进一步扩散。"②

　　第四，对大学机构科层制的研究。威廉·H.考利从科学管理的角度出发，认为科层组织对增强大学功能、抵抗内外威胁是必要的；斯特罗普也指出，大学的组织特征是其所处社会组织特征所决定的。"大学作为科层组织，就像所有大型组织一样，是根据层次化原则将其办公室组织起来的，即低一级的办公室必须接受高一级办公室的控制与监督"。③ 但也有学者认为大学组织并不能完全用科层组织来概括，人们认为韦伯的理论过于理想化、片面化，约翰·克森将大学与政府、企业的管理进行了比较，认为它们在目的、原理、价值观念等方面有较大差异，韦伯的理论无法解释教育组织中的二元权力结构即科层权力和专业权力的运作。罗纳德·科温提出，科层管理并非现代组织的唯一权力来源，他认为："在雇员专业化的部门中，根本的紧张关系不在于个人和系统之间，而在于系统中的专业组织和科层原则

---

　　① 罗伯特·伯恩鲍姆：《大学运行模式——大学组织与领导的控制系统》，别敦荣译，中国海洋大学出版社 2003 年版。

　　② 托尼·布什：《当代西方教育管理模式》，强海燕等译，南京师范大学出版社 1998 年版，第 167—177 页。

　　③ Stroup. H., *Bureaucracy in Higher Education*, New York：The Free Press, 1966, p. 74.

之间"。① 进一步的研究是迈克尔·科恩和詹姆斯·马奇，他们把大学描绘成"有组织的无序状态"，认为大学的管理程序并非严格遵循科层逻辑或者民主逻辑；托尼·比彻研究了由特定的知识群所组成的学科文化之间的差异及其对大学组织的影响；维克多·鲍德里奇认为大学组织的独特之处表现为具有模糊而纷争的目标系统，是"服务于其需求影响到决策过程的顾客，多方面的非常规技术，高度的专业化和相互割裂的专业人员队伍，对外部环境越来越脆弱"；② 彼得·布劳则认为科层化与学术组织之间有矛盾，"大学教师间尽管存在等级以及对学术事务的不同影响，但却不存在彼此监督的层级关系"。③

第五，对大学组织内部机构的研究。亚伯拉罕·弗莱克斯纳从大学的使命角度研究了大学组织结构。大学组织内部机构应当是"自然形成"，而不应是"预定"或"既定"的。④ 罗伯特·伯恩鲍姆从实现大学组织目标的角度来研究大学组织管理模式，包括学术目标、效率目标及资源的合理配置目标等之间的综合平衡。在这种管理模式下大学内部监察机构的完善十分重要，它能保证信息反馈系统畅通而不阻梗。⑤ 威廉姆·H.伯格奎斯特从文化角度审视大学管理与决策，将大学组织的文化表现形式概括为：学院文化、管理文化、发展文化和协商文化。这几种表现形式的大学组织文化体现出大学组织的管理风格，影响着其内部机构设置。⑥

---

① Campbell, R. F., *A History of Thought and Practice in Educational Administration*, Columbia Press, 1989, p. 107.

② 阎凤桥：《大学组织与治理》，同心出版社 2006 年版，第 51 页。

③ 陈颖：《我国高等学校校、院（系）权力配置影响因子研究——基于高等学校组织特性的思考》，博士学位论文，南京师范大学，2008 年，第 6 页。

④ 亚伯拉罕·弗莱克斯纳：《现代大学论——美英法大学研究》，徐辉等译，浙江教育出版社 2001 年版，第 3—4 页。

⑤ 罗伯特·伯恩鲍姆：《大学运行模式——大学组织与领导的控制系统》，别敦荣译，中国海洋大学出版社 2003 年版，第 216 页。

⑥ William H. Bergquist, *The Four Culture of the Academy: Insights and Strategies for Improving Leadership in Collegiate Organizations*, Published by Jossey-Bass Inc., 1992, pp. 6–8.

三　对相关研究文献简评

第一，从文献的数量上看，已有研究文献数量巨大，但从社会学角度研究大学机构设置的文献极少。对大学机构设置的研究文献很多，但大多是从管理学、教育学乃至哲学的学科角度进行研究。而从社会学的角度、利用社会学的研究方法和语言，系统研究大学机构的文献目前还没有查阅到，仅少部分文献有涉及。

第二，宏观层面的研究文献多，微观层面的研究文献少。相关研究主要集中在大学管理的宏观视野及管理模式的研究。但是研究大学机构生成及运作的微观环境、大学教师及管理人员工作的微观环境的文献很少。

第三节　研究的理论基础

一　结构功能论

本书以结构功能论为主要理论依据。结构功能论是当代最有影响的宏观社会学理论之一。该理论把社会视为一个均衡、有序和整合的系统，系统中的每一部分都对系统整体的生存、均衡与整合发挥着必不可少的作用。整个社会系统及其各个子系统的运行基本上是协调的，协调运行表现为社会状况的主流。

结构功能论的基本观点最早发源于19世纪的英、法两国。以孔德、斯宾塞为代表的古典社会学家认为，社会中的个人、团体和制度对整个社会的作用十分类似于生物器官对有机体生命的作用。迪尔凯姆更进一步指出任何社会学解释都应该首先指出某一现象的原因，其次要指出它的功能。这些早期功能主义思想通过两位20世纪人类学家马林诺夫斯基和布朗的努力得到了进一步的发展。布朗的功能论强调整合是每一社会生存的必备条件，因此社会结构与组织都为此而存在、运动。经济结构、宗教仪式和亲属家族组织都是为社会整合而存在的。马林诺夫斯基认为社会制度的起源是人们为了满足生理需求，每一种风俗、概念等都具有重要功能，是社会整体必不可少的部分。

结构功能论体系的集大成者是当代美国社会学家帕森斯，他的工作使结构功能主义真正成为一种系统的理论。第一，帕森斯在他的早期著作《社会行动的结构》中确立了将社会秩序作为社会学理论的中心议题，确立了结构功能主义的理论取向。帕森斯假定在任何社会中都存在一种大体一致的价值观念和行为准则，而社会秩序正好来自人们这种大体一致的价值观念，价值观成为人们行动的指南。第二，帕森斯在他晚期的著作中重点发展了他的社会系统论。认为任何社会系统在满足其基本生存需要的过程中都分化出了四个子系统即经济子系统、政治子系统、法律子系统和亲属子系统。经济子系统主要满足适应环境的功能，即如何从外部环境取得资源和分配给社会成员；政治子系统主要满足实现目标的功能，即为整个社会设置目标并配置资源去实现目标；法律子系统执行社会的整合功能，以保证整个社会的团结与整合；亲属子系统扮演模式维持功能，即保证社会价值观稳定及传递。社会体系内的这四种功能被称为 AGIL 模式：A 指适应（adaptation）；G 指目标的获取（goal attainment）；I 指整合（integration）；L 指模式维持（latent pattern maintenance）。帕森斯指出 AGIL 是社会生存的四个问题，同时也是行动者行动体系的四个组成部件。不仅每一个社会都有这四个问题要解决，而且社会里的每一子系统也有这四个问题。帕森斯指出为了达到社会体系之整合，其各部门必须时常调整内部结构与各部门间的关系；这种调整是由于体系内部缺少均衡而引起的，调整的目标是达到新的均衡。第三，帕森斯在他的晚期著作中还发展了社会进化理论。帕森斯认为，人类历史过程是一种进化过程。这种进化包括：分化（differentiation）；适应力的提升（adaptive upgrading）；容纳（inclusion）；价值的通用化（value generalization）。分化是指当一个系统或单位分解成两个或两个以上的单位或体系的过程。适应力的提升是分化的结果。容纳是指一个社会单位容纳新的成员的能力。帕森斯认为一个社会的容纳能力越高，则其整合程度和效率也就越高。价值通用化是指社会对新分化出来的单位的承认，社会的均衡和稳定要依赖于社会是否发展出一套新的价值体系，这种体系承认和容纳所有新的单位。

结构功能论的另一个代表人物是当代美国社会学家罗伯特·默顿。默顿在很多方面将他导师帕森斯创立的结构功能论发扬光大。他主张大力发展中程理论，即介于经验总结性微观理论和宏大社会理论之间的理论。其次，默顿还批评了过去的功能主义理论中功能统一性观点、功能普遍性观点和功能不可替代性观点的错误。功能统一性观点认为社会系统的任何局部都对整个社会具有功能。默顿认为，现代社会中有许多东西并不具有全社会的功能，而可能仅仅只对社会的某一个部分具有功能。功能普遍性的观点认为任何活动或仪式都完成了某些对社会有益的功能。而在默顿看来某些活动或仪式对社会的某些部分具有功能，而对其他部分可能不具备任何功能，甚至具有负功能。功能不可替代性的观点把某些制度看成是不可替代的。默顿则认为，可以有一系列相互替代的社会制度满足同样的功能性前提。[①]

每一种组织结构都具有某种功能，但是有功能的结构并不一定就是组织需要的结构。无论组织设计出怎样的结构，都包含四种可能，即正功能与负功能，潜功能与显功能。正功能是指该结构发挥出的作用有利于组织目标的实现，是组织有意设计的功能；负功能是指这一结构出现了妨害组织目标实现的功能，与组织发展目标相背离；显功能是指组织有意设计并公开宣扬的功能，是为组织目标服务的功能；潜功能是指该结构潜在的功能，不是组织设计的功能，但并不是说这种功能一定对组织发展有负的作用。

因此，研究组织就要分析其结构的各种可能性，并非结构越严密越好，一切都随着环境的变化而变化；增加或减少某种组织结构，都必须考虑到由这种变化所带来的功能的变化。

二 效率机制与合法性机制

效率机制最初是作为经济学的一个概念，即用最少的投入获得最大的产出，这是企业决策行为的根本机制。后来该机制被用来研究、解释生活中的组织现象，威廉姆森在其交易成本理论中对效率机制在

---

① 张友琴、童敏、欧阳马田：《社会学概论》，科学出版社 2008 年版，第 69 页。

组织分析中的作用进行了较充分的诠释："市场和组织之间的选择随交易成本而变化。当通过组织实现某种交易成本过高时，组织就会收缩边界，用市场形式来完成这种交易。反之亦然，当市场交易成本过高时，组织会扩展边界，把这种交易活动内在化，即变成组织内部的一个问题。追逐交易成本最小化的效率规律决定了不同组织形式和行为的选择，决定着组织边界的设置。"①

效率机制后来被引入社会学组织理论，与合法性机制、组织趋同等作为新制度学派理论的基本概念。

新制度学派的主要代表人物有迈耶、迪玛奇奥和鲍威尔等。迈耶的基本思想是他在研究美国教育制度过程中提出的，他发现美国的教育制度有很多有趣的特点，令他很感兴趣并提出疑问：首先，是各州教育体制的相似性。教育在美国是各个州政府的责任，所以教育机构是比较独立的、分散的。按理说，各州条件不同，其教育体制也应该各不相同，但实际上却是非常接近，其原因是什么呢？其次，虽然联邦政府没有管理教育的行政权力，但它每年向各个学区提供大量的财政支持，联邦政府同时又每每借此向各个学区提出各种制度化的要求。这些要求会产生什么样的结果呢？最后，教育机构制定的很多规章制度与它实际的运作过程毫无关系，这又是为什么呢？针对这样一些现象和问题，迈耶提出了一个与权变学派完全相反的思路。

迈耶首先肯定，任何一个组织都必须适应环境才能生存，因此要研究、认识各种各样的组织现象就必须从组织环境的角度进行。组织所面临的环境有技术环境和制度环境。前者主要是指组织对外部资源的依赖程度、与其他组织的关系等；后者则是指一个组织所处的法制环境、文化期待、社会规范、观念制度等被人们"广为接受"的社会事实。他认为，这两种环境对组织的要求是不同的。技术环境要求组织遵循效率机制，也即组织的运作以追求效率为主要行为逻辑，按成本最小化和效率最大化原则进行组织活动。效率机制驱使组织为了

① 刘广明：《大学边界的形成与功能：组织社会学的视角》，《郑州大学学报》（哲学社会科学版）2008 年第 5 期。

实现组织目标采取一种规范、理性和有效率的组织形式。而制度环境则要求组织遵循合法性机制，即组织的运作主要以追求合法性，追求"人们普遍认同的"形式与做法为目标。效率机制和合法性机制对组织的要求可能是一致的，这种情况下不同组织为了适应环境的要求会表现出相同的行为。但更多的时候效率机制和合法性机制对组织的要求往往是相互矛盾的，追求对技术环境的适应可能会使组织忽视制度环境，而追求对制度环境的适应性则有可能影响效率。为了解决这个矛盾，组织会去寻求各种各样的对策，由此便产生了各种组织现象。

迈耶认为，既然制度环境对组织具有强大的约束力，使组织不得不接受在某种制度环境下建构起来的具有合法性的形式和做法，那么组织的相应对策是什么呢？他认为有三种基本的策略：一是趋同化现象，为了得到制度环境的认可，每个组织都采取类似的结构和做法；二是相互模仿和学习，为了减轻环境给组织造成的动荡，各组织之间会相互观察和学习，其结果也会促进组织趋同化的过程；三是将形式与内容分开，当取得合法性的资源与取得效率的资源之间发生冲突时，组织很可能会把实际运作方式与组织结构分离开来，使正式组织只是成为一种象征，而实际运作过程则主要依靠非正式规范来约束。

迪玛奇奥和鲍威尔则从弱意义上探讨了合法性机制。他们认为制度并不是一开始就规定了人们的思维和行动，而是通过影响资源分配或激励的方式来影响组织或个人的行为，即制度对行为的影响不是决定性的，而是诱导性的。从历史上看，组织的产生确实与理性选择和效率机制有着密切的关系。但是在当代社会中，组织趋同化的驱动力已经不是效率机制，而是国家制度和专业化组织。他们认为，导致组织形式、组织行为趋同化的机制有三个：一是强迫选择机制，即社会上存在一些必须就范的强制性规范。二是模仿性机制，即当组织面临环境比较复杂、情况不确定时，它们通常模仿同一领域中成功组织的做法，从而降低不确定性。三是社会规范机制，指社会规范使人们产生一种共享观念或共享思维，而且不自觉地约束着人们的行为。[1]

---

① 于显洋：《组织社会学》，中国人民大学出版社 2009 年版，第 61—64 页。

第四节　研究的思路及方法

一　研究的思路

本书的研究思路包括三个步骤。一是带着问题去阅读、去查阅相关的资料。目前的网络和数字资源为研究提供了极大的便利。二是为研究寻找理论支持，这是研究的理论基础和依据。三是在前两步的基础上构建研究框架，并按这个框架实施研究。

一种社会现象在复杂的社会系统中与其他现象及系统整体发生多种形式、不同层次的联系，因而在开展社会研究时不能简单化。社会越发展，这种联系就越复杂，导致或制约这种社会现象的原因必然会多元化。尤其还要注意的是，这些众多的原因中，虽然起决定作用的可能往往只有一种因素，其他因素则是交织在一起来发生作用。所以，社会学研究必须开拓思路，防止片面性。① 大学机构扩张是中国高等教育发展中的一种社会现象，研究这种现象的成因，也必须全方位、多元化，从不同的角度去研究。

文献综述的终点就是研究的起点，对历史文献的阅读、分析是一项研究工作开展的基础和前提。由于从社会学的实证角度对大学组织及运行的研究凤毛麟角，给本研究带来的好处是不容易重复别人走过的路，某种程度上也有利于研究的"创新"。但是，其缺点也显而易见，即没有多少可供参考的研究资料和成果。在大量阅读管理学、教育学、政治学关于大学机构设置文献的基础上，还利用学校的电子资源、网络资源和档案等纸质资源，对我国大学的起源和发展、大学管理体制的演变及大学内设机构的客观情况进行总体上的把握。其中，重点统计"985 工程"大学、"211 工程"大学及河南省有大学称谓的九所大学的机构设置情况，这是研究的"面"上的情况。同时以

---

① 张友琴、童敏、欧阳马田：《社会学概论》，科学出版社 2008 年版，第 31 页。

HN 大学①这个"点"为个案，详细解剖大学机构的扩张过程，从微观上了解这所大学几十年的发展历程。通过对"面"的现状观察和"点"的历史研究的结合，以期比较全面地把握我国大学的机构设置情况。在全面把握"问题"的基础上，不能停留在问题层面去研究，这样做很可能会在问题中"打转转"，也可能陷入"就事论事"的陷阱而难以自拔。正确的方法是"跳出问题看问题"，跳出问题以后就会发现观察问题的高度、角度有了一个新的提升，揭示问题的实质可能更辩证、更全面一些，解决问题的方法可能更多了一些。

几十年来尤其是改革开放以来，中国大学的内设机构一直处于不断扩张之中，这是客观存在的事实。这些机构因由多种原因设立，有应然的，也有实然的。譬如，从大学的教学、科研和社会服务三大功能看，为了有效地履行这些功能，成立相应的机构应该是必然的，这些是大学的基础型机构。同时，由于中国高等教育管理体制所决定，大学实行党委领导下的校长负责制，必然要求成立相应的党的机构，这些是大学的体制型机构。还有发展型的、临时型的机构设置等，这些机构都有各自不同的功能，也保证了大学的正常运转。这种状态可以用社会学的结构功能论予以解释。机构设置是组织社会学的研究范畴，组织社会学关于效率、合法化及组织趋同的理论从不同的角度诠释了大学机构的扩张机制。譬如，社会经济和科学技术在不断发展，在效率机制的作用下，不断成立一些新的机构以适应这种发展需要。结构功能论强调社会系统中各个子系统应协调均衡发展，由于体系内部有时候缺少均衡，为了达到社会体系的整合，必须时常调整系统的内部结构与各部门间的关系，调整的目标是达到新的均衡，这是大学内设机构需要改革的理论依据之一。

在结构功能论的基础上，运用效率机制、合法化机制和组织趋同化理论，构建了本书的整体框架。第一部分即导论部分，包括研究背景和意义、文献综述、理论基础、研究思路和方法、相关概念界定等

---

① HN 大学的有关情况，在第二章及以后的章节中有详细介绍。为研究方便，该大学的原名隐去。

内容。第二部分对我国大学的起源、管理体制的演变和机构设置的现状进行描述和分析。第三部分为本书的关键和主体部分，分析大学机构扩张产生的原因，包括政府因素、社会发展因素及文化因素，从理论上分析是效率机制、合法性机制共同作用的结果。第四部分描述大学机构扩张对大学运行的影响，包括积极影响和消极影响两个方面。第五部分是大学走出机构扩张的路径选择和结论、讨论部分。

　　本书创新体现在以下两个方面。一是提出了效率和合法性双重机制导致大学机构的扩张，弥补了学界现阶段从社会学角度对大学机构扩张研究的薄弱和不足。二是从中立的观点研究大学的机构扩张现象，提出了大学机构扩张的影响是二元性的。已有的研究文献对大学的机构扩张基本上是从负面或者消极面进行，认为大学机构扩张不利于大学的发展。本书从结构功能论出发，认为每一个机构都有其功能，都对大学的发展起到了自己的作用，无论从效率的角度还是合法化的角度其设立有其必然性。和任何事情都有两面性一样，大学机构扩张既有积极作用也有消极作用。

二　研究的方法

　　研究方法主要为文献法和实地研究法。文献法是通过有计划地搜集文献资料，如正式出版的著作、报刊及各种论文、文件、报表等，并采用一定的手段对其进行归类分析，从而达到了解某种社会现象的方法。在今天的信息社会，文献资料已成为重要的信息来源，文献法的应用越来越多，也越来越方便，其作用与日俱增。尤其是随着互联网的发展，文献的海量存储、处理技术日趋便捷，给社会学科研究带来了更多的可资利用的资料。本书中文献的内容主要有三个部分。一是通过图书文献资源试图比较全面地了解研究的现状，以充分利用已有的研究成果，也避免重复别人走过的路。二是通过各大学的官方网站了解其机构设置的现状，重点统计"985 工程"大学、"211 工程"大学及河南省有大学称谓的高校的机构设置情况，从而把握中国大学机构设置的现状。三是查阅 HN 大学的校史资料，详细研究其机构设置变迁的历史沿革。

　　研究中要注重处理好已有文献和选取利用的关系。由于已有研究文献数量巨大，包括对大学机构的设置、运行及由此产生的大学行政化、学术泡沫化等问题，但是这些研究成果或研究的角度大多是管理学、教育学的范畴，这些成果对本书有可供借鉴之处。但在已有的大量研究成果中，真正从社会学的角度利用社会学的研究方法和视角来研究大学机构设置的论著较少，有的也是浅层次地涉及，所以在使用这些成果和研究结论时就存在一个问题，即担心"迷失"在管理学或教育学的"研究丛林"中，无法找到从社会学角度进行研究的正确路径。

　　实地研究是一种深入到研究对象的生活背景中，以参与观察和无结构访谈的方式收集资料。本书以 HN 大学为研究主要对象，结合平时的耳闻目睹，再带着问题深入其中，通过看、听、问、想等亲身体验，感受研究对象的"脉动"。同时，通过一个个具体的案例，来展现 HN 大学机构设置及变迁中的细节过程和"还原真实生活"的微观状态。

　　此外，本书还采用了社会统计学方法进行研究。如对中国当前的高等教育的大规模变化及发展趋势，教师队伍及管理人员的数量变化，"985 工程"大学、"211 工程"大学的内设机构情况等，在掌握原始数据的基础上，通过对资料的整理和分析，将资料简单化，直接采用统计表格、图表等形式对研究对象进行描述性统计。

第五节　　概念的界定

一　大学

　　"大学"一词最早起源于中国的上古时代。在《周礼》、《礼记》中均有"成均"或"成均之法"的记载。"成均"相传为"五帝"时的学校名称，董仲舒之语曰："五帝名大学曰成均"，[①] 这应该是最

---

① 　喻本伐、熊贤君：《中国教育发展史》，华中师范大学出版社 1991 年版，第 20 页。

早关于"大学"的文字记载。后来，又有上庠、稷下学宫、太学、国子监以及书院等类似于高等教育的机构相继出现，但这些机构和近现代意义上的大学有着巨大差别。直至清朝末年京师大学堂的成立，中国近代意义上的大学才算正式登场。

西方大学起源于中世纪的欧洲大学，与中国早期大学不同的是，欧洲中世纪大学较早地开始了自然科学的教学，从而与现代大学有更密切的渊源。中国近现代大学正是受西方大学的影响而设立。

大学作为一个概念的表述有很多角度，如大学的功能、大学的理念、大学的定位、大学的构成要素等，从不同的角度有不同的表述，但其最本质的属性可以表述为，大学是从事高等教育的最高学府，为接受教育的学生综合性地提供教学和研究条件、授予学位，同时为社会提供知识、技术范畴的服务。

显然，这种表述从本研究的角度看仍不明确。要研究中国大学的内部机构设置问题，首先应该界定这个"大学"所包含的范围，这是一个必须搞清楚的概念，也是一个大学的分类问题。

目前中国大学还没有一个统一的分类方法。从大家比较认同或经常使用的分类方法看，主要可归纳为以下几种：

一是按学科特点进行分类。分为综合类、理工类、农林类、医药类、师范类、艺术类、军事类，还有近几年来的高职高专类等。按学科特点进行分类的方法源于20世纪50年代，至今教育行政主管部门的业务管理机关或学术指导机构的划分标准仍主要依据此方法。

二是按教学科研的规模和研究生占学生数的比例进行分类。分为研究型大学、研究教学型大学、教学研究型大学、教学型大学。

三是按隶属关系或投资渠道进行分类。分为部委属大学、地方属大学、民办大学。

四是按办学水平分类。分为重点大学和一般院校。也有分类为一本学校，包括"985工程"大学、"211工程"大学，二本学校，三本学校及专科学校。这种分类方法是大众最熟悉的一种分类方法，一年一度的高考报志愿就是按这种方法分类的。

五是按颁发文凭的系列进行分类。分为普通高等学校和成人高等学校，前者颁发普通高等教育文凭，其学生是通过每年 6 月的普通高招入校的，后者颁发成人教育文凭，其学生是通过每年的成人教育入学考试录取进校学习的。

　　以上分类各有侧重点。由于本书的研究内容是中国大学的机构设置问题，其间涉及很多政府层面的问题，所以，研究大学的分类似乎应该更多地从官方的角度出发。

　　根据政府部门目前的高校分类统计方法，我国的高等教育学校（机构）从类型上分三类，即普通高等学校、成人高等学校和民办的其他高等教育机构。根据有关政府网站数据，2012 年中国高等教育学校（机构）数见表 1－1。

表 1－1　　　　2012 年中国高等教育学校（机构）数　　　　（单位：所）

高校类型	总计	中央部委			地方部门				民办
		小计	教育部	其他部委	小计	教育部门	非教育部门	地方企业	
1. 普通高等学校	2442	113	73	40	1623	967	604	52	706
其中：本科院校	1145	109	73	36	646	578	67	1	390
专科院校	1297	4		4	977	389	537	51	316
2. 成人高等学校	348	14	1	13	333	118	170	45	1
3. 民办的其他高等教育机构	823								823
合　计	3613	127	74	53	1956	1085	774	97	1530

　　资料来源：国家统计局网（http://www.stats.gov.cn），《中国统计年鉴 2013》。

　　从上表中可以看出，2012 年中国高等教育学校数包括其他高等教育机构在内共有 3613 所。其中最能代表中国大学总体情况的是普通高等学校中的本科院校，这是中国高等教育的中坚和主体。2012年中国有普通本科院校 1145 所，其中中央部委属 109 所，地方大学646 所。本书的研究范围一般是上表中的中央部委和地方大学，也即本书中的"大学"。有时为了语言的习惯，也称之为"高校"。

二　大学机构

　　机构是指在社会生活中，人们为实现某种职能所建立的，由人财物和信息若干因素有序地联结起来的，相对稳定的社会实体单位。通常指机关、团体工作单位，或者它们的内部组织。机构一般具有以下特征：有某种目标或担负某种职能；有一定人员，且具有社会性；是一个社会实体；是一个人为的组织。

内部机构系指独立机构的内部组织，又称内设机构。内部机构一般不能单独用本机构的名义对外行使职权，而是通过所从属的独立机构的名义来行使所赋予的职权。

在我国的大学中，其内部机构的设置一般分有几个层次，而且各学校的分类方法也有所不同，可以说是各种各样、纷纭复杂。从类别上分类为党委系统管理机构、行政管理机构、群团组织机构、教学机构、科研机构、附属直属机构及其他机构；从层级上分类为大学的中层机构及基层机构，一般来说中层机构也就是我们通常所说的处级级别的机构，如某处某学院等，基层机构指某科室或学院下属的系或教研室一类。为了研究需要和行文的方便，本书中的大学机构在数字统计时主要是指学校所属的中层机构，包括处级的党政管理机构、学院以及直属附属机构等。在具体的研究中，会涉及处级建制下的科室和学院下属的教学科研及管理机构。本书的研究不包括学生社团等一类的组织机构。

三　扩张

"扩张"在《辞海》中的表述是："有腔气管和导管在病理条件下引起的容积增大现象"。[①] 显然，这种表述是从医学角度而言。本书中的扩张指大学机构的增长、增加或扩张之义。

本书中大学机构的扩张有两种类型，一是效率机制下的机构扩张，也即效率性扩张，二是合法性机制下的机构扩张，也即合法性扩张。组织所面临的环境有技术环境和制度环境，前者主要是指组织对外部资源的依赖程度、与其他组织的关系等；后者则是指一个组织所处的法制环境、文化期待、社会规范、观念制度等被人们"广为接

---

① 辞海编辑委员会：《辞海》，上海辞书出版社 2000 年版，第 807 页。

受"的社会事实。技术环境要求组织遵循效率机制，组织的运作以追求效率为主要行为逻辑，按成本最小化和效率最大化原则进行组织活动。这种形式的扩张即效率机制下的机构扩张。而制度环境则要求组织遵循合法性机制，组织的运作主要以追求合法性，追求"人们普遍认同的"形式与做法为目标。这种形式的扩张即合法性机制下的机构扩张。

第二章

中国大学的发展及管理体制演变

中国近现代社会从时间段上一般划分为三个时期，即清朝末年、民国时期、新中国时期。中国大学的形成和发展与这三个时期基本上是一致的。因此，探讨中国大学的发展史也分为上述三个时期。

大学机构的扩张与中国大学的发展历程密切相关，也与中国大学的管理体制演变密切相关。本章按清朝末年、民国时期和新中国时期三个阶段划分，梳理了不同时期大学发展及管理体制的演变历程，为后续章节对大学机构的微观研究进行宏观铺垫。

第一节　清朝末年大学的萌芽与初创

由于西方资本主义的世界扩张，闭关锁国的清王朝经历了两次鸦片战争的失败，"不变法就灭亡"的社会共识已基本形成。洋务运动的兴起，一批新式学堂得到了兴办和发展，科举制度逐渐失去了它原有的活力，其正统性的地位也慢慢消失。正是在这种社会的大背景下，中国近代大学产生了。

1896 年刑部左侍郎李瑞棻上疏力陈以前教育之道未尽，提出设京师大学堂。1898 年康有为在《请开学校折》中再次力主此议。是年 6 月光绪帝准建京师大学堂，随即军机处、总理各国事务衙门委托梁启超草拟章程（8 章 52 节）上报。获准后命孙家鼐管理大学堂事务，筹建校舍，设址于地安门内马神庙和嘉公主旧第。是年 12 月开学。京师大学堂的创办被学界认为是中国第一所国立大学①，也是北京大学的前身。

京师大学堂当时不仅是培育人才之所，同时也是全国最高的教育行政机关，各省学堂均归京师大学堂管辖。所以，它具有教学行政管理合一的性质，其管学大臣不仅是京师大学堂的校长，同时也是全国最高教育行政长官。

在学校内部的管理上，根据《奏定大学堂章程》，管学大臣是大学堂的最高长官。由于其同时还是全国的最高教育长官，诸事繁杂，所以，大学总监督事实上是学校的最高专职官员，负责全校所有事宜，是最高决策人。总监督之下，设分科大学监督，每科一人，掌本科教务、庶务、斋务等一切事宜。各科监督之下设教务提调、庶务提调及斋务提调各一人，辅佐分科监督。其中，教务提调负责管理教学及学术事务；庶务提调管理该科文案、收支、厨务等一切庶务；斋务提调管理该科斋舍，监察起居一切事务。图书馆经理官和学生实习场所如植物园、动物园、天文台、演习林、医院等的经理官直接受总监督管辖。

这一时期，由于清末大学堂处于草创时期，各项制度、规定也处于执行初期。这些制度、规定对处于"天朝之地"的京师大学堂具有更明显的控制作用。由于地理位置及交通不便，国家规范还没有来得及完全彻底渗透到地方大学堂，致使天津北洋学堂、山西大学堂和京师大学堂略有不同。《天津北洋学堂新定各规则》的"总办条规"规定，"监督阙人，由总办延聘，对不称职者，由总办辞退。堂中办事各员，由总办聘请，察核，有不慎者，易置之"。② 由此可知，北洋学堂总办的权力似乎比京师大学堂大一些。

---

① 也有另一种观点，认为1895年盛宣怀主办的天津中西学堂的头等学堂是中国近代大学的标志。天津中西学堂的头等学堂分法律学、土木工学、采矿冶金学和机械工程，盛宣怀称"此外国所谓大学堂也"。详见潘懋元《中国高等教育百年》，广东高等教育出版社2003年版，第113页。

② 天津大学校史编辑室：《北洋大学——天津大学校史》，天津大学出版社1995年版，第24页。

朱有瓛以图的形式列出了京师大学堂的组织系统（见图 2 - 1）。

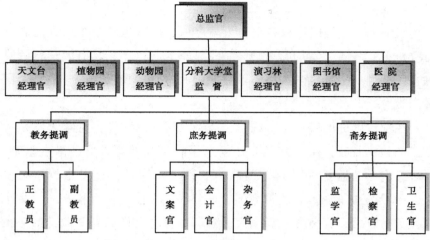

图 2 - 1　京师大学堂组织结构

资料来源：朱有瓛：《中国近代学制史料》第二辑上册，华东师范大学出版社 1987 年版。

1905 年，在中国延续了 1300 年的科举制度宣告废止。由于科举制度的废除，学校数量大增，教育行政事务也越来越繁忙杂乱，要求建立专门教育行政机构的呼声日趋强烈。1905 年 10 月，山西学政宝熙的请设学部折最具代表性：“窃谓此后普及之教育，日推日广，则学堂统系，逾重逾繁。欲令全国学制划一整齐，断非补直罅漏之计所能为，一手一足之烈所能济，且当变更伊始，造端宏大，各处学务之待考核统治者，条储极纷，必须有一总汇之区，始足以期日臻进步，拟请饬开政务处会议，速行设立学部。”①

是年 11 月，光绪帝准奏，下令“著即设立学部”，其位在礼部之前，并以国子监并入。其最高长官为尚书，尚书之下设左右侍郎，左右丞、左右参议和参事官。学部下设 1 厅 5 司，即司务厅、总务司、专门司、普通司、实业司、会计司。

就京师大学堂来看，管学大臣和 1904 年以后的大学堂总监督，

———————

① 潘懋元：《中国高等教育百年》，广东高等教育出版社 2003 年版，第 126 页。

"主持全学，统属各员"，有权建议举荐或辞退他下属的分科大学监督和提调等，即总监督只有建议权，没有决策权。①

清政府还对大学堂的学生予以全额资助，免除学费，提供生活费、书籍文具费。此外，北洋大学堂每月还发给学生 1—7 两白银，随年级升高而增长。京师大学堂每人每年发给冬夏各一套操衣（运动服），月考名列前若干名者，均有奖金。所以学生可以三三两两不时听听平戏，吃吃小馆。学生毕业，清政府按学习程度奖励大学堂学生科甲出身，并由各级政府机构录用。如果学生被选中出洋留学，政府还为每个学生提供所有费用，包括路费、学费、文具费、服装费、膳食费、住宿费、医疗费，每月还有完全够用的零用钱。

在学部下设的 5 个司中，专门司主要负责高等教育方面的事务，下设专门教务和专门庶务两科，负责核办大学堂、高等学堂，考核私立专门学堂及保护奖励学术研究，留学生工作也归属其管辖。

在学部设立的第二年，各省都进行了教育行政方面的改组，其中省级教育行政主管部门为提学使司，设提学史 1 人，管理全省教育工作。其具体执行机关为学务公所，下设一学六课，即省视学、总务课、专门课、普通课、实业课、会计课、图书课，其中，专门课负责管理本省的高等教育。

至此，中国近代高等教育行政管理体制初步形成，它是一个中央集权制的管理体制。大学并不具有独立地位，从属于清政府的封建统治，接受朝廷管辖。

第二节　民国时期高等教育的动荡与自治

一　动荡的时代

1911 年，武昌起义爆发，各地纷起响应。1912 年 1 月 1 日，孙

---

① 苗素莲：《中国大学组织特性历史演变研究》，博士学位论文，华东师范大学，2004 年，第 22 页。

中山就任临时大总统，中华民国诞生，并组成南京临时政府。同年3月10日，南北和议成功，袁世凯在北京就任临时总统，中华民国北京政府（通称北洋军阀政府）成立。后有黎元洪、冯国璋、徐世昌、曹锟、段祺瑞等军阀相继接掌权柄，其间还有"张勋复辟"和各省区的"独立"。此期的分裂战乱和政局的动荡不定，是中国历史上最黑暗的时期之一。1926年4月20日"临时执政"段祺瑞下野后，北京政府实际上已陷入无政府状态。

此期后段与北京政府并存的重要政权有广东国民政府。1921年4月7日，非常国会通过《中华民国政府组织大纲》；同年5月5日，孙中山于广州就任大总统职。南、北两个政府并立的格局初步形成。后历经变化，1925年7月1日广东国民政府成立，汪精卫出任主席。

随着北伐的胜利，1927年1月1日，广东国民政府迁都武汉。蒋介石发动"4·12"事变后，同月18日在南京另立国民政府。7月，"宁汉合流"。9月，南京政府改组，武汉国民政府撤销。次年，南京国民政府名义上统一中国。

由于国共分裂，1931年11月，共产党在江西瑞金建立"中华苏维埃共和国"。于1937年9月更名为"陕甘宁边区政府"。

在外来势力的干预下，1932年3月，日本扶植清朝废帝溥仪成立了"满洲国"；1940年3月，日本又扶植叛逃的汪精卫在南京成立了所谓的"国民政府"（通称"汪伪"政府）。这两个政权都是日本殖民政策的产物，是典型的傀儡政权。此外，在此期短暂存在过的政权还有：中华民国武汉国民政府（1927年4月19日—11月11日）；汪精卫的"广州国民政府"（1931年5月27日—1932年1月1日）；李济深、蒋光鼐、蔡廷锴于福建组织的"中华共和国人民革命政府"（1933年11月20日—1934年1月10日）。"七七事变"后，日寇的全面入侵，掳掠了中国的半壁河山，并且都是经济、文化相对发达的地域。

总之，此期教育发展的社会背景是混乱而动荡的。

二　管理体制的初步定型

1912 年 1 月 9 日，南京临时政府成立教育部代替清末学部为中央教育行政机构，由蔡元培出任第一任教育总长。同年 3 月，南北议和，政府北迁，教育部在北京改组后，仍由蔡元培任总长。是年 7 月，蔡坚辞总长，后由范源濂、黄炎培、章士钊等十余人走马灯似地更迭总长一职，从一个侧面说明了此一时期教育之动荡。

1912 年 8 月，教育部公布《修正教育部官制》令，并于 1913 年、1914 年两次修订后施行。根据该法令，教育部设教育总长、次长各 1 人，下有司长、佥事、主事等官职。机构组成上，下设普通司、视学处、总务厅、参事室、社会司、专门司，其中高等教育由专门司负责，下辖大学科、专门科和留学科。与此同时，也相应地调整了省级教育行政机构。各省高等教育行政管理的情况是教育厅下设三个科，其中第二科分管专门教育和留学生教育。至 1922 年，全国学制会议做出改劝学所为教育局的决议，县级教育行政机构开始改革。此后，辛亥革命后进行的整个教育行政体制改革基本完成。此次改革确立下来的高等教育行政管理体制在之后的 30 多年里没有发生太大的变动。①

南京临时政府成立后，废止了清末学制系统，在蔡元培的筹划领导下，新学制的制定被提上议事日程，1912 年 7 月在北京召开了临时教育会议，此次会议审议讨论了新的学制，并于 9 月 3 日正式颁行。② 由于该年为壬子年，所以这个学制被称为《壬子学制》。在学制实施过程中，又陆续颁布了各种学校规程，1913 年即癸丑年，教育部又将总合后的学制重新颁布，史称《壬子·癸丑学制》。该学制规定，高等教育阶段分大学预科（18—20 岁，学程 3 年）→大学本科（21—24 岁，学程 4 年）→大学院（25 岁以上，学程不定）。与此前的学制相比，其关于高等教育方面的规定有五点改革：一是将通

---

① 潘懋元：《中国高等教育百年》，广东高等教育出版社 2003 年版，第 128 页。
② 喻本伐、熊贤君：《中国教育发展史》，华中师范大学出版社 1991 年版，第 502 页。

儒院更名为大学院，将大学堂更名为大学，这也是真正意义上的现代大学名称的开端。二是废除经学。三是取消了各省的高等学堂，只以大学预科为大学预备学校。四是取消了学生毕业奖励出身制度。五是大学及专门学校允许私立。

《壬子·癸丑学制》的蓝本是日本学制。由于当时的时间仓促、人员素质问题等，其一经颁布，即招致不少人的批评，蒋维乔在回顾这段历史时说："当时教育部之重要工作，即在草拟新学制。召集东西留学生，各就所长，分别撰拟小学、中学、大学规程，每日办公六小时，绝似书局之编辑所。初时志愿甚弘，拟遍采欧美各国之长，衡以本国情形，成为最完全之学制。然当时由欧美回国之人，专习教育者绝少，不能窥见欧美立法精神，译出文件，泰半不适用。且欧美制终不适于国情，结果仍是采取日本制，而本国实际经验，参酌定之。至对于专门大学规程，缺乏经验，不过将日本学制，整个抄袭，草草了事，虽经公布，而后来之办理专门及大学者，并未依照实行。"①

顾树森认为："现行学制多仿效他国是其一大弊病。由于各国历史与社会状况不同，所以学制也应各有特异之点，不能强同。考我国现今学制，大部分胚胎于东邻日本，其详细内容，亦多取材于其法规。而日本与中国差别很大，突出表现在政体上，日本为君主立宪，中国为共和，更不用说日本人也在议论改革他们的学制。所以，仿效日本，以此种教育而欲其能适合本国国情，培养共和国国民精神，难矣。"②

民间对该学制的批评未有间断，并自发形成了修订学制的讨论。1915 年 4 月，湖南省教育会提出了改革学校系统案。1919 年，全国教育会联合会召开第 5 届年会，专门讨论修订学制的问题。③ 1921 年，第 2 届年会提出了学制系统草案的决议案，引起更大反响。1922 年 9 月，教育部召集专门研讨学制会议，正式通过了"学校系统改革

① 蒋维乔：《清末民初教育史料》，《光华》1936 年第 2 期。
② 顾树森：《对于改革现行学制之意见》，《教育杂志》1919 年第 9 期。
③ 喻本伐、熊贤君：《中国教育发展史》，华中师范大学出版社 1991 年版，第 505 页。

案"。同年 11 月 1 日，以大总统令的形式公布了《学校系统改革令》。因为该年是壬戌年，故亦名《壬戌学制》。该学制在高等教育阶段，与原学制相比取消预科，仅剩两级，即大学（18—22 岁，学程四年）→大学院（18 岁以上，学程不定）。

这次学制改革实行了大学选科制，大学校与单科大学并立，高等师范学校改为与大学同等程度的师范大学。《壬戌学制》是中国近代教育史上最完备的学制，它的产生在中国近代高等教育发展史上具有重大意义，也是中国近代高等教育制度基本成熟的标志。

在大学的内部管理体制上，国民政府颁布了《学校专门令》、《专门学校规程》，专门学校①分为国立、公立和私立三种。专门学校基本实行校长负责制，校长统一掌管学校总体工作，校长之下设立教务、庶务和学监等，具体负责教学工作及学生管理、总务、后勤等事宜。根据《大学令》、《大学规程》和《修正大学令》规定，大学实行校、科两级管理制，大学校长总辖全校事务；各科设学长 1 人，主持科内事务。② 大学设评议会，从各科学长和教授中选出会员，校长为议长。③ 各科设教授会，以教授为会员，学长为会长。④

三　北京大学管理体制的实践

1917 年，蔡元培出任北京大学校长，对校内管理体制进行了比较全面的改革，使其由名为大学实为封建衙门，转变为一个名副其实的以探讨高深学术为宗旨的近代大学。蔡元培改革北京大学校内管理体制的具体措施有：

---

① 高等专门学校的教育机构有：专门学校（相当于清末的高等实业课程，分为政法、医学、药学、农业、工业、商业、美术、音乐、商船、外国语等科类）、高等师范学校、高等体操学校。转引自潘懋元《中国高等教育百年》，广东高等教育出版社 2003 年版，第 115 页。

② 独设一科的大学不设学长。

③ 评议会的职责是，审议各学科的设立与废止、学科课程、大学内部规则、学生试验事项、学生风纪事项、教育总长及校长咨询事件。

④ 教授会的职责有：审议学科课程、学生试验事项、审查大学院生属于该科之成绩、审查提出论文请授学位者之合格与否、教育总长和大学校长咨询事件。

建立评议会。评议会是全校最高权力机构，决定学校发展的重大事宜。评议会负责制定、修改学校各项章程、决定学科的废立、审核教师学衔和学生成绩、提出每年学校的经费预算等。

组织行政会议。行政会议是全校最高的行政、执行机构。行政会议是由教务长、总务长和专门委员会的委员长组成，校长一般兼任行政会议议长。改革后，北京大学行政会议下设有 11 个专门委员会，专门委员会各有其责，如专门委员会应对分管事务提出规划或方案，庶务委员会负责管理全校房舍、卫生，组织委员会负责草拟各种章程，预算委员会负责提出预算，出版委员会则负责全校书刊杂志出版等事宜。

建立总务处。总务处执行评议会的各项决议，负责全校行政、人事、总务工作。

废除各科学长，组织教务会议、设立教务处来统一管理全校教学工作。

废除学门改设系。系是学校基层的教学、科研单位实体。系设系主任一人，职务人选由本系教授定期选出，系主任应负责全系各项工作。各系成立教授会，教授会负责规划本系的教学工作，如课程设置、选择教科书、改良教学法、指导学生选课、考核学生成绩等。教务处、总务处对各系的业务有指导责任、义务，并非单纯的上下级关系。教务长、总务长、系主任均直接对校长负责。北京大学后来又增设了校长秘书室，负责整个大学组织间的横向协调。北京大学立法机构评议会和执行机构行政会的成员都须具有教授资质。权力分布倾向于学术权威，充分体现了蔡元培教授治校、民主管理的大学办学理念。

蔡元培建立各种管理组织的目的，正如他自己所说，"凡此种种设施，都是谋以专门学者为本校主体，使不致因校长一人更迭而摇动全校"。[①] 以下为 1919 年北京大学的行政组织结构（见图 2–2）。

---

① 《高平叔、蔡元培全集》（第四卷），中华书局 1984 年版，第 296 页。

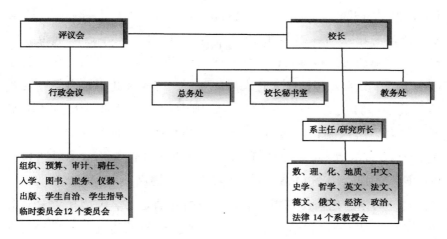

图 2 - 2　1919 年北京大学的行政组织结构

资料来源：苗素莲：《中国大学组织特性历史演变研究》，博士学位论文，华东师范大学，2004 年，第 35 页。

四　民国大学的发展

1911—1949 年的中国用"风雨飘摇"四个字形容一点也不为过，结束清末封建统治，北洋政府执政，军阀混战，北伐胜利，南京政府执政，八年抗日战争，三年国共内战。此期的大学发展可以说难能可贵，以北洋军阀政府时期为例，此期封建军阀各自为政，互相开战，政局混乱，民不聊生。封建军阀在各自外国势力支持下，不断扩军备战，仅军费开支一项就占去了北洋政府年财政收入之 4/5，军阀意在扩大自己地盘，不可能对教育进行大量投入。但是，在这种时代背景下，以蔡元培为代表的教育人士仍然为大学的发展奔走，北大的成功改革就是在这一时期初步定型完成的。

大学的数量在这一时期总体上在不断发展。1918 年，高等院校（含专科）共 77 所，其中综合性大学为 6 所。[①] 1923 年，综合性大学

---

① 1918 年，高等院校（含专科）77 所，而法政专门学校则多达 35 所。转引自崔恒秀《民国教育部与大学关系之研究（1912—1937）》，博士学位论文，苏州大学，2008 年，第 83 页。

达 35 所。① 1926 年，公私立大学增至 51 所，毕业生达 1841 人。② 南京国民政府建立后，尤其在 1927 年至 1937 年，大学逐渐规范。同时，教育部加快工科等实科大学发展，压缩文科学校比例，在一定程度上适应了社会及经济、文化发展的需要，有人称此十年为高教发展的"黄金"时代。③ 抗战爆发后，中国大学历经磨难，大多多次搬迁，但大学在"流亡"过程中仍然顽强生存，并取得了一定发展。至 1945 年抗战胜利，全国专科以上大学增至 141 所，在校生 83498人，学校毕业生增至 14463 人。1947 年，全国高校增至 207 所。④

这一时期，还需特别指出的是，中国的私立大学包括教会大学也有了非常大的发展。中国自古就有承办私立学校的传统，民国成立前后，内忧外患反而促进了社会各界慷慨解囊，私立大学创办风气高涨。熊明安的研究表明，民国 26 年私立高校占全国高校总数的51.6%。民国 25 年，私立高校学生数占全国高校学生总数的49.4%。⑤ 这一时期著名的私立教会大学有南开大学、复旦大学、金陵大学、东吴大学、协和医学院等。

第三节　新中国高等教育的高速发展

一　大学在曲折中的高速发展

中华人民共和国成立初期，当时采取"维持现状，立即开学"、"坚决改造，逐步实现"的方针，至 1951 年年底，比较顺利地完成了国民党政府遗留下来的高等学校以及私立和教会大学的接收任务。

当社会政治制度发生重大或根本性改变时，必然要求包括高等教

---

①　周予同：《中国现代教育史》，长友图书印刷公司 1934 年版，第 225 页。

②　郑世光：《中国现代教育史》，三民书局 1981 年版。

③　王青花：《合力促成民国时期中国大学的崛起》，《贵州师范大学学报》2009 年第1 期。

④　潘懋元：《中国高等教育百年》，广东高等教育出版社 2003 年版，第 245 页。

⑤　熊明安：《中华民国教育史》，重庆出版社 1900 年版，第 392—395 页。

育在内的社会方方面面的全面变革。新中国成立后，社会性质发生了根本转变，要建设新中国，必须对旧的教育性质和基本精神进行全面否定，以建立适应计划经济、适应社会主义发展的新的教育制度、内容和方法。

由此，1952 年秋天开始，以苏联教育模式为蓝本的高等教育改革全面开始。当时的教育部副部长曾昭抡说："中国的经济，即将走上计划化。计划化的经济，必须有计划性的教育与之相配合，使建设所需干部，在质与量上得到及时供应，方能及时完成。教育要有计划性，唯一的办法，是吸取苏联经验，彻底改革不合理的旧制度，建立新的制度。"①

当时的教育部部长马叙伦说："学习苏联先进经验，进行教学改革，是中国高等教育的一次革命。苏联教育的先进性，表现在教育方针、教育性质、培养目标、专业设置、教学计划、教学大纲、教材、教学方法、教学组织等各个方面的完整的思想体系及其相互间的有机联系。"②

改革的主要内容是：建立由单科院校与文理科综合大学构成，且以单科院校为主的大学体制。建立"大学—系"，系内设专业、教研室的大学内部组织结构。取消原来大学行政组织的院级建制。

苏联专家福民在介绍苏联大学改革经验时说："高等学校改革的基本原则是：许多庞大而复杂的高等学校，按照生产部门的业务将旧有的某些系划分出来成为几个独立学院。……大学方面的调整也是一样，把医科及其他不应属于大学的各系划分出来，并以这些系为基础，成立独立的医学院、法学院、财经学院等单科性的学院。大学本身则留下一般的自然科学和人文科学的各系，如数学、物理、化学、语文、历史等。"③

---

① 曾昭抡：《高等学校的专业设置问题》，《人民教育》1952 年第 9 期。

② 马叙伦：《关于综合大学的方针和任务的报告》，载《中华人民共和国建国以来高等教育重要文献选编（上）》，上海市高等教育局研究室 1953 年版，第 105 页。

③ 福民：《苏联高等教育的改革》，《人民教育》1952 年第 9 期。

我国正是按照这一原则进行了院系调整，1952 年、1953 年两次较大范围的调整，将有关大学及其院系组合或单独成立单科性的学院。至 1953 年年底，综合性的大学只保留了 14 所，单科院校则发展到 167 所，总数为 181 所。①

经过这次大学院系调整拆分、合并，中央政府高度集权的新中国大学体系初步建成。这种高等教育体制对恢复大学秩序，适应新中国计划经济需要，推动经济发展发挥了重要作用。但在后来的运行中弊端日益明显，一是大学自身办学积极性受到限制，二是不利于地方政府办学积极性的发挥。这一阶段政府和大学都有"高等教育非集权化"的呼声。1958 年 8 月，《关于教育事业管理权力下放问题的规定》由国务院发布，要求中央政府的教育权力下放，苏联式高度集中的教育管理体制宣告结束。之后，高等教育规模由于缺乏必要控制而高速发展，但新的问题和矛盾随之产生，表现为出现了"教育大跃进"和"教育大革命"。高等学校数量从 1957 年的 229 所增加到 1959 年的 841 所，1960 年一年内又增加 448 所，总数达 1289 所。由此，集中整治、控制规模势在必行。在这种情况下，《教育部直属高等学校暂行工作条例（草案）》，也即大家通常所称的《高教六十条》出台。高等教育又进入了新一轮整顿。至 1963 年，高校数量减至 407 所。

从 1966 年下半年起，我国高等学校被迫停止全面招生达 6 年之久，停止招收研究生达 12 年之久。从 1969 年 10 月起，一些高等学校被裁并、搬迁、撤销，高等学校由 1965 年的 434 所减到 1971 年的 328 所，比 1965 年减少了 24.5%，共砍掉了 106 所。②

自 1976 年起，开始恢复和整顿各类院校。对前期中被搬迁、合并和解散了的各类院校，分别进行了恢复工作。与此同时，还根据国家建设的需要，陆续新建了一些院校。至 1981 年，全国共有高等学

---

① 常连智、贾协增、侯建设：《我国高等教育改革和发展五十年的历程与时代特征》，《机械工业高教研究》2000 年第 2 期。

② 同上。

校 704 所。

由于十年"文化大革命","人才断层"严重，社会经济发展迫切需要高等教育为各条战线培养高级人才，1983 年国务院批准教育部和国家计委《关于加速发展高等教育的报告》，提出千方百计克服困难，调动各方面积极性，加速发展高等教育，各省、市、自治区按照这些原则积极设立高等院校。1985 年一年净增 114 所，使全国高校数量达到 1016 所。在校生数量从 85.6 万人增加到 170.3 万人。[1]这一时期还恢复了建设全国重点高等教育制度和研究生制度，建立了学位制度和高校自学考试制度，大规模向国外派遣留学生，以培养国家建设的急需人才。

进入 20 世纪 90 年代，我国高等教育发展史上第二次大规模的调整和合并开始。第二次大学合并的大背景是 20 世纪 80 年代以来开始的经济体制改革和政治体制改革。随着市场经济体制的快速发展，社会对人才的大量需求要求大学具有规模效益，原有的适应计划经济体制的办学体制和模式已经不能适应社会经济发展的需要。这次改革的主要思路，一是下放中央所属部门大学给地方，建立中央和地方两级管理，以地方为主的管理体制。这一思路随着国家政治体制改革及部委撤销，到后来基本上变成了地方管理。共有 509 所高校的管理体制进行了调整，其中普通高校 296 所。[2] 二是合并单科性高校，建设多科性综合性大学。大学合并潮从 1992 年开始，以合并江苏省属六所高校组建扬州大学为序幕，至 2003 年基本结束，共有 788 所高校参与合并，组建成为 318 所高校，高校数量减少 470 所。[3]

20 世纪 90 年代，国家还斥巨资实施了"211 工程"和"985 工程"建设项目。目的是建设一批高水平的中国大学，在世界大学中占

---

① 刘志民：《教育经济学》，北京大学出版社 2007 年版，第 254 页。

② 杨泉明：《中国高等教育改革发展研究》，中国人民大学出版社 2009 年版，第 37 页。

③ 王根顺、陈蕾：《新中国成立后两次高校合并历史经验的理性探析》，《教育探索》2006 年第 6 期。

有一席之地。

为满足经济和社会发展的需求，同时也是为了扩大教育消费，缓解就业压力，1999年5月，高校扩大招生规模在慎重论证的基础上，经中共中央、国务院批准开始实施。自此，我国高等教育进入一个空前发展时期。仅1999年至2002年间，普通高校招生数年均递增42.4%，而此前的1978年至1998年20年间，这一指标为平均5.1%。这次中国高等教育史上规模最大、持续时间最长的扩招，满足了广大考生和家长对高等教育的需求。2002年全国高校在校生人数达1600万人，比1998年增加一倍多，高等教育毛入学率从1998年的9.8%提高到2002年的15%。至此，我国高等教育进入大众化阶段。①

2005年年底，我国高等学校在校生数达2100万人，居同期世界首位，高等教育毛入学率达到21%。② 2010年，高等学校在校生数突破了3000万人，高等教育毛入学率达到26.5%，已经完成了扩招的初步目标。③

根据教育部2013年8月19日发布的教育统计公报，2012年全国高等教育总规模达到3300万人，高等教育毛入学率从前一年的26.9%升高到30%。

1949年至2012年我国高等教育的发展情况见表2-1。表中普通高等学校在校生指普通本、专科生，不含成人学校、网络学校、自学考试等成人教育学生，因此与上述数字统计口径不一样，数字略有不同。

---

① 美国当代著名的教育社会学家马丁·特罗把高等教育发展划分为精英型、大众型和普及型三个阶段，他以高等教育注册生（在校生）人数与18—22岁人口的比率为指标，当毛入学率在15%以下时，为高等教育的精英教育阶段；当毛入学率达到15%—50%时，为大众化阶段；当毛入学率达到50%以上时，为普及化阶段。

② 详见《人民日报》2006年2月17日报道。

③ 李萍、卢政：《关于高等教育大众化理论在我国实践的反思》，《中国科技教育》（理论版）2012年第6期。

表 2 - 1　　　　　**1949—2012 年我国高等教育发展情况**

年份	全国普通高校数（所）	普通高校在校生数（人）	在校研究生数（人）
1949	205	116540	629
1952	201	191147	2763
1957	229	441181	3178
1962	610	947166	6130
1965	434	685314	4546
1978	598	856322	10943
1980	675	1143712	21604
1981	704	1279472	18848
1982	715	1153954	25874
1983	805	1206823	37166
1984	902	1395656	57566
1985	1016	1703115	87331
1986	1054	1879994	110371
1987	1063	1958725	120191
1988	1075	2065923	112776
1989	1075	2082111	101339
1990	1075	2062695	93018
1991	1075	2043662	88128
1992	1053	2184376	94164
1993	1065	2535517	106771
1994	1080	2798639	127935
1995	1054	2906429	145443
1996	1032	3021079	162322
1997	1020	3174362	176533
1998	1022	3408764	198885
1999	1071	4085874	233513
2000	1041	5560900	301239
2001	1225	7190658	393256
2002	1396	9033631	500980
2003	1552	11085642	651260
2004	1731	13334969	819896

年份	全国普通高校数（所）	普通高校在校生数（人）	在校研究生数（人）
2005	1792	15617767	978610
2006	1867	17388441	1104653
2007	1908	18848954	1195047
2008	2263	20210249	1283046
2009	2305	21446570	1404942
2010	2358	22317929	1538416
2011	2409	23085078	1645845
2012	2442	23913155	1719318

资料来源：根据国家统计局官方网站（http：//www.stats.gov.cn/），《中国统计年鉴》历年有关数据整理而成。

新中国高等教育的发展充满曲折，这种曲折也可以在一些大学的发展历程中得到印证。以 HN 大学①为例，从这所大学的历史起点开始，然后追溯其发展的过程直至今日，以佐证新中国高等教育的发展历程。

HN 大学是 H 省一所工科优势突出，涵盖理、工、农、医、经、管、文、法、史、艺术和教育学 11 大学科门类的综合性大学。学校1952 年始建于北京，1956 年为配合国家工业基地建设迁至 H 省，隶属于机械工业部。1998 年，由国家机械工业部划至 H 省，实行中央与地方共建。2002 年，H 省委、省政府为优化省内高等教育结构布局，经国家教育部批准，合并另外两所专科学校组建 HN 大学。所以，根据该校的校史介绍，HN 大学有三个源头，分别是 HN 学院、HN 医学高等专科学校和 HN 农业高等专科学校。

HN 学院的前身是始建于 1952 年 7 月的北京拖拉机工业学校。1953 年 11 月迁至天津，与天津汽车工业学校合并成立天津汽车拖拉机工业学校，后更名为天津拖拉机制造学校。

"一五"期间，国家规划建设的 156 个重点工业项目，有 7 个

---

① 为研究方便，该大学及其相关的信息均用字母代替，如其所在省为 H 省，所在市为 L 市。

建在 L 市，L 市由此成为我国重要的现代工业基地。为满足新兴工业基地的人才和技术需求，学校 1956 年 8 月迁至 L 市，更名为 L 市拖拉机制造学校。1958 年 8 月，H 省人民委员会决定，在 L 市拖拉机制造学校的基础上创办 HN 学院，1960 年 6 月更名为 HN 农业机械学院，1982 年 8 月恢复使用 HN 学院校名。学校先后隶属于第一机械工业部、农业机械部、机械工业部、机械委等部委。1998 年划转 H 省，成为一所"中央与地方共建、以 H 省管理为主"的综合院校。

HN 医学高等专科学校的前身是 1958 年 6 月由国家教育部、卫生部批准建立的 HN 医学院。1962 年 5 月，为压缩城市人口，改变国民经济困难局面，中共 H 省委批转教育厅党组《关于 1962 年教育系统精简压缩方案》，撤销 HN 医学院。学院撤销后，教授和讲师调往 H 省医学院，助教和全部图书、仪器留在 L 市，合并原 L 市卫生学校，组建 H 省 L 卫生学校。1970 年 6 月，H 省革命委员会将学校交 L 地区管辖，更名为 L 地区卫生学校。1978 年 12 月，经国务院批准，在 L 地区卫生学校的基础上建立 HN 医学专科学校，转归 H 省领导。1992 年 5 月，根据国家教育委员会通知，学校更名为 HN 医学高等专科学校，学制、隶属关系不变。

HN 农业高等专科学校的前身是 1975 年成立的 YT 农学院，办学地址在 L 市地区 YS 县。1978 年 1 月更名为 HN 农业学校。同年 12 月，经国务院批准，在该校基础上建立 HN 农业专科学校，隶属 H 省领导。1979 年 1 月，学校从 YS 县搬迁至 XA 县原农业部农业生物研究所旧址办学。1986 年 5 月开始在 L 市市区建设新校区。1990 年 9 月开始在 XA 县、L 市两校址办学。1992 年 5 月，经国家教委审定，更名为 HN 农业高等专科学校，学制、隶属关系不变。1998 年年初学校全部搬迁至 L 市，结束两地办学格局。

HN 大学建校 60 多年来，已为社会输送各类毕业生 20 余万人。目前，学校有 31 个学院，87 个本科专业；3 个博士学位授权一级学科，12 个博士学位授权二级学科；28 个硕士学位授权一级学科，156 个硕士学位授权二级学科。学校面向 30 个省、市、自治区招生，并接收来自世界各地的留学生，现有全日制本科生、研究生和留学生等学生 5 万余人。

目前 HN 大学有专任教师 2235 人，其中，具有教授、副教授等高级职称的教师 944 人。

二 管理体制的"收"与"放"

新中国高等教育的管理体制是高度集权制，政府集大学的举办权、管理权于一身。但就政府政策执行的本意，也是为了使高等教育与政治、经济和社会发展保持一种良性平衡，使高等教育能为社会培养更多的人才。在高等教育管理体制阻碍高等教育的发展时，政府也总是适时地采取一些权力下放的措施，使高等教育自身有一个比较宽松的发展环境。但从新中国六十年高等教育的发展历程看，中国的高等教育管理体制一直在"一收就死、一放就乱"怪圈中运行，而这个"收"与"放"的主导权总是在政府手中。

第一次"收"与"放"。新中国成立后，整个国家运行是高度集权制的计划体制。高等教育的管理体制也是如此。在新中国成立初期政府采取了一系列措施，接收旧制度留下来的国立、私立和教会大学，并于 1953 年年底基本完成了全国范围的、大规模的院系调整。这应该是新中国高等教育史上第一次"收"。这种"收"的效果非常明显，也适应当时的需要。但随后的运行中"不利于调动大学和地方政府办学积极性"的呼声渐起，运行几年以后，政府决定结束苏联式高度集中的管理体制，实行教育权力下放。其标志就是 1958 年 8 月国务院《关于教育事业管理权力下放问题的规定》印发执行。

第二次"收"与"放"。随着高等教育办学权的下放，高等教育的规模失控发展，如前文述及，1960 年一年之内高等学校增加 448 所。这种速度导致教育质量急剧下降，同时也超出了国力承受的范围。引起这次"教育大跃进"的原因有高等教育内部因素，但更多的是社会政治因素影响。所以，1961 年，国家开始对高等教育发展进行了"收"，其标志是《教育部直属高等学校暂行工作条例（草案)》，也即《高教六十条》①的出台。《高教六十条》的实施使混乱的高等教育办学状况得到了恢复，其基调是集权管理，就政策的价值取向看，是典型的国家本位的政策模式。几十年来，中国大学一直缺乏活力的根本原因即在于此。②

"文化大革命"期间，高等教育的正常发展被"左"的思潮打断。以1969年中央发布的《关于高等学校下放问题的决定》为标志，高等教育再次走向"放"，大学被下放到地方管理，从而走向失控状态。

第三次"收"与"放"。"文化大革命"结束后，高等教育也开始"拨乱反正"。具体做法就是恢复《高教六十条》，中国高等教育第三次走向"收"。但是，这种保守的管理条例，随着改革开放的逐步深入，与改革开放的要求显出越来越大的反差，要求给高等教育自主权的呼声不绝于耳。随着压力越来越大，上海交通大学等部分学校开始逐步进行校内管理体制改革的试点。1985年《中共中央关于教育体制改革的决定》出台，标志着中国高等教育第三次走向"放"。决定指出，"改革管理体制，在加强宏观管理的同时，坚决实行简政放权，扩大学校的办学自主权"。"当前高等教育体制改革的关键，就是要改革政府对高等学校统得过多的管理体制，在国家统一的教育方针和计划指导下，扩大高等学校的办学自主权，加强高校同生产、科研和社会其他方面的联系，使高等学校具有主动适应经济和社会发展需要的积极性和能力"。

第四次"收"与"放"。由于政策主体层面的中央集权体制，第三次的"放"在执行层面步履维艰，扩大高校办学自主权的改革实

---

　　①　《高教六十条》主要有两大原则：一是学术自由原则，二是集中管理原则，其中集中管理原则是其核心原则。第7条规定："教育部直属高等学校，行政上受教育部领导，党的工作受省、市、自治区党委领导"，"教育部直属高等学校规模的确定与改变，学制的改变与变革，都必须经教育部批准"。条例中从教学计划到专业设置，从教师调动到招生，从教学到科研均有非常详细的规定。

　　②　周光礼：《中国大学办学自主权（1952—2012）：政策变迁的制度解释》，《中国地质大学学报》（社会科学版）2012年第5期。

际上并无大的进展。但是，即使仅有的一点办学自主权，不少学校也出现了滥用情况，以致出现了 20 世纪 80 年代末的大学"创收"、办各类证书班、招生自主权滥用及乱发文凭等现象，大学的办学质量也出现下滑情况。在这种情况下，受社会舆论的影响，政府也害怕"一放就乱"的情况再次出现，担心高校不能很好运用自主权。1990 年前后，政府对高校新一轮的"治理整顿"开始，在不少方面进一步强化了对大学的管理与控制。1992 年，中共十四大正式确立建立社会主义市场经济体制的改革目标。1993 年 3 月，中共中央、国务院关于《中国教育改革和发展纲要》颁布，高等教育"治理整顿"结束。扩大大学办学自主权的改革再次起步。

此后，中国高等教育管理体制改革逐步走上了法治化轨道。1998 年颁布了《中华人民共和国高等教育法》，1999 年，《面向 21 世纪教育振兴行动计划》、《教育部关于当前深化高等学校人事分配制度改革的若干意见》印发实施，2000 年，《深化高等学校人事制度改革的实施意见》发布，2004 年，《2003—2007 年教育振兴行动计划》发布，这一系列法律法规的实施，使政府和大学的关系逐步明晰。但是，在执行过程中，由于政策的国家本位，以及中国社会"强政府"的传统，政府及执行人员很容易以"传统身份"延续对学校的各种权力。大学校长、党委书记及其副职的任命权仍掌握在政府手中，虽然大学内部事务管理的宏观权力下放给学校，但各类下放权力如招生权、专业设置权、职称评审权等的审批仍控制在政府手里。所以，今天的中国大学仍是政府管理的大学。

第三章

大学机构扩张的历史与现状

大学机构的扩张有其合法性和历史轨迹。本章循着北京大学和复旦大学内设机构的扩张历史，从历史走向现实。在现实状况下，重点对最能代表中国大学水平的"985工程"大学和"211工程"大学的机构现状进行了描述。同时，把河南省具有大学称谓的九所大学作为地方附属大学的缩影和代表，对其内设机构现状也进行了分类统计，以此比较全面地说明中国大学的内设机构现状。在此基础上，以HN大学为个案，梳理了这所大学教学机构、党政管理机构、直属附属机构60年的变迁过程。

第一节　大学机构扩张的历史轨迹

大学起源于欧洲中世纪，从其形成的源点和发展考察，大学这种社会机构在萌芽之初其内部不可能有专门的教育教学管理部门，讲学的教师具有自然的管理权，有些管理权也在学生手中。慢慢地，随着聚集在一起的教师和学生人数的增多，大学的事务越来越多，既包括内部的事务，也包括与外界的沟通和交涉甚至各种冲突的协调与处理，为了便于维护自身团体的利益，教师和学生自发地组织起了行会来集中管理师生活动，保障正常的教学秩序，这可能是大学内部管理机构的起源。后来随着社会进步和经济发展，大学也不断发展，大学需要有自己的代表去对内行使管理职能，对外代表学校协调各种社会关系，于是，大学选出了自己的最高管理者和领导人——校长。学生越来越多，学校开设的课程也越来越多，教师也越来越多，一个校长实在无暇顾及，于是又增设副校长、校长助理，设立校长办公室；为了协调好教学各个环节，又设立了负责教学的教务部门；为了使学生的各项管理工作有序进行，又设立了负责学生管理的相应机构；大学不断生长，校园变大，校舍增多，后勤保障工作诸事繁杂，负责后勤保障、安全管理的保障性机构慢慢出现。再后来，学生招生、教师招聘、财务管理、资产管理、科学研究、对外交流等事务越来越多，内部管理机构也不断增加。与此同时，大学内部的院、系机构也在不断地增加中。

　　历史发展到今天，大学这个社会组织也经历了从"村庄"到"城镇"再到"城市"的三个发展历程。正如克拉克·科尔（Clark Kerr）所言："大学观是一个居住僧侣的村庄，现代大学观是一座城镇——一座由知识分子垄断的工业城镇，多元化巨型大学观是一座充满无穷变化的城市。"①

　　由此，大学内部各类机构的设置不是刚开始就有的，也不是毫无理由地随意设置的，其生成和增长既有大学组织结构变革的内部逻辑，也有适应社会需要的外部逻辑。

　　基于以上简单的大学内部机构生长轨迹的描述，再加上中国复杂的政治、历史及文化因素的交织影响，中国大学的内设机构一直在扩张中，尤其是近十几年来，甚至可以说是"高速扩张"。北京大学和复旦大学的机构增长情况可以说明这个问题。

　　根据胡仁东整理的数据，北京大学1952年至2006年的院系有比较清楚的增长脉络。北京大学的学院设置从20世纪90年代以后快速增加，从3个学院发展到27个学院，几乎每年都有增加，至2006年院（系）总数达到45个（含18个系），见表3-1。

---

　　① 胡仁东：《我国大学组织内部机构生成机制研究》，广东教育出版社2010年版，第11页。

表 3 - 1　　　　　　　　　北京大学学院（系）演变一览

年份	学院或系（个）	增加的学院或系
1952	12（系）	
1966	18（系）	6（系）
1977	2	经济学院、马克思主义学院①
1992	3	马克思主义学院
1993	5	生命科学院、光华管理学院
1995	7	数学科学院、化学与分子工程学院
1996	8	国际关系学院
1998	9	法学院
1999	10	外国语学院
2000	15	新闻与传播学院、教育学院、基础医学院、药学院、公共卫生学院、护理学院（几个医学类学院为北医科大并入）
2001	19	地球与空间科学学院、环境学院、元培计划、物理学院
2002	22	软件与微电子学院、对外汉语教育学院、考古文博学院
2003	23	景观设计研究院
2005	25	工学院、前沿交叉学科研究院
2006	27	信息科学技术学院、先进技术研究院

资料来源：胡仁东：《我国大学组织内部机构生成机制研究》，广东教育出版社 2010 年版，第 107 页。

在内部管理及附属机构设置上，1992 年北京大学设有 13 个党群机构，27 个行政机构，4 个附属机构，共计 44 个内部管理机构。具体如表 3 - 2 所示。

表 3 - 2　　　　　　　1992 年北京大学管理及附属机构一览

序号	党群系统机构	行政系统机构	附属机构
1	党委办公室	研究生院	中学（2 所）

---

①　此处可能有误，1977 年已有马克思主义学院，1992 年又增加马克思主义学院，不应重复。经查北京大学马克思主义学院主页情况介绍，"成立于 1992 年 4 月的北京大学马克思主义学院，秉承北大师生学习研究马克思主义一脉相承的光荣传统……"该学院应为 1992 年增加。出于对引文的尊重，或许 1977 年之后的历史原因变迁，本处对引文未做修改。

序号	党群系统机构	行政系统机构	附属机构
2	研究室	校长办公室	小学
3	组织部	自然科学处	燕园街道办事处
4	宣传部	社会科学处	
5	统战部	教务处	
6	党校	物资设备与实验管理处	
7	校刊	科技开发部	
8	一机关党委	校办产业办公室	
9	二机关党委	学报编辑部	
10	后勤党委	成人教育学院	
11	校办产业党委	财务处	
12	工会	审计室	
13	团委	监察室	
14		人事处	
15		师资办公室	
16		外事处（港澳台办）	
17		外国学者留学生工作处	
18		老干部处	
19		学生工作部	
20		保卫部	
21		武装部	
22		基建处	
23		修建处	
24		伙食管理处	
25		事务行政管理处	
26		房地产管理处	
27		勺园管理处	

资料来源：胡仁东：《我国大学组织内部机构生成机制研究》，广东教育出版社 2010 年版，第 111 页。

　　根据以上两个表的数字，1992 年北京大学有教学（含 3 个学院 18 个系）、管理机构及附属机构 65 个。到 2014 年，根据北京大学的官方网站数据，北京大学内部有机构总数 116 个，其中教学机构 64

个，管理部门（含工会、团委）机构 31 个，直属附属机构 21 个，挂靠机构 12 个未列入统计数据。[①] 与 1992 年相比，增加机构数为 51 个。

2014 年北京大学各类机构设置如下，其中教学机构有：

理学部 8 个学院（系）：数学科学学院、物理学院、化学与分子工程学院、生命科学学院、城市与环境学院、地球与空间科学学院、心理学系、建筑与景观设计学院。

信息与工程科学部 5 个学院：信息科学技术学院、工学院、计算机科学技术研究所、软件与微电子学院、环境科学与工程学院。

人文学部 8 个学院（系）：中国语言文学系、历史学系、考古文博学院、哲学系（宗教学系）、外国语学院、艺术学院、对外汉语教育学院、歌剧研究院。

社会科学部 13 个学院（系、所部）：国际关系学院、经济学院、光华管理学院、法学院、信息管理系、社会学系、政府管理学院、马克思主义学院、教育学院、新闻与传播学院、人口研究所、国家发展研究院、体育教研部。

医学部 14 个学院（含附属医院）[②]：基础医学院、药学院、公共卫生学院、护理学院、医学人文研究院/公共教学部、医学网络教育学院、第一医院、人民医院、第三医院、口腔医院、第六医院、北京肿瘤医院、深圳医院、首钢医院。

跨学科类 8 个院（所、中心）：元培学院、先进技术研究院、前沿交叉学科研究院、中国社会科学调查中心、分子医学研究

---

① 挂靠的 12 个单位为国内合作委员会办公室、督察室、标识管理办公室、校长法律顾问办公室、校园卡管理与结算中心、党校办公室、新闻中心、学生就业指导服务中心、青年研究中心、学生资助中心、心理健康教育与咨询中心、教务长办公室。

② 大多数学校的网页中将附属医院列入了直属或附属单位，北京大学是例外之一，其列入的原因可能考虑到医院具有部分教学职能，故列医院为教学单位。所以本书尊重资料来源的原始性，仍将附属医院归入教学单位统计。

所、科维理天文研究所、核科学与技术研究院、北京国际数学研究中心。

深圳研究生院 8 个学院：信息工程学院、化学生物学与生物技术学院、环境与能源学院、城市规划与设计学院、新材料学院、汇丰商学院、国际法学院、人文社会科学学院。

管理部门有：

党委办公室、党委组织部、党委宣传部、纪委办公室监察室、校长办公室、教务部、人事部、财务部、学生工作部、校友工作办公室、研究生院、工会、团委、总务部、发展规划部、科学研究部、社会科学部、科技开发部、继续教育部、国际合作部、实验室与设备管理部、统战部、保卫部、人民武装部、保密办、信息化建设与管理办公室、审计室、国有资产管理委员会办公室、基建工程部、房地产管理部、211/985 办公室、校办产业管理委员会办公室、昌平校区管理办公室。

直属、附属单位有：

图书馆、档案馆、校史馆、计算中心、现代教育技术中心、教育基金会、出版社、校医院、深港产学研基地、首都发展研究院、会议中心、燕园社区服务中心、燕园街道办事处、北大附中、北大附小、幼教中心、餐饮中心、公寓服务中心、特殊用房管理中心、动力中心、邱德拔体育馆。

复旦大学的机构设置情况大致也是如此。新中国成立后，复旦大学的学院（系）从 1949 年的 5 个学院、1 个专修科开始，至 2005 年，增为 18 个学院、4 个系，共 22 个学院（系），见表 3 - 3。

表 3 – 3　　　　　　　　　复旦大学学院（系）演变一览

年份	学院或系
1949	5 个学院、1 个专修科
1952	9 个系
1955	10 个系
1966	12 个系
1980	13 个系
1988	7 个学院（其中 2 个管理型学院：国际文化交流、成人教育学院）、11 个系
1998	10 个学院（其中 2 个管理型学院：国际文化交流、成人教育学院）、5 个系
2001	17 个学院（其中 4 个管理型学院：高等职业技术、国际文化交流、继续教育学院、网络教育）、6 个系
2005	18 个学院（其中 3 个管理型学院：继续教育、网络教育、国际文化交流；2 个独立学院：太平洋金融学院、上海视觉艺术学院）、4 个系

资料来源：胡仁东：《我国大学组织内部机构生成机制研究》，广东教育出版社 2010 年版，第 115—116 页。

党委机构的设置情况见表 3 – 4。

表 3 – 4　　　　　　　1949 年后复旦大学新设置党委机构

机构名称	成立时间（年）	机构名称	成立时间（年）
党委办公室	1956	学生工作部	1984
组织部（与党校合署办公）	1956	老干部办公室	1986—1994
宣传部	1956	离退休工作处	1994—2000
统战部	1956	老干部工作处	2000
武装部	1962	研究生工作部	2000
保卫部（处）	1979		

资料来源：胡仁东：《我国大学组织内部机构生成机制研究》，广东教育出版社 2010 年版，第 123 页。

行政职能机构设置情况见表 3 – 5。

表 3 – 5　　　　　　　1949 年后复旦大学行政职能机构设置

机构名称	成立时间（年）	机构名称	成立时间（年）
校长办公室	不详	后勤办公室	1994
人事处	1950	文科科研处	1998

续表

机构名称	成立时间（年）	机构名称	成立时间（年）
教务处	1957	学科建设办公室	1999
总务处	1962	重大项目建设办公室	2000
资产管理处	1979	产业化与校产管理办公室	2000
医院管理处（协调机构）	1979	对外联络与发展处	2001
外事暨港澳台办	1979	校园信息化办公室	2001
基建处	1980	枫林校区管理委员会及办公室	2001
财务处	1984	江湾校区建设办公室	2003
研究生院	1984	研究室	2003
退休教工管委会	1984	留学生办公室	2003
科学技术处	1987	张江校区建设办与管委会	2005

资料来源：胡仁东：《我国大学组织内部机构生成机制研究》，广东教育出版社 2010 年版，第 124 页。

由以上数据，为了与北京大学的机构具有可比性，复旦大学仍以1992 年的时间点统计。复旦大学 1992 年学院（系）在 15—18 个之间①，1992 年前有党委机构 8 个，行政机构 12 个，院（系）和管理机构总数在 35—38 个之间。

到 2014 年，根据复旦大学的官方网站数据，复旦大学内部机构总数达到 109 个，其中学院（系）52 个，党政管理机构 46 个②，附属医院 11 个。具体机构如下：

教学机构有：

复旦学院、中国语言文学系、哲学学院、历史学系、旅游学系、文物和博物馆学系、外国语言文学学院、法学院、国际关系与公共事务学院、新闻学院、经济学院、管理学院、社会发展与

————

① 复旦大学无 1992 年的院（系）数据，但 1988 年有 7 个学院 11 个系，即 18 个，1998 年有 10 个学院 5 个系，即 15 个。

② 党政管理机构中合署办公者只统计一个，上海医学院未统计，其医学类的有关机构统计在内。

公共政策学院、数学科学学院、物理学系、化学系、高分子科学系、环境科学与工程系、信息科学与工程学院、计算机科学技术学院、软件学院、微电子学院、材料科学系、力学与工程科学系、生命科学学院、基础医学院、药学院、公共卫生学院、护理学院、国际文化交流学院、社会科学基础部、艺术教育中心、体育教学部、分析测试中心、实验动物科学部、放射医学研究所、古籍整理研究所、中国历史地理研究所、高等教育研究所、现代物理研究所、核科学与技术系、神经生物研究所、发育生物研究所、国际问题研究院、先进材料实验室、专用材料与装备技术研究院、生物医学研究院、脑科学研究院、出土文物与古文字研究中心、文史研究院、社会科学高等研究院、继续教育学院、网络教育学院。

党政服务机构有：

复旦大学办公室、纪委/监察处、党委组织部、党委党校办公室、党委宣传部、党委统战部、党委学生工作部、党委研究生工作部、保卫处/武装部、老干部工作处/关工委、机关党委、后勤党委、发展规划处、人事处、本科生院（教务处、招办）、研究生院、科技处、文科科研处、医院管理处、外事处暨港澳台事务办公室、对外联络与发展处、外国留学生工作处、退休教职工管理委员会、财务处、审计处、资产管理处、总务处、基建处、枫林校区管委会、张江校区管委会、江湾校区管委会、教师教学发展中心、上海医学院办公室、医学发展规划办公室、医学教育管理办公室、医学科研管理办公室、医学学位与研究生教育管理办公室、工会、妇委会、团委、档案馆、图书馆、信息化办公室、资产经营有限公司、复旦附中、后勤服务公司、出版社。

另有 11 家附属医院：

　　　　中山医院、华山医院、儿科医院、妇产科医院、眼耳鼻喉科
医院、肿瘤医院、华东医院、上海市公共卫生临床中心、上海市
第五人民医院、金山医院、浦东医院（筹）。

　　北京大学和复旦大学的内设机构现状也是中国大学目前的普遍现
象。机构越来越多，学院越分越细，巨型大学不断出现。与此同时，
由于内设机构的不断增多，导致大学的管理人员数量也不断攀升。不
仅处级干部大量增加，科级和一般管理人员的数量也在不断增加。

　　根据教育部官网统计数据，中国普通高校行政管理人员 1998 年
为 178069 人，2012 年增至 309534 人，增幅达 73.8%。2012 年校均
专任教师为 590 人，校均行政人员为 127 人，专任教师与行政人员之
比为 4.7 : 1。具体数据见表 3 - 6。

表 3 - 6　　　　　　　　　中国普通高校行政人员统计

年份	全国普通高校数（所）	普通高校专任教师数（人）	普通高校行政人员数（人）
1998	1022	407253	178069
1999	1071	425682	179630
2000	1041	462772	182948
2001	1225	531910	196232
2002	1396	618419	204845
2003	1552	724658	225725
2004	1731	858393	240017
2005	1792	965839	254885
2006	1867	1075989	269004
2007	1908	1168300	277039
2008	2263	未查到数据	
2009	2305	1295248	292046
2010	2358	1343127	297715
2011	2409	1392676	304026
2012	2442	1440292	309534

　　资料来源：根据中华人民共和国教育部官方网站（http：//www. moe. gov. cn/publicfiles/
business/htmlfiles/moe/s7567/list. html）教育统计数据整理而成。

第二节　大学机构设置现状

一　"985 工程"大学的机构设置情况

"985 工程"大学是通常意义上大家公认的中国最高水平大学。其溯源为 1998 年 5 月 4 日，北京大学召开建校 100 周年纪念大会，时任国家主席江泽民出席大会，在大会上他代表党和政府郑重宣布："为了实现现代化，我国要有若干所具有世界先进水平的一流大学。"同年 6 月 25 日，国家科技教育领导小组成立，并于 10 月 28 日在北京召开了国家科技教育领导小组第二次会议，在这次会议上审议通过了《面向 21 世纪教育振兴行动计划》文件。

1998 年 12 月 24 日，教育部正式发布《面向 21 世纪教育振兴行动计划》，对世纪之交我国教育的发展和改革进行了全面部署。教育振兴行动计划提出重点支持部分高等学校创建具有世界先进水平的一流大学（即"985 工程"），指出："要相对集中国家有限财力，调动多方面积极性，从重点学科建设入手，加大投入力度，对于若干所高等学校和已经接近并有条件达到国际先进水平的学科进行重点建设。今后 10—20 年，争取若干所大学和一批重点学科进入世界一流水平。"1999 年 1 月 13 日，国务院批转了该项计划，"985 工程"正式实施。

目前"985 工程"建设已进入到第三期，第一期从 1999 年开始，2001 年结束，建设周期为 3 年，建设学校共 34 所。[①] 其中，北京大学和清华大学以教育部支持为主，其他重点建设的大学以不同形式的共建方式进行资助支持，投入资金支持 269 亿元。二期建设周期为

---

① 目前，对一期建设的数量不同的统计口径不一，郭新立统计为 34 所，详见郭新立《中国高水平大学建设之路——从 211 工程到 2011 计划》，高等教育出版社 2012 年版，第 34 页。教育部网站上的有关文章统计为 35 所，也有数据统计为 36 所，如以"985 工程"二期启动时间 2004 年计算，此前都应计入一期的话，一期签约应为 36 所。

2004—2007 年①，资助学校增至 39 所，分布在全国 18 个省和直辖市。2010 年 6 月，根据教育部、财政部印发的《教育部、财政部关于加快推进世界一流大学和高水平大学建设的意见》，这标志着新一轮"985 工程"三期开始建设，至 2013 年结束。

经过十多年连续不断的大量投入，"985 工程"大学的硬件及软件实力大大提高，事实上已占据中国大学的绝对制高点。在人才培养方面，"985 工程"大学的人才培养规模（包括本科、硕士、博士），已经超过以美国大学协会成员高校为代表的世界一流大学平均水平。博士生培养规模的增长尤为显著，博士学位授予数从 1999 年的不到9000 人增加到 2007 年的 40000 多人，年均增幅达 19%，其中 39 所"985 工程"学校发挥了重要作用，授予的博士学位数一直占全国总数的一半以上，校均授予博士学位数从 110 名提高到 550 名，增加了4 倍。

在科技创新方面，"985 工程"大学承担了众多前沿科学研究和重大技术创新研究任务，产出了一批代表国家最高水平的重大科研成果，极大地提高了我国的原始创新能力，与世界一流大学的差距明显缩小；解决了一大批对国民经济发展和科学技术进步具有全局性和带动性作用的重大科研任务，推动了社会生产力的快速发展。

在服务国家经济社会发展方面，"985 工程"大学通过为科学决策提供政策咨询、建设科技园区、推进产学研合作、支持西部高校发展等多种形式发挥辐射和带动作用。各校根据各自的学术传统特色，积极倡导并组织对现实问题的对策研究，发挥思想库和智囊团作用，为各级政府和企业组织的科学管理和决策提供服务和支撑，并产生了广泛的影响。"985 工程"大学还积极参与并引领区域创新体系建设，建设或共同建设了 34 个国家大学科技园，以自己的优势和特色服务于地方经济建设、社会发展和整体创新的能力提升，有力地推动了地

---

① 郭新立：《中国高水平大学建设之路——从 211 工程到 2011 计划》，高等教育出版社 2012 年版，第 35 页。

方经济和社会的发展。① 由于 39 所 "985 工程" 大学的特殊地位, 研究中国大学的内设机构情况, "985 工程" 大学当之无愧是研究的重点。

从资料获取的准确性和快捷程度考虑, 网络资源是首选。本书的数据以各大学 2013 年 2 月官方网站的数据为准, 对 "985 工程" 大学的机构设置情况进行逐一查阅, 并进行了分类统计。由于各大学对机构设置的归类方法不一, 为便于研究对比, 机构分类按以下原则进行:

第一, 各学校的机构均按党政管理机构、教学机构、其他机构分类统计。三部分相加即为机构总数。

第二, 机构归类按各学校 2013 年 2 月官方网站的数据为准。比如同一个机构名称, 有的学校把它归入党政管理机构, 有的学校把它归入直属或附属机构, 甚至有的学校把它归入教学机构, 由于这些机构有各学校的内涵标准, 所以本书中以学校分类为准, 没有人为地把它归入另一类中。这样分类虽然各学校有所差异, 但从机构总数上是一样的, 不影响总数的对比。如前所述的北京大学把附属医院归入教学机构, 可能是考虑到医院也从事教学工作, 但大多数学校把附属医院归入直属或附属单位之列。在各学校的网页中, 大部分的学校把机构分类为院系设置、党群组织、行政单位、教辅单位、其他等, 如中国人民大学, 这类学校的机构比较容易分类, 我们可以直接把院系设置归入教学机构, 党群组织和行政单位归入党政管理机构, 将教辅单位和其他归入其他机构类。但有的学校分类更加简单, 如清华大学把院系设置作为一类, 把所有其他机构不分党政, 不分附属、直属, 一律叫作 "组织机构", 所以统计时清华大学的其他机构中没有数据显示。也就是说, 本书中的数据尽量尊重各校的统计分类方法。

第三, 不少大学将工会、团委单独列为一类, 即群团组织, 但也有相当多的学校把两者列入党政管理机构。从统计的可比性考虑, 本

---

① 郭新立:《中国高水平大学建设之路——从 211 工程到 2011 计划》, 高等教育出版社 2012 年版, 第 47 页。

书把两者统一归入党政管理机构中。

第四，其他机构指党政管理机构、教学机构以外的所有其他机构，包括直属机构、附属机构等。但各类不作为实体机构的委员会、领导小组、协会、学会及学生社团不作为统计范围。如北京航空航天大学的组织机构栏目下分类有"组织机构之党政机关""群团及社会组织""直属单位""附属单位""学术组织""领导小组""协会"，后三类均不在统计范围。

第五，科研机构在各学校的网页中分类标准及方法存在巨大差异，有的是和学院平行的处级单位，有的是学院下设的科研机构，更多的则无法区别属于哪个层次，其网页中的信息不具有可比性，故本书中不列入科研机构的分类。因此，在各学校的对比数据中，带"研究中心""研究所""研究基地"等类字样的机构不计入相关机构数中。

第六，合署办公、挂靠单位只作为一个机构统计，不重复统计。

第七，个别大学的数据不全，表格中空格部分为目前无法搜集到相关数据。

根据以上原则，逐一查阅了39所"985工程"大学2013年2月的官方网站网页，得出了以下统计数据。具体见表3-7，学校排名不分先后。

表3-7　　　　　　"985工程"大学内部机构设置一览　　　　（单位：个）

序号	学校名称	机构总数	党政管理机构数	教学机构数	其他机构数
1	北京大学	116	31	64	21
2	中国人民大学	93	36	38	19
3	清华大学	106	72	34	
4	北京航空航天大学	72	26	33	13
5	北京理工大学	74	36	34	4
6	中国农业大学	49	34	15	
7	北京师范大学	79	27	26	26
8	中央民族大学	60	22	30	8
9	南开大学	78	32	27	19

续表

序号	学校名称	机构总数	党政管理机构数	教学机构数	其他机构数
10	天津大学	67	27	24	16
11	大连理工大学	103	40	58	5
12	东北大学	63	22	18	23
13	吉林大学	115	32	54	29
14	哈尔滨工业大学	74	28	26	20
15	复旦大学	109	46	52	11
16	同济大学	116	38	35	43
17	上海交通大学	131	33	52	46
18	华东师范大学	82	39	29	14
19	南京大学	96	40	41	15
20	东南大学	98	35	29	34
21	浙江大学	100	36	37	27
22	中国科学技术大学	53	23	22	8
23	厦门大学	79	35	30	14
24	山东大学	97	34	39	24
25	中国海洋大学	69	24	26	19
26	武汉大学	92	32	40	20
27	华中科技大学	90	28	47	15
28	湖南大学	72	35	21	16
29	中南大学	78	33	31	14
30	国防科学技术大学	15	5	10	
31	中山大学	100	41	55	4
32	华南理工大学	74	28	25	21
33	四川大学	86	28	33	25
34	电子科技大学	55	30	25	
35	重庆大学	88	32	38	18
36	西安交通大学	87	40	29	18
37	西北工业大学	64	30	24	10
38	西北农林科技大学	69	30	23	16
39	兰州大学	80	33	34	13

资料来源：39 所"985 工程"大学 2013 年 2 月官方网站。

　　根据统计数据，39 所"985 工程"大学机构总数 3229 个，党政管理机构总数 1273 个，教学机构总数 1308 个，其他机构总数 648 个。校均机构总数 83 个，最多的学校机构数达到 131 个。校均党政管理机构数 33 个，教学机构数 34 个，其他机构数 17 个。

二　"211 工程"大学的机构设置情况

　　"211 工程"大学是中国大学的第二个层次，前已述及，"985 工程"大学为中国大学的第一个层次。从时间上溯源，"211 工程"大学建设比"985 工程"大学要提前多年，"985 工程"建设进一步深化了在"211 工程"建设中形成的建设中国特色高水平大学的理念、认识和举措，"211 工程"和"985 工程"共同构成了中国高水平大学群体，正如美国的常春藤大学联盟、英国的罗素集团盟校一样。

　　为实施科教兴国战略，迎接知识经济和世界新技术革命的挑战，1991 年 12 月，原国家计委、国家教委及财政部经过充分协商，向国务院报送了《关于落实建设好一批重点大学和国家重点学科的实施方案的报告》，报告"一致同意国家设置与国家经济、社会发展相适应的'重点大学和重点学科建设项目'（以下简称'211 计划'）"；1993 年，原国家教委印发了《关于重点建设一批高等学校和重点学科点的若干意见》的通知；1995 年，经国务院批准，国家决定实施"211 工程"。"211 工程"，即面向 21 世纪，重点建设 100 所左右的高等学校和一批重点学科。"211 工程"开辟了我国以重点建设方式推进高水平大学建设的探索之路，为科教兴国战略奠定了坚实的基础。①

　　目前，"211 工程"已进行到三期，共建设了 112 所学校，包括"985 工程"的 39 所。其中，一期建设 99 所大学，主要安排了 602 个重点学科和 2 个全国高等教育公共服务体系建设项目。建设资金 196.08 亿元。二期建设 107 所大学，主要安排了 821 个重点学科和 3 个全国高等教育公共服务体系建设项目，建设资金 187.5 亿元。三期

---

　　①　郭新立：《中国高水平大学建设之路——从 211 工程到 2011 计划》，高等教育出版社 2012 年版，第 7 页。

建设起始于 2008 年 2 月，增至 112 所学校，重点建设 1073 个项目，投入 127.2 亿元，创新人才和队伍建设投入资金 62.3 亿元，另有其他专项投入。

　　经过十几年的强力投入，"211 工程"建设应该说比较显著地提升了我国高等教育的整体水平，与世界一流大学的差距明显缩小。所以，考察中国大学的内部机构设置情况，如果没有"211 工程"大学的数据，这种考察和分析将是极不完善的。

　　与"985 工程"大学的数据获得途径一样，按照同样的归类原则和方法，从相关大学 2013 年 2 月的官方网站上逐一获取数据，加以整理统计后形成了"211 工程"大学内部机构设置一览表。为了不重复计算，"211 工程"学校仅列出了 73 所，39 所"985 工程"大学不再列入，具体见表 3 - 8，排名不分先后。

表 3 - 8　　　　　"211 工程"大学内部机构设置一览　　（单位：个）

序号	学校名称	机构总数	党政管理机构数	教学机构数	其他机构数
1	北京交通大学	49	32	17	
2	北京林业大学	63	31	16	16
3	北京化工大学	45	27	12	6
4	北京科技大学	53	25	15	13
5	北京邮电大学	54	36	18	
6	北京工业大学	61	31	24	6
7	北京中医药大学	46	22	13	11
8	对外经济贸易大学	54	25	24	5
9	中国传媒大学	61	31	29	1
10	中央财经大学	56	31	25	
11	北京外国语大学	48	25	20	3
12	中国政法大学	51	25	22	4
13	中央音乐学院	46	21	20	5
14	北京体育大学	51	23	23	5
15	华北电力大学	46	27	13	6
16	河北工业大学	53	32	21	
17	天津医科大学	45	24	21	

续表

序号	学校名称	机构总数	党政管理机构数	教学机构数	其他机构数
18	太原理工大学	76	30	23	23
19	东北师范大学	85	34	29	22
20	辽宁大学	66	33	33	
21	大连海事大学	53	25	19	9
22	延边大学	65	25	22	18
23	内蒙古大学	50	24	26	
24	哈尔滨工程大学	54	24	21	9
25	东北农业大学	52	23	19	10
26	东北林业大学	72	33	20	19
27	华东理工大学	55	35	20	
28	上海外国语大学	73	28	24	21
29	东华大学	60	33	17	10
30	上海财经大学	60	29	22	9
31	上海大学	71	34	28	9
32	第二军医大学	16	8		8
33	苏州大学	66	31	27	8
34	南京航空航天大学	57	31	16	10
35	南京理工大学	54	24	19	11
36	中国矿业大学	59	31	22	6
37	河海大学	55	26	19	10
38	江南大学	49	26	23	
39	南京农业大学	51	19	24	8
40	南京师范大学	64	25	26	13
41	中国药科大学	45	26	10	9
42	安徽大学	72	32	29	11
43	合肥工业大学	67	19	23	25
44	福州大学	70	32	25	13
45	南昌大学	101	30	28	43
46	郑州大学	99	43	46	10
47	中国石油大学	64	27	14	23
48	中国地质大学	68	28	21	19

续表

序号	学校名称	机构总数	党政管理机构数	教学机构数	其他机构数
49	武汉理工大学	74	23	25	26
50	华中农业大学	55	27	17	11
51	华中师范大学	28		28	
52	中南财经政法大学	56	23	20	13
53	华南师范大学	77	26	36	15
54	暨南大学	91	33	25	33
55	湖南师范大学	77	31	26	20
56	广西大学	64	34	30	
57	海南大学	55	29	22	4
58	西南交通大学	66	29	23	14
59	西南大学	91	34	34	23
60	西南财经大学	63	36	27	
61	四川农业大学	42	19	19	4
62	贵州大学	80	32	33	15
63	云南大学	68	30	22	16
64	西藏大学	31	16	12	3
65	西北大学	62	27	22	13
66	陕西师范大学	74	26	28	20
67	长安大学	64	30	22	12
68	西安电子科技大学	54	28	16	10
69	第四军医大学	10		8	2
70	青海大学	46	25	21	
71	宁夏大学	55	21	24	10
72	新疆大学	61	26	22	13
73	石河子大学	67	29	22	16

资料来源：73 所"211 工程"大学 2013 年 2 月官方网站。

根据统计数据，73 所"211 工程"大学机构总数 4342 个，党政管理机构总数 1970 个，教学机构总数 1612 个，其他机构总数 760 个。校均机构总数 59 个，校均党政管理机构数 27 个，校均教学机构数 22 个，校均其他机构数 10 个。上述学校中机构总数最多的达 101 个；党政管理机构最多的达 43 个；教学机构最多的达 46 个。

三　河南省九所大学的机构设置情况

本书之所以选择河南省的大学作为统计对象，主要有以下两个方面的因素。一是研究中国大学的机构设置情况最有代表意义的必然是中国大学的一、二层次的学校，但如果仅仅只有这两个层次的学校，也不足以反映中国大学的全貌，所以似乎还应选择一些一般大学作为补充。二是首选的一定是自己最熟悉的学校。所以，本书选择了河南省有大学称谓的9所大学作为研究样本之一。

根据2013年河南省教育事业发展统计公报数据显示，河南省2013年有本科院校39所（不含8所独立学院），在全国高等教育发展中应该属于欠发达省份之列。39所本科院校中，有"大学"称谓的仅9所（不含部队院校），其他则为各类"学院"。这9所大学分别是郑州大学、河南大学、河南科技大学、河南农业大学、河南师范大学、河南理工大学、河南工业大学、河南财经政法大学、华北水利水电大学。

按照前述统计方法，经查阅河南省9所大学2013年2月的官方网站，统计出了各学校的内设机构情况，具体见表3-9。

表3-9　　　　　河南省9所大学内设机构数量一览　　　　（单位：个）

序号	学校名称	机构总数	党政管理机构数	教学机构数	其他机构数
1	郑州大学	107	43	46	18
2	河南大学	76	27	35	14
3	河南科技大学	80	27	32	21
4	河南理工大学	70	45	25	
5	河南工业大学	53	32	21	
6	河南农业大学	58	37	21	
7	河南师范大学	69	35	25	9
8	河南财经政法大学	68	38	29	1
9	华北水利水电大学	50	28	19	3

资料来源：河南省9所大学2013年2月官方网站。

在统计中，有时情况是复杂的，如果不认真、仔细，难以做到准确统计，以郑州大学为例可以说明这个问题。郑州大学的情况在"211 工程"大学中已出现，本次重复列出，需要说明的是其教学机构中有 44 个院系，2 所合作办学的二级学院，其中 2 所合作办学的二级学院与其他院系均作为一类统计，故教学机构数为 46 个。其实，2 个二级学院内部又是一个复杂的机构。该校网页中有专门的"管理机构"一栏，下分为"党群机构""行政机构""其他单位"三项。其中党群机构 13 个，与宣传部合署办公的新闻中心和与纪委合署办公的监察处不再统计；行政机构 30 个；其他单位 10 个，分别是女性维权中心、女性关怀中心、羽毛球协会、冬泳协会、红十字会、摄影协会、心理咨询师协会、高校摄影网、巾帼苑及教材供应中心。按前述原则，各类协会不作为统计范围，而且，经查这些网页，除教材供应中心外其他机构也都不是独立单位。主页中"产学研"一栏下，又有产业处、后勤集团公司、五个附属医院、校医院、综合设计院、附属中学等机构 17 个，扣除前已统计的产业处外，还有 16 个机构应列入其他机构，再加上单独列出的图书馆，郑州大学的其他机构总数应为 18 个。由此可知，机构统计的情况还是很复杂的。

四　不同类型大学间机构设置的对比

前述三节中分别统计了"985 工程"大学、"211 工程"大学及地方大学缩影的河南省 9 所大学的内部机构设置情况，这三种类型大学的机构可以从以下几个方面进行比较分析。

第一，基本构成情况。从党委系统的机构看，一般有党委办公室、组织部、宣传部、纪律检查委员会办公室、统战部、研究生工作部、学生工作部、离退休工作部、党校、机关党委等。不少学校把团委、工会等群团组织也列入党委系统。

从行政系统的机构看，比党委系统的机构要多。一般有校长办公室、教务处、研究生院（处）、科研院（处）、社会科学处、发展规划处、国际合作与交流处、学科建设办公室、人事处、学生处（一般与党委学生工作部合署办公）、离退休工作处（一般与党委离退休工作部合署办公）、国有资产管理处（或实验设备管理处）、财务处、监察处（一般与纪委办公室合署办公）、审计处、基建处、后勤管理处、保卫处（一般与党委武装部合署办公）、招生就业处等。

附属、直属单位机构数较少，各学校分类情况比较复杂，但基本的构成大致有图书馆、档案馆、后勤集团公司、学报编辑部、现代教育或网络中心等机构。

教学机构的构成则没有多少规律可言，由于不同学校的学科特点各不相同，学院（系）的设置也各不相同，但有一个共同之处是基本上每个学校都有马克思主义学院、外国语学院。因为这些学院的课程是大学的必开课程，所以学院设置也成为必设学院。

第二，从机构的数量看，学校的层次越低，机构总数越少。如"985 工程"大学的校均机构总数为 83 个，"211 工程"的校均机构总数为 59 个。这主要是因为学校的层次越高，学科覆盖面一般较大，学校的摊子也比较大，教职工的人数也比较多，所以必然会出现学院多、管理机构多、附属机构多的现象。

还有一种情况是，从机构的数量看，综合性大学比学科相对单一大学的机构数量要多，比如根据统计数据，农科院校、医科院校的机构设置一般较少。

第三，党群系统的管理机构基本相同，差别不大，稍有差别的是一些"985 工程"大学设有独立建制的关心下一代工作委员会，有的把保密办公室归入党群系统机构。差别较大的在于行政系统机构和院（系）设置上。

第四，教学机构的设置上，不少"985 工程"大学从学科的融合上考虑，也有的学校称为学科群建设，在学校之下学院之上设置学部，如北京大学把学院归为理学部、信息与工程科学部、人文学部、社会科学部、医学部。武汉大学分为人文科学学部、社会科学学部、理学部、工学部、信息科学学部、医学部。浙江大学分为人文学部、社会科学学部、理学部、工学部、信息学部、农业生命环境学部、医学部。这样分类的还有吉林大学、大连理工大学、重庆大学等。

第五，"985 工程"大学内设管理机构比其他两个层次大学的机构多，主要体现在增加了以下一些机构，如不少学校设立了招投标管理办公室、保密办公室、出版社、博物馆、科技开发机构等，在党群机构中不少学校把关心下一代工作委员会作为独立常设机构出现，如华南理工大学、重庆大学等。

第六，不同类别的学校根据各自的学科情况设立了一些具有各自特点的管理机构。有附属医院的大学很多设立了医院管理处，以负责附属医院的管理，如中南大学、兰州大学、西安交通大学、同济大学等。不少工科特色明显的综合性大学为了加快科技成果的转让，成立了负责科技成果推广的管理机构，这些机构名称有成果转化中心、科技推广处、开发院等。社会科学的发展使不少学校设立了独立的社会科学处。一些学校由于学科的特殊性设立了一些特色明显的管理机构，如华东师范大学的基础教育与终身教育处、北京师范大学的孔子学院管理处等。具有军工研究优势的大学为了争取军工项目的需要，一般设立有单独建制的保密处或保密办公室，如西北工业大学、北京理工大学、东南大学等。

第七，学校的层次越高，对外交流的频度越高，为了加强管理，"985工程"大学比"211工程"大学设置了更多的对外联络机构，地方高校对外联络机构则相对较少，一般只有一个对外合作处。很多"985工程"大学设有对外联络办公室、国内合作办公室、国际交流与合作处、校友会、教育基金会等机构。甚至不少学校同时存在两个以上的对外联系机构，如华南理工大学设有中外合作办学办公室、国际交流与合作处、公共关系处。

通过梳理北京大学和复旦大学内设机构的发展轨迹，以及"985工程""211工程"等大学的机构设置现状可知，中国大学机构的扩张是一个循序渐进的历史过程。这种扩张从大的分类看，可以分为行政机构的扩张和学术机构的扩张两种类型。比如一些党政管理机构的增加属于前者，而教学院系、研究机构的增加则属于学术机构的扩张。从扩张的原因看，其中可能有合理性的扩张，也可能有非合理性的扩张，这些我们将在后续的章节中予以讨论和厘清。

第三节　HN 大学机构设置扩张个案

前已述及，HN 大学 2002 年由三所学校合并组建，考察其机构设置的变化源头有三个。但是从该校的档案馆、图书馆查阅三校的历史文献资料，源头之一的 HN 学院有比较详尽的历史记述，最权威的是 1998 年正式出版发行的《HN 学院志》，其中记载了该校从 1952 年以后的发展历程，其他两个学校的历史资料极少，尤其是机构设置方面的早期资料几乎查不到，这就给本研究工作带来了一些不确定性。但是从三校的历史发展可以说明一些问题。HN 学院成立于 1952 年，1958 年开始本科办学，在国内有一定影响。HN 医专虽然也是 1958 年开始本科办学，但 1962 年即被撤销，1978 年再开始办专科学校。另一所 HN 农专也是 1978 年办专科学校。后两所学校属专科层次，且办学历史较前者要短得多。从合校当年，也就是 2002 年的学校年鉴看，HN 学院的教师数为 788 人，另两所学校分别为 107 人和 150 人。所以从三个源头比较，HN 学院应该是主流。因此，本书中 2002 年前仅分析考察 HN 学院的机构设置变化，2002 年后则以 HN 大学为研究主体。从另一方面看，因为本章讨论的主要是机构的变化情况，即使研究合校前其他两个学校的机构，也没有多少实际意义。所以仅研究 HN 学院的机构变化应该具有一定的代表性。

下面，我们从教学机构、党政管理机构及直属附属机构三个方面梳理 HN 大学的机构变化过程。

一　HN 大学教学机构扩张过程

HN 大学教学机构的扩张大致可以分为四个阶段。

第一阶段为 1958 年开始本科办学至"文化大革命"开始，这一阶段奠定了 HN 大学此后 20 多年机械一系、机械二系和农机系三大主干系的办学基础。

1958 年 HN 学院成立时，设机械系、化工系和冶金系。当年秋季，机械制造工艺及设备（简称机制）、化工和冶金 3 专业招收首届本科生。1959 年 6 月，受办学条件制约，学院决定撤销化工系和冶金系的建置，保留机械系，下设机制、铸造和金属材料与热处理（简称热处理）3 个专业，并将化工系和冶金系的学生分别转入铸造和热处理专业。1960 年 6 月，学院增设农业机械设计与制造（简称农机）和拖拉机设计与制造（简称拖拉机）专业，并于同年秋季招收四年制本科生。其后，经农机部同意，学院从机制专业二、三年级学生中各抽一个班转入农机专业学习（即农 5801 班与农 5902 班）。机制、铸造、热处理和农机专业 1958 年入学的本科生，在校学习四年半，于 1963 年 1 月毕业，成为学院首届毕业的本科生。1961 年 5 月，学院设立农业机械系（简称农机系），将农机专业和拖拉机专业划归该系领导。1962 年，设立基础课委员会，后更名为基础课部。1965 年 1 月，学院成立半工半读部，领导机制专业（一年级）的半工半读试点工作。1965 年 6 月，半工半读部改为机械一系，分管机制专业。原机械系改为机械二系，分管铸造专业和热处理专业。

至 1966 年 6 月"文化大革命"开始，学院共设置机械一系、机械二系和农机系三系，机制、铸造、热处理、农机和拖拉机五个专业。

第二阶段为"文化大革命"期间，学校发展基本停滞。其中，1972 年，增设内燃机设计与制造（简称内燃机）专业；1974 年增设锻压工艺及设备（简称锻压）专业；1975 年，撤销三系一委（基础课委员会），以专业为单位成立专业委员会。1978 年增设轴承工艺与设备（简称轴承）专业。

第三阶段为改革开放后，学校逐渐得到较快发展，教学机构逐年增多。

1978 年 9 月，学院恢复机械一系、机械二系和农机系以及基础课部的建制。机械一系下设机制专业和轴承专业（方向）；机械二系下设铸造、热处理和锻压专业；农机系下设农机、拖拉机和内燃机专业。机械一系于 1990 年更名为机械制造工程系（简称机制系）；1997 年更名为机械电子工程系（简称机电系）。1980 年，在该系增设液压传动及控制（简称液压）专业；1993 年增设机械电子工程专业；

1996 年在机制专业增设精密机械（方向）；1997 年增设工业设计专业。机械二系于 1990 年更名为材料工程系（简称材料系）。1988 年在机械二系增设焊接工艺及设备（简称焊接）专业；1993 年在锻压专业设模具设计制造（方向），并单独组织教学。1994 年，根据国家教委 1993 年颁发专业目录，锻压专业更名为塑性成形工艺及设备（简称塑性成形）专业。农机系于 1990 年更名为机械设计工程系（简称机设系）；1994 年学院决定机设系同时使用汽车工程系的名称。1982 年增设机械设计与制造（简称机设）专业；1984 年把原拖拉机专业改为汽车拖拉机（简称汽拖）专业；1988 年在原三年制专科食品机械专业的基础上设置食品及包装机械本科专业；1993 年增设汽车运用工程专业。1994 年，根据国家教委 1993 年颁布的专业目录，更名为载运工具运用工程专业；1994 年增设建筑工程和工业与民用建筑（专科）专业，隶属机设系领导。1995 年，在机设专业拓宽起重运输与工程机械（方向）；增设制冷与低温技术专业（专科）；1996 年将制冷与低温技术专业改为本科；增设工业设计专业（专科）。

1979 年，学院成立工程外语系、数学力学系和自动化系筹备组。1982 年 11 月，工程外语系筹备组和数学力学筹备组撤销。

1982 年 2 月，撤销自动化系筹备组，成立自动化系；1990 年自动化系更名为电气工程系（简称电气系）。该系下设的专业变迁情况是，1981 年，设工业电气自动化（简称自动化）专业，隶属自动化系筹备组领导；1988 年，增设工业自动化仪表专业；1993 年增设计算机及其应用专业；1995 年增设计算机软件专业；1996 年增设应用电子技术专业。

1984 年 7 月成立工业管理工程系（简称工管系）；1990 年 4 月，更名为经济管理系（简称经管系）；1993 年 4 月与社会科学部合并成立经济贸易系（简称经贸系）；1994 年 4 月，在经贸系基础上成立 HN 学院工商学院，同时恢复使用马列主义教研室名称。

1993 年，在外语教学部的基础上组建外语系。1994 年设置日语专科专业，1995 年设置英语本科专业（经贸方向）。

1994 年，体育教学部从基础课部分出，作为独立设置的教学机构。

1995 年，经管系独立，马列主义教研室改称社会科学部。马列主义教研室自成立起，下设哲学、经济学、党史 3 个教研组。社会科学部成立后，增加了思想政治教育、经济法专业和政工干部管理专修科。后又增设了语文、法律和德育教研室。

1997 年 4 月，以机设系土建教研室为基础成立建筑工程系，建筑工程专业划归建筑工程系领导。1997 年 10 月该系设置供热通风与空调工程专业（拟于 1998 年招生）。1997 年 8 月，以基础部化学教研室为基础成立化学工程系，管理高分子化工专业。1997 年 10 月机械部批准设置精细化工专业（拟于 1998 年招生）。

截至 1997 年年底，HN 学院有中层教学机构 10 个。具体情况见表 3 – 10。

表 3 – 10　　　　　　　HN 学院 1997 年教学机构设置情况

序号	名　称（1997 年年底使用）	设置时间与原名称		曾经使用过的名称	硕士点与本、专科专业（1997 年 12 月）
1	机械电子工程系	1958 年	机械系	机械工程一系 机械工程系	△ 机制　△ 机设（轴承方向）△ 流体传动与控制，工业设计机制（精密机械方向），机电工程
2	材料工程系	1958 年	机械系	机械工程二系	△ 铸造　△ 金属材料及热处理 △ 塑性成形工艺与设备（含模具方向）、焊接
3	机械设计工程系	1960 年	农业机械系	汽车工程系	△ 机设 △ 农机 △ 汽车与拖拉机 △ 内燃机、机设（食机）机设（起重运输与工程机械）、制冷与低温技术、载运工具运用工程
4	基础课部	1962 年	基础课委员会		数学教研室、物理教研室
5	电气工程系	1982 年	自动化系		△ 工业自动化、计算机应用、计算机软件、应用电子技术
6	工商学院	1983 年	工业管理工程系	经济管理系经济贸易系	会计学、市场营销、国际贸易经济法、旅游经济、＊旅游与酒店管理
7	外语系	1984 年	外语教学部		英语、＊日语

续表

序号	名　称 （1997年 年底使用）	设置时间与原名称	曾经使用过 的名称	硕士点与本、 专科专业 （1997年12月）
8	体育部	1994年 体育教学部	体育军训教学部（1988—1991年）	
9	建筑工程系	1997年 建筑工程系		建筑工程、供热通风与空调、＊建筑工程、＊建筑装饰工程、＊供热通风与空调
10	化学工程系	1997年 化学工程系		高分子化学、精细化工、＊精细化工

注：带 Δ 号者为有硕士学位授权的专业；带 ＊ 者为专科专业，只列入1997年年底有在校生的专业。

资料来源：HN学院志编纂委员会：《HN学院志》，中州古籍出版社1998年版，第82页。

1999年，基础部撤销，成立应用教学系，2001年更名为数理系。

第四阶段为 HN 学院等三校合并组建 HN 大学，与中国高等教育高速发展同步，HN 大学教学机构进入快速增长阶段。

2002年3月 HN 大学进入合并之年。合校后首先面临着机构的整合问题，根据该校（2002）6号文《关于 HN 大学管理体制改革的实施意见》，教学机构的设置按照突出特色、发挥优势、有利于学科发展及加强人文教育的原则①，按照教育部本科专业设置的学科门类和一级学科，全校统一设置18个专业学院（系）②，分别为机电工程学院、材料科学与工程学院、车辆与动力工程学院、电子信息工程学院、建筑工程学院、化工与制药学院、食品与生物工程系、艺术设计系、数理系、文法学院、外国语学院、经济与管理学院、医学院、医学技术与工程学院、法医系、农学院、动物科技学院、园林系。设立体育教学部，负责全校各院系的体育教学。设立继续教育学院，负责

---

① 资料来源：HN 大学《2002年鉴》，内部刊物。

② 文件规定，学生规模较大或具有硕士学位授予点，或需要重点发展与建设的单位称为学院，其余的称为系，系和院属同一级别。其实，在成立这些机构时，还考虑了两个专科学校的平衡问题，即两校的院系个数应大致平衡，所以出现了11个教师的学院和10个教师的系。

全校成人教育的管理，同时作为教学实体，利用社会资源，举办各种成人学历教育和培训。设立国际教育学院，负责留学生教育、国际合作办学和出国培训等。

2004 年 12 月，数理系更名为理学院，园林系更名为林学院。

2006 年 4 月，HN 大学的教学机构再次增加。新成立了政治与社会学院，原文法学院中的马列主义教研室与社会工作专业划归政治与社会学院。法医系更名为法医学院。艺术设计系更名为艺术与设计学院。新成立临床医学院，主要承担医学各专业的临床教学和实习任务。

2008 年 6 月，体育教学部更名为体育学院，体育教育专业开始招生。

2009 年，H 省教育厅批准开办示范性软件职业技术学院。首次审批计算机应用技术等 5 个专科专业，学制两年，同年 9 月开始新生开课。10 月，成立人文学院，文法学院的对外汉语、汉语言文学和政治与社会学院的历史专业并入。经济与管理学院撤销，分设为经济学院和管理学院，其中国际经济与贸易、金融学、经济学和一个硕士点归经济学院，会计学、市场营销、旅游管理、电子商务等 6 个本科及 6 个硕士点归管理学院。文法学院更名为法学院，建筑工程学院更名为规划与建筑学院。

2011 年 4 月，根据中宣部、教育部的要求，政治与社会学院更名为马克思主义学院。

2013 年 4 月，车辆与动力工程学院中的农业机械等专业分出，成立农业工程学院，车辆与动力工程学院更名为车辆与交通工程学院。建筑工程学院撤销，分为土木工程学院和建筑学院，护理专业从医学院分出成立护理学院。电子信息工程学院撤销，分为信息工程学院和电气工程学院。

至此，HN 大学的教学机构已达到了 32 个学院。若与合校时的 2002 年相比，12 年过去了，学院（系）净增 14 个。

二　HN 大学党政管理机构扩张过程

HN 大学党政管理机构的变化，从大的时间节点分为两个阶段，即合校之前和 HN 大学组建之后。

合校之前，HN 学院党委系统的机构变化比较简单，具体如下：

1958 年 HN 学院成立院党委，下设：党委办公室、组织部，1959 年增设宣传部。1964 年 6 月，学习中国人民解放军经验，建立政治部作为党委办事机构，下设办公室，组织部、宣传部、武装保卫部。

1968 年 5 月，成立农机学院革命委员会，已瘫痪了的学院党委及其机构均被革委会及其新机构取代。1972 年，第三届学院党委建立时，与院革委会成立党政合一的机构有：办事组、政工组等。政工组内设有组织科、宣传科、保卫科、团委、工会等。1973 年，撤销了办事组、政工组，建立了党委办公室、组织部、宣传部。

1980 年 2 月成立统战部，在统战部成立前，统战工作一直由宣传部监管。

1980 年 10 月成立学生工作部，1983 年 11 月撤销，1994 年 3 月重新设立，并与学生处合署办公。

1984 年 3 月成立党委老干部处，具体负责老干部的管理；1988 年 3 月老干部处与人事处合并，下设老干部办公室；1991 年 2 月，老干部办公室归属党委直接领导；1993 年 4 月建立离退休职工办公室。

1986 年 4 月成立院党委业余党校；1990 年 11 月在业余党校基础上成立院党委党校。院党校直属党委领导，处级单位。

1988 年 3 月人民武装部与体育教研室合并为体育军训教学部。1991 年 9 月，撤销该部，恢复体育教研室，学生军训工作划归学生工作处（部）主管。

1993 年，根据学院总体改革方案的安排，对职责交叉、业务工作相近的职能部门（党委办公室与院长办公室；党委宣传部与党委统战部；学生处与院共青团委员会）等实行合署办公。1993 年成立了院党委保卫部，与保卫处合署办公。1994 年 4 月院党校与组织部合署办公。1994 年 4 月成立了院党委学生工作部，与学生工作处实行一套人员编制，两个机构牌子。

合校之前，HN 学院的行政系统的机构相对党委系统比较多，具体变化过程如下：

1958 年至"文化大革命"结束，这一时期的行政机构有三个特点，一是机构大多以"科"为名称，"科"是学校的"中层单位"。二是随着学校发展，教务处、总务处、生产处成为学校的主干机构。三是"文化大革命"开始后的机构动荡。

1958 年 9 月，建院初期，学院行政机构设有秘书科、人事科、政教科、教务处、总务科、膳食科、会计科。是年 9—12 月大炼钢铁期间，学院成立党政合一的临时机构，即三室一部（即党委联合办公室、院部办公室、共青团工会办公室和钢铁指挥部）。1959 年，学院行政机构进行了调整，成立了院长办公室、教务科、人事科、保卫科、会计科、行政科、保健科、基建办公室。

1960 年，学院行政机构为：院部办公室、教务处、总务处、生产劳动办公室、人事科和保卫科。其中教务处下设教务科、科技科和图书馆；总务处下设总务科、膳食科、会计科、卫生所、托儿所和基建办公室；生产劳动办公室下设设备科、供销科、实习工厂、生产科和农场。1961 年，撤销生产劳动办公室，原下设的实习工厂由院直辖，生产科、农场划归总务处，设备科划归教务处，供销科划归实习工厂。设立人事处，下设人事科和保卫科，基建办从总务处分离单设。1962 年 3 月增设生产处，下设教学设备科、生产科、实习工厂、实习农场。1963 年 6 月 10 日，撤销生产处，该处所属科室分别划归总务处和实习工厂。1964 年实习工厂改为附属工厂。1965 年 12 月 31 日又建立生产科研处（与附属工厂同一个管理机构），下设设备供销科、计划调度科、科技科和技术科。

1966 年 6 月"文化大革命"开始后，学院原有机构基本瘫痪。1968 年 5 月 26 日，院革命委员会成立，下设办事组、政宣组、组织组、斗批改组、保卫组、后勤组 6 个组。同年 10 月，院革委会将原 6 个组调整为办事组、政治工作组、教育革命组和后勤组。1972 年 1 月，学院第三次党员代表大会选举产生了中共第三届委员会，学院实行党的一元化领导。院党委会和院革委会设立了统一的办事机构：院办公室、政治工作组、教育革命组、后勤组和人民武装部。院办公室下设秘书科、行政科；政工组下设组织干部科、宣传科、保卫科；教育革命组下设教务科、教学研究科、科学研究科、教材科和图书馆；后勤组下设总务科、财务科、房产科、膳食科、卫生所、幼儿园，并领导农场。1973 年 12 月，学院撤销办事组、政工组、后勤组和教育革命组，成立党委办公室（与院革委会办公室合为一个机构）、组织部、宣传部、总务处和教务处。

1978 年以后，学校进入发展时期，中层行政机构的名称大多逐步改为"处"。

1978 年 8 月，学院机构调整，将党政合一的机构分开，行政机构建立院长办公室、科研处、人事处、基建处和保卫部（1979 年 8 月更名为保卫处）。1980 年 10 月成立财务处。1983 年 7 月学院将教务处电教科和人事处的职工教育科合并成立培训处。11 月 30 日，财务处更名为计划财务处。1984 年 6 月成立外事办公室。1985 年 3 月，教务处改称第一教务处，培训处改称第二教务处。同年 3 月成立教学科研服务处，将隶属于计划财务处的物资设备科，教务处的实验管理科、教材科，培训处的电化教育研究室，附属工厂的金工实习教学车间，劳动服务公司的印刷厂划归教学科研服务处。1986 年 8 月，学院增设学生工作处，下设学生科。9 月，将教学科研服务处更名为实验管理处，增设环境保护安全技术科（简称环保安技科）和计量维修室。1988 年 3 月，学院机构调整，外事办公室并入院长办公室，老干部处并入人事处，基建处与实验管理处合并成立实验基建处，第一教务处恢复教务处原名，第二教务处改名为成人教育处，并经国家机械委批准于同年 5 月在成人教育处基础上成立成人教育学院。1989 年 5 月 23 日，学院监察室和审计室成立，并与院纪律检查委员会合署办公。1991 年 4 月 4 日，实验基建处更名为实验设备管理处。9 月 3 日，监察室和审计室分别更名为监察处和审计处。9 月 5 日，科研处更名为科技处。1993 年 2 月，根据"精简、统一、效能"的原则和机械部确立的机构编制定额，学院机构又一次进行了调整。院党委办公室与院长办公室、院纪律检查委员会与监察处、学生处与院团委合署办公，实行一套人员编制，承担原机构全部职责。撤销实验设备处。老干部办公室和退休办公室合并，成立离退休办公室，由院党委和行政共同领导。单独设立审计处，成立研究生处。1994 年 4 月，设立院办公室，为院党委和行政的综合办事机构，履行原党委办公室和院长办公室的职责。10 月，成立产业办公室，挂靠在科技处。1997 年 8 月，学院增设资产、产业管理处和人才交流中心。

　　具体机构见 HN 学院 1958 年、1965 年、1968 年、1972 年、1983 年、1997 年行政系统机构设置图。

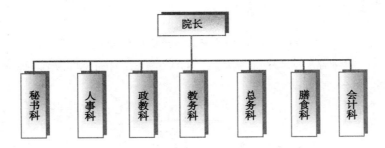

图 3 – 1　1958 年行政系统机构设置情况

　　资料来源：HN 学院志编纂委员会：《HN 学院志》，中州古籍出版社 1998 年版，第 557 页。

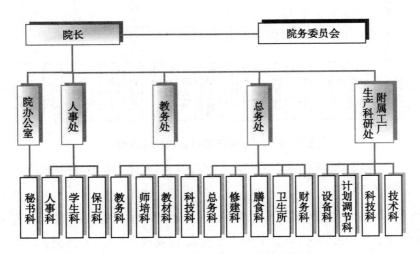

图 3 – 2　1965 年行政系统机构设置情况

　　资料来源：HN 学院志编纂委员会：《HN 学院志》，中州古籍出版社 1998 年版，第 557 页。

　　2002 年是 HN 大学合并之年，根据该校（2002）6 号文《关于

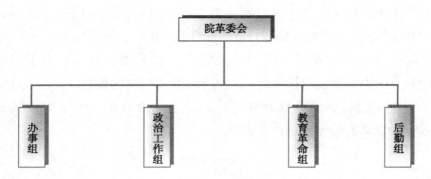

图 3 - 3　1968 年行政系统机构设置情况

资料来源：HN 学院志编纂委员会：《HN 学院志》，中州古籍出版社 1998 年版，第 558 页。

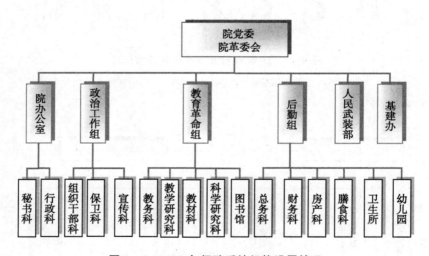

图 3 - 4　1972 年行政系统机构设置情况

资料来源：HN 学院志编纂委员会：《HN 学院志》，中州古籍出版社 1998 年版，第 558 页。

HN 大学管理体制改革的实施意见》，"党政管理机构按照国家教育部文件《关于当前深化高等学校人事分配制度改革的若干意见》（教人〔1999〕16 号），学校管理机构数一般不超过 20 个（不包括工会和团委等群团组织）。根据实际情况，学校设立党政管理机构 19 个。具体有：学校办公室（发展研究室）、组织部（包括党校和机关党委）、宣传统战部（包括校报编辑部）、纪委（监察处）、学生处（学生工

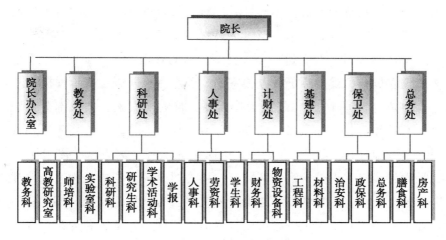

图 3 – 5　1983 年行政系统机构设置情况

资料来源：HN 学院志编纂委员会：《HN 学院志》，中州古籍出版社 1998 年版，第 559 页。

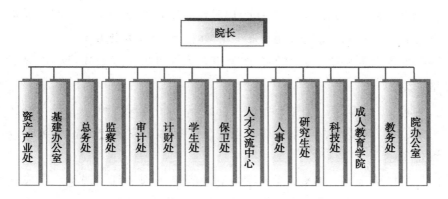

图 3 – 6　1997 年行政系统机构设置情况

资料来源：HN 学院志编纂委员会：《HN 学院志》，中州古籍出版社 1998 年版，第 560 页。

作部）、离退休工作办公室、学科建设办公室、教务处、科技处、研究生处、招生就业处、实验室管理处、人事处、计划财务处、审计处、保卫处、对外合作处（外事办公室）、规划建设处、后勤管理处。另设工会（包括计划生育办公室）和团委，不占党政管理机构个数。"以上括号内的为合署办公单位。在各部门内部机构设置上，人员较少的党政管理机构不再设科，对人数超过 10 人（含）的部处，可根据工作需要设立科室，但每个科室最低不少于 4 人。

2005 年 5 月，为了进一步加强新校区的管理工作，学校成立新校区管理委员会，委员会下设办公室，办公室为正处级行政管理机构。

2006 年 4 月 10 日，根据工作需要，校党委发文，学校部分处级机构变动和更名：一是成立党委办公室、校长办公室、武装部（与保卫处合署办公）、国防生办公室、国防生大队（合署办公，副处级）。二是党校和机关党委从组织部分离，作为两个独立党委机构。三是撤销学校办公室。四是将学科建设办公室更名为学科建设处，实验室管理处更名为实验室与设备管理处，离退休工作办公室更名为离退休人员工作处。

2009 年 10 月，HN 大学校党委《关于处级机构和岗位设置方案的通知》（校文〔2009〕23 号）公布的方案中，原有处级机构有以下调整变动：一是成立国有资产管理处、校办产业管理处（产业投资管理有限公司）、新校区建设指挥部办公室（副处级单位）。二是将科技处更名为科研处，对外合作处更名为外事处，规划建设处更名为基建处。

2011 年 12 月，校党委发文，撤销新校区管理委员会、开元校区（新校区）管委会办公室，成立老校区管理办公室，仍为正处级行政管理单位。

2013 年 4 月，HN 大学再次对党政管理机构进行了调整。新成立发展规划处、社会科学处。校友会办公室升格为正处级机构，挂靠校长办公室。党校与组织部再次合署办公，仍为正处级机构。撤销新校区指挥部办公室。

至此，HN 大学有党政管理机构 27 个。

三　HN 大学直属附属机构扩张过程

与教学机构和党政管理机构相比，直属和附属机构的变化过程相对简单。

1958 年，学院的直属和附属机构有图书馆和实习工厂，其中实习工厂是工科学校办学的基本要求。1964 年，实习工厂改为附属工厂。1965 年，因建立行政机构，生产科研处与附属工厂作为一个机构。"文化大革命"期间，图书馆作为教育革命组的一个科级机构。1983 年，直属和附属机构有图书馆、劳动服务公司、附属工厂、医院及子弟小学。1993 年，高教研究室从教务处独立出来，成为副处级直属机构。1997 年，学报编辑部从科研处独立出来，成为副处级直属机构。此时，总务处等后勤服务部门仍作为行政机构，未作为直属机构对待。

2002 年，三校合并，机构重新"洗牌"。成立现代教育中心，负责统一管理各校区的校园网和多媒体教室。成立统一的图书馆，在三个校区设立分馆。图书馆下设档案馆，统一管理学校的档案。成立统一的学报编辑部，下设自然科学版编辑室、社会科学版编辑室、医学版编辑室和农业与生命科学版编辑室。按照高校后勤社会化的要求，成立后勤集团公司，统一负责三个校区的后勤服务任务。后勤集团公司作为学校独资产业，实行公司化运作，学校成立董事会、监事会，负责制定后勤集团公司的发展规划，监督后勤集团公司运作。后勤集团公司实行总经理负责制，作为独立的实体，自主经营，自负盈亏。后勤集团公司内部机构按照企业运行需求由集团公司自主设置。三校区原有校医院（卫生所）合并成立校医院，负责学校的医疗卫生工作、三个校区的医疗卫生保健、离休干部的公费医疗及社区医疗工作。设立附属小学，负责教职工子女的小学教育。附属小学按照社会学校模式运作，国家工资和补贴学校负责，校内工资由小学自己负担。设立附属工厂，作为工科类学生的实习基地。附属工厂为学校独资企业，注册独立法人，独立核算，自负盈亏。如有学生在此实习，学校支付实习费用。设立附属农场①，作为农科类学生的实习基地。附属农场作为独立实体，独立核算，自负盈亏。学生实习，学校支付实习费用。第一附属医院和显微外科研究所承担医科类学生的教学和

---

① 附属农场地处郊县，成立后一直没有任命负责人，此后几年，这一机构学校既没撤销，也没任命干部，基本上是"无疾而终"。

实习任务，干部和人事由学校管理，同时作为独立的医疗卫生单位，独立核算，自负盈亏。第一附属医院和显微外科研究所按照有关规定，向学校缴纳一定比例的管理费。设立劳动服务公司，合并原三校劳动服务公司，作为独立法人，学校仅负责公司经理的工资及待遇。其余人员属企业编制，不作为学校编制人员，自负盈亏。

　　至此，合校后的 HN 大学直属、附属单位增至 10 个。其中，后勤集团公司从机关划出作为直属单位管理。

　　2006 年 2 月，附属工厂停办，撤销机构，以原有人员为基础，成立学校工程训练中心（副处级）。2006 年 4 月，成立高等教育研究所（副处级）。

　　2009 年 10 月，档案馆从图书馆分离，升格为直属副处级机构。

　　2013 年 4 月，成立网络信息中心（正处级），原现代教育中心的技术层面的职能划归网络信息中心，现代教育中心基本上只负责多媒体教室的管理等工作。同时，还成立了军工研究院（正处级），其主要职能是加强军工研究项目的争取工作。

　　需要特别说明的是，自 2002 年以来，学校还陆续加强了与社会医院的合作，除第一附属医院以外，还先后挂牌了七家医院，作为学校的附属医院，使医学生的实习单位有了可靠保证。

　　至此，除社会合作的 7 家附属医院外，HN 大学有直属附属单位 14 个。如果加上挂牌的 7 家附属医院，直属附属单位则达到了 21 个。

　　以上是 HN 大学校内机构设置的变化过程。这个变化过程是复杂的。但这仅仅是处级机构的变化。实际上每个处内部的科级机构也有一个极其复杂的变化过程。有些科级机构根据工作的需要或多种因素从无到有，有些科级机构逐渐"长大"成为独立的处级机构，有些科级机构的隶属关系在学校发展过程中会有不断的调整，从一个处转到另一个处，或者几个处的部分科级机构重新整合为一个新的处级机构等。

　　下面以 HN 大学的前身 HN 学院 1997 年前总务处内设机构的变化为例说明这个复杂的变化过程，从中我们也可以看到处级机构的分化和"长大"的过程。

　　1960 年 8 月以前，学院设有总务科、膳食科、会计科、基建办公室、保健科等后勤服务机构，由副院长主管。1960 年 9 月，建立总务处，下设总务科、膳食科、会计科、卫生所、托儿所、基建办公室。1961 年，基建办公室从总务处独立出去。5 月，总务处增设卫生福利科，下辖卫生所、托儿所。8 月 29 日，撤销卫生福利科，保留卫生所、托儿所。10 月，总务处增设生产科。1962 年 3 月 27 日，生产科划归生产处所属。1962 年，增设子弟小学。1963 年，又增设物资供应科。1964 年 12 月，撤销基建办公室，成立修建科，归总务处管理。1964 年总务处下设机构见图 3 – 7。

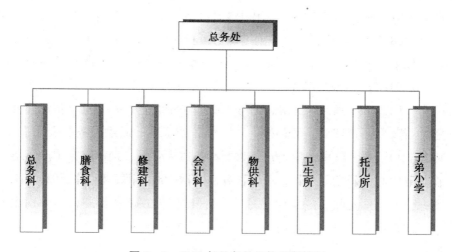

图 3 – 7　1964 年总务处机构设置情况

资料来源：HN 学院志编纂委员会：《HN 学院志》，中州古籍出版社 1998 年版，第 611 页。

1965 年 1 月 18 日，修建科与总务科合并为行政科，膳食科与卫生所合并为生活福利科。1965 年 2 月 1 日物供科划归学校生产科研处，成立设备供销科。

"文化大革命"初期，总务处原组织机构被撤销，设立后勤组，科室改为班组。1973 年 12 月 19 日，改后勤组为总务处，下设财务科、总务科、房产科、膳食科、医务科、处办公室。1975 年 12 月 8 日，增设基建科。

1978 年小型修建科与房产科合并为房产科。1979 年 9 月财务科从总务处分离出去升格为院财务处，为院直属机构。1985 年 1 月，院劳动服务公司所属的招待所和教工餐厅一楼划归总务处领导。1984 年汽车队和托儿所从总务科分离出来，成为两个副科级单位。1986 年校管科由院办划归总务处管理。1986 年 7 月，成立学生宿舍管理科。1986年 9 月招待所、教工餐厅一楼划归院服务公司领导。1987 年 2 月 17 日学生宿舍管理科划归院学生工作处管理，同时撤销校管科，其业务归房产科和总务科。同年，增设物资供应科和接待科。1987 年 12 月，总务处下设总务科、房产科、膳食科、物资供应科、接待科、幼儿园、汽车队和处办公室，职工 229 人，其中工人 174 人，干部 55 人。

1988 年 8 月 29 日，总务处增设财务科。1991 年 4 月 4 日，以原实验基建处所属的工程科、材料科、规划预算科为基础组建基建办公室（副处级单位），划归总务处领导。1993 年 3 月 12 日，成立后勤服务总公司，归总务处领导。此时，总务处下属科室有：处办公室、基建办公室、行政事务管理科、财务科。隶属总务处管理的后勤服务总公司有：修建工程公司、汽车运输公司、物资设备供应公司、接待服务中心、膳食服务中心、校容服务部、通讯服务部、动力服务部、校医院及计划生育办公室、幼儿园。1994 年 7 月 20 日，撤销行政事务管理科，分别成立行政科和房产科。1997 年 8 月，校医院升格为副处级单位，归院直接领导。

截至 1997 年 12 月底，总务处设立 8 个管理科室，4 个服务经营实体（见图 3 - 8）。职工 216 人，其中工人 168 人，干部 48 人。

从图 3 - 7 和图 3 - 8 比较可以看出，1964 年，总务处下设 8 个科级机构，30 多年后的 1997 年，总务处下有一个挂靠管理的副处级机构、11 个科级机构。其中 1964 年的 8 个科级机构中，修建科升格为副处级的基建办公室，后来再次升格为正处级单位；会计科升格为正处级的财务处；物供科划出管理，后来升格为国有资产管理处；卫生所升格为副处级的校医院；子弟小学分离出作为学校附属机构。

2000 年，教育部在全国高校推行后勤社会化改革，学校的总务处分离为后勤管理处和后勤集团公司，其中后勤管理处为代表学校的甲方，后勤集团为乙方。至此，1964 年总务处的 8 个科级机构中除后勤

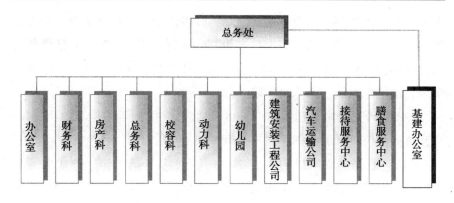

图 3 - 8　1997 年总务处机构设置情况

资料来源：HN 学院志编纂委员会：《HN 学院志》，中州古籍出版社 1998 年版，第 612 页。

集团公司继承了总务处的"衣钵"外，还分离出了 4 个正处级的行政管理机构和两所学校附属机构。

四　HN 大学机构设置现状及管理机构职能

根据 HN 大学官方网页介绍，该校的主页下有"组织机构"一栏。"组织机构"又分类为四种类型，即"党政、群团""教学院部""研究机构"和"直属、附属机构"。

（1）"党政、群团"包括 27 个机构，其中合署办公机构只作为一个机构统计。这 27 个机构是：党委办公室、组织部（党校）、宣传部、统战部、纪委办公室（监察处）、机关党委、校长办公室（校友会办公室）、发展规划处、教务处、科技处、社科处、学生工作部（学生处）、研究生工作部（研究生处）、招生就业处、人事处（人员交流中心）、财务处、审计处、国有资产管理处、武装部（保卫处）、离退休人员工作处、外事处、基建处、后勤管理处、校办产业管理处、国防生办公室、工会、团委。

（2）"教学院部"包括 32 个学院。分别是：机电工程学院、材料科学与工程学院、车辆与交通工程学院、农业工程学院、信息工程学院、电气工程学院、土木工程学院、化工与制药学院、食品与生物工程学院、数学与统计学院、物理工程学院、艺术与设计学院、建筑学院、人文学院、法学院、马克思主义学院、外国语学院、经济学院、管理学院、医学院、护理学院、医学技术与工程学院、法医学院、农学院、动物科技学院、林学院、体育学院、国际教育学院、软件学院、继续教育学院、国防生大队、临床医学院。

（3）"研究机构"包括9个，由于这部分机构不属于本书的研究内容，具体研究机构的名称不再一一列举。

（4）"直属、附属机构"有21个，分别是：图书馆、现代教育技术中心、网络信息中心、学报编辑部、高教研究所、工程训练中心、军工研究院、档案馆、校医院、后勤集团公司、劳动服务公司、附属小学、海军选培办、第一附属医院（临床医学院），另有社会医院挂学校牌子的7家附属医院。

以上是 HN 大学目前为止的全部机构设置情况。

一般意义上的大学管理机构，是指大学具有管理职能的党委、行政机构，有时也包括群团机构、直属和附属机构，也即除教学、科研机构以外的所有机构。①

HN 大学管理机构的职能分别见表 3 – 11 和表 3 – 12。

表 3 –11　　　　　　　　　　HN 大学党政、群团机构职能

序号	机构名称	主要职能
1	党委办公室	围绕学校中心工作，积极发挥学校党委的参谋助手、综合协调、督察督办、服务保障等作用，是学校党委各项工作的中枢和纽带职能，也是学校对外联系的窗口
2	组织部/党校	制订学校党的组织工作规划、计划和实施措施，并对其落实和执行情况进行检查、反馈；负责党的基层组织建设；做好领导干部的选拔、培养、使用、管理和调配等工作；负责干部、党员、人才队伍的教育培训和建设；负责党群机构设置工作
3	宣传部	制订并组织实施全校宣传思想政治工作规划、全校师生员工的政治理论学习计划；负责全校精神文明建设工作；负责对外宣传和新闻发布工作

① 这种分类方法也不尽合理，比如学报编辑部、高教研究所、校医院、劳动服务公司、附属学校、附属医院等作为管理机构似乎就不太合适。但直属和附属机构中的部分机构也有管理职能。所以此处在介绍机构职能时，也把直属、附属机构包括了进来。

续表

序号	机构名称	主要职能
4	统战部	负责学校统一战线的工作
5	纪委办公室/监察处	督促、检查关于党风廉政建设的决议和工作部署的贯彻执行情况；负责党风廉政宣传教育；负责党员、干部和教职工的来信来访工作；负责检查学校党的基层组织和党员违反党纪的案件
6	机关党委	组织和领导机关党支部贯彻、执行党的路线、方针、政策和校党委的决议；负责做好机关各党支部的组织建设、思想建设以及换届选举和审批工作；负责机关工作作风建设计划的组织实施、监督、检查；对党员进行党性、党风、党纪教育，切实履行党员义务
7	校长办公室/校友会办公室	负责部门间行政工作的组织协调及对学校重要行政工作的督办落实，代表学校处理各类综合性行政事务；负责各地校友会的建立和联系工作
8	发展规划处	为学校的办学提供战略性和前瞻性的建议或决策依据；制定学校中长期发展规划；负责学校发展战略、体制改革、重大决策的调查研究、方案论证及相关组织实施工作
9	教务处	负责学校本科教学工作总体发展规划的组织实施；制定相关的教学规章制度和教学改革方案；拟订专业设置与调整方案；负责教学质量保障体系建设；组织开展教学改革与研究工作；负责本科学籍和成绩管理，组织学士学位的审核工作；负责本科生的排课、选课工作；负责全校实验室管理；负责全校课程的考试考核；负责本科教学、教务方面的数据统计
10	科技处	负责全校理、工、农、医四个学科门类科技工作的规划、组织、协调和管理工作
11	社科处	负责全校哲学社会科学研究的规划、组织、协调和管理工作
12	学生工作部/学生处	负责全校普通本（专）科学生的思想政治教育及思想状况调查工作；负责指导、考核、督促、检查全校各学院普通本（专）科学生工作；负责大学生党建工作；负责学生工作干部队伍的建设和管理；负责学生教育、管理、服务及评价考核工作
13	研究生工作部/研究生处	制订全校研究生的思想政治教育工作计划；负责研究生党建工作；制定研究生日常管理的规章制度和实施办法；负责研究生的入学教育和就业指导及派遣等工作；负责研究生的招生、培养、学位授予、学科建设与学位点申报、思想政治教育和就业等方面的工作
14	招生就业处	负责普通本（专）科招生计划调研、编制，招生宣传、录取管理，毕业生就业工作，"迎新"及新生资格复查工作
15	人事处/人员交流中心	负责人才工作与师资队伍建设；负责工资、社保、人事方面等工作
16	财务处	负责编制学校年度预算；筹融资管理；会计核算及职工工资的发放；负责归集、整理和保管学校财务档案

续表

序号	机构名称	主要职能
17	审计处	对学校财务收支、建设工程、固定资产等项目进行审计、监督
18	国有资产管理处	负责全校国有资产管理；负责全校各类设备、物资的招标和采购工作
19	武装部/保卫处	负责国防教育工作；负责征兵招飞、拥军优属、人防工程管理检查督导；保安管理工作；负责校园治安、消防管理工作
20	离退休人员工作处	组织离退休人员学习、组织活动、关心其生活及健康
21	外事处	执行涉外政策、开展和协调本校国际交流与合作活动的职能
22	基建处	负责组织实施学校基本建设工作；编制工程项目的实施方案和建设计划；做好手续报建、招标、工程决算、付款等工作
23	后勤管理处	负责学校后勤保障工作
24	校办产业管理处	代表学校经营、管理学校出资举办或参股的各类产业
25	国防生办公室	负责国防生培养工作
26	工会	代表和维护教职工的合法权益和民主权利，组织职工群众参加教育建设和改革，帮助职工提高思想政治觉悟和文化素质
27	团委	做好党的助手和后备军；负责基层团组织建设；发挥共青团独特的育人功能，开展富有特色的校园精神文明创建活动；负责对校学生会和社团联合会工作的指导

资料来源：HN 大学 2013 年官方网站。

表 3 –12 　　　　　　　HN 大学直属、附属机构职能

序号	机构名称	主要职能
1	图书馆	建设文献信息资源，对资源进行科学加工整序和管理维护；做好流通阅览、资源传送和参考咨询工作
2	现代教育技术中心	负责现代教育技术的推广、应用、培训，并为全校教师提供多媒体相关技术支撑；负责全校多媒体教室、监控中心设备操控管理及设备维护工作
3	网络信息中心	负责学校教育教学信息化的规划、建设和管理，数字化校园的规划与建设
4	学报编辑部	负责 HN 大学学报的编辑出版工作
5	高教研究所	对有关高等教育改革发展的重要信息，定期编发《高教参考》；编辑出版《HN 大学高等教育研究》；组织高教研究成果的鉴定、评奖及推荐工作

续表

序号	机构名称	主要职能
6	工程训练中心	完成工科学生的金工和电子实习教学任务；为相关学院学生创新制作和比赛提供服务
7	军工研究院	负责学校军工保密和军工科研管理工作
8	档案馆	集中统一管理学校财务档案以外的各类档案，维护档案完整与安全
9	校医院	加强疾病的防控与学校健康教育工作；做好学生、教职工的医疗保健工作
10	后勤集团公司	负责学校水、暖、电、饮食、车辆、教学楼、校园修缮、校园环境保洁、绿化、印刷等服务的管理
11	劳动服务公司	完成企业法人的正常经营任务；确保公司经营收入的稳定；完成学校下达的相关任务
12	附属小学	负责教职工子女的小学教育工作
13	海军选培办	负责海军国防生的选拔及培养工作
14	第一附属医院/临床医学院	（略）
15	第二附属医院	（略）
16	第三附属医院	（略）
17	第四附属医院	（略）
18	第五附属医院	（略）
19	第六附属医院	（略）
20	第七附属医院	（略）
21	附属黄河医院	（略）

资料来源：HN 大学 2013 年官方网站。

第四章

大学机构扩张的政府因素

组织的生存与发展离不开环境，这个环境包括技术环境和制度环境。其中制度环境指一个组织所处的法制环境、文化期待、社会规范、观念制度等被人们"广为接受"的社会事实。中国大学自诞生之日起就一直处于政府主导的大环境下，"政府主导"已经成为一种规范和观念。本章讨论的主要内容是大学机构扩张的政府因素及其理论归因，与第五章、第六章共同构成本书的重点部分。

第一节　大学发展中的政府本位

一　政府主导下的清末大学

在内忧外患的清朝末年，一批有识之士奏折上疏设立大学堂，在一再提议下，经皇帝批准，中国第一所官办大学——京师大学堂于1898年设立。清末任命的管学大臣一身二职，既是京师大学堂的校长，也是全国最高教育行政长官。

根据《京师大学堂章程·设官例》规定，大学堂设管学大臣1人。管学大臣由皇帝亲自任命，大学的内部机构的负责人如分科监督、总教司、提调等由管学大臣举荐，由皇帝批准。由此可知，清末的大学实际上由皇帝和皇帝授权的管学大臣来管理大学。据记载：第一任管学大臣孙家鼐，安徽寿县人氏，咸丰状元，曾任工部、吏部、礼部尚书，并为光绪帝老师，政治上靠近光绪帝。经孙推荐，清廷任命浙江嘉兴人氏，同治进士，曾出使法、德、意、荷、奥等国大臣的许景澄及美国基督教传教士丁韪良为总教司，任命张之济为大学堂总办，朱祖谋、李家驹为提调，刘可毅、骆成骧等为教司。

大学的管学大臣必须按朝廷和皇帝意旨管理大学，如有问题，随时可被撤换甚至被处死。[1] 京师大学堂第一任管学大臣孙家鼐在戊戌政变后被迫辞职。第二任管学大臣许景澄因反对利用义和团攻打洋人被慈禧处死。1902 年 1 月 10 日，清政府任命曾任光绪帝的侍读和吏部尚书的张百熙为管学大臣。张百熙奏请皇帝批准聘请安徽桐城人吴汝伦为总教司，辜鸿铭为副总教司，丁韪良为西学总教司，聘请著名思想翻译家严复为译书局总办，林琴南为副总办，孙诒让、蔡元培为经史教司，刚留学回来的范源濂为助教。由于张百熙重用了一批比较开明的进步学者，引起了顽固派保守势力的反对和仇视，朝廷以其有改良思想为由，特派荣庆以牵制他。

清政府还用律法把大学的发展置于其严密控制之下。1902 年、1903 年制定的《钦定学堂章程》和《奏定学堂章程》，对全国大学的办学宗旨、学科及课程设置、招生、学生学习制度，乃至学生请假程序等都做了详细规定。同时，规定大学堂毕业生科甲出身可得到奖励，并授予相应官职。

《癸卯学制》与《壬寅学制》都有关于学生毕业奖励的规定。如大学本科毕业生"最优等"者奖为进士；"优等"与"中等"的虽也奖为进士，但在录用时在官职上有高低之分；"下等"的给予"同进士"，但还要再留堂补习一年，再参加考试。对于大学预科（或高等学堂）的"最优等"毕业生，奖为举人；"优等"与"中等"的虽也给予举人，但在录用时也有区别。从形式上看，这种出身奖励似乎与西方的学位制相似，但却有封建主义因素在内，体现了"学而优则仕"的教育价值观。[2]

同时还规定，大学堂教职员的奖励、晋升，学生平时大考的奖励、毕业请授科甲出身，必须奏请皇帝批准。

---

[1]　苗素莲：《中国大学组织特性历史演变研究》，博士学位论文，华东师范大学，2004年，第 18 页。

[2]　潘懋元：《中国高等教育百年》，广东高等教育出版社 2003 年版，第 118 页。

在教学及学术自由方面，清政府采取了严格控制的做法。大学开设什么学科，每个学科开设什么课程，每门课程讲授的年次，每周授课时数，甚至教材等，国家都有统一规定。清政府规定，大学堂人才培养注重"激发忠爱"、"端正趋向"，强调中国传统伦理道德的灌输。

清政府不允许大学堂中有"异说"传播，所谓的"异说"即有违封建伦理名教的学说。《钦定学堂章程》明文规定，"所有学堂人等，自教习、总办、提调、学生诸人，有明倡异说，干犯国宪，及与名教纲常显相违背者，查有实据，轻则斥退，重则究办"。①

由此可知，清末政府集大学的举办权、管理权于一身，清末大学是政府高度集权的产物。

清政府尽管对大学实行了严格管制的中央集权制，但大学从建立之始必然有大学这一组织特有的精神和传承，大学不同于其他社会组织的显著特征之一就是大学民主自治和学术自由。虽然"民主"、"自治"、"自由"被制度和规定所"压制"，但它仍然会尽力"张扬"和"显示"。朱有瓛在《中国近代学制史料》中记述，1902年以后的京师大学堂，"无论中外教师，无论大小职员，都看待学生像子弟一样，研讨学说质拆疑难，没有一样不亲切诚恳指导。所以学生非常敬爱教职员，教职员也非常亲爱学生"②。邹树文在《北京大学最早期的回忆》中描述了另一件事，说有一天张之洞视察学校，正逢日本教习服部在讲授心理学。服部讲到人的记忆力时说："中年时会忘记很多幼年少年时的事，老年会忘记中年的事，反而会想起年幼时的事。"张之洞听到后以为是服部讽刺他年老，心中不悦，但又不好当场发作，于是在重订学堂章程时，就想取消心理学这门课程。不过后来在《奏定学堂章程》里，心理学课程还是被保留下来了。这则事实说明虽贵为朝廷管学之大臣，张之洞也无法在大学具体学术事务上随意插手，随心而为。而受美国大学办学模式影响的北洋大学民主风气似乎更浓。《天津大学堂新订各规

---

① 朱有瓛：《中国近代学制史料》（第二辑上册），华东师范大学出版社1987年版，第753页。

② 同上。

则》总办规则规定"监督教习有事遇总办，不拘时刻"，总办须随时接待分科监督或教习；"诸生有事或请业，不拘时刻接见，通名就坐，有疑难就问，务尽其意所欲言，答必以诚，有不中理者诲正之，毋疾言，毋历色，使之悔悟，不追既往"。这些规则表明，大学的最高长官具有较多的爱护学生之意。又规定，"学务有当改良者，集总教习监督教习于研究室，提议互相质疑，折衷贵，当意有不同，各抒己见，毋偏徇，毋执拗，惟其当"，以校规的形式规定了学术事务的民主参与体制。①

二　政府控制下的民国大学

教育立法是各国政府加强对高等教育控制的通行做法。教育立法可以保证国家的教育目标和政策得到有效贯彻，是政府干预大学的有效形式。1911 年辛亥革命后，民国政府制定了大量的有关教育的法律法规。宋恩荣、章咸的研究表明，1912 年中华民国成立至 1949 年之间的 38 年内，国民政府正式制定公布了约 1500 多个教育法规，其中 1912—1937 年共制定公布了约 135 个与高等教育有关的法律法规。②

如 1929 年 7 月 26 日国民政府颁布的《大学组织法》、《专科学校组织法》。同年 8 月教育部颁布《大学规程》、《专科学校规程》、《私立学校规程》，对高等教育办学及大学的标准进行了较严格的规定。其中，大学应设置文、理、法、农、工、商、医等学院，凡具备三个学院以上者方能称之为大学。《大学规程》规定："大学至少须具备三学院，并遵照中华民国教育宗旨及其实施方针，大学教育注重实用科之原则，必须包含理学院或农、工、商、医各学院之一。"③

国民政府还通过建立视学和督学制度加强对高校的监督。1913 年 1 月 19 日，教育部颁布《视学规程令》规定："全国视学区域划分为八，每区域派视学二人，各区域视察，分定期及临时两种。定期视察每年自

---

① 苗素莲：《中国大学组织特性历史演变研究》，博士学位论文，华东师范大学，2004 年，第 26 页。

② 宋恩荣、章咸：《中华民国教育法规选编（1912—1949）》，江苏教育出版社 1990 年版，第 716—747 页。

③ 同上。

8 月下旬起，至次年 6 月上旬止。临时视察，依教育总长特别明令行之。视学每年视察之区域，由教育总长临时指定。"规程还规定视学到各地方视察学校时，无须向该校进行预期通知，这一做法是我们现在应大力提倡的。此外，规程还规定视学遇必要时可变更教课时间、考核学生成绩、可以调阅各项簿册。可见，《视学规程令》从视察内容、范围、权限、种类等方面做出了明确规定。①

由于教育部人员、精力、学识、经验有限，难以推行大面积的视导活动。于是，1920 年 12 月 31 日教育部专门制定了《专门以上学校视察委员会规程》，次年 2 月 1 日颁布了《专门以上学校视察委员会视察细则》，细则规定在教育部内成立专门以上学校视察委员会，此会隶属于教育总长，下设常任委员。常任委员数额一般不超过八人，由教育总长指派人担任。教育部任命了第一任专门以上学校视察委员会七位委员，七位委员均为教育部部员，且都是"留学外国而有学问者"，他们分别是：秦汾（参事）、任鸿隽（司长）、秦锡铭（佥事）、范鸿泰（佥事）、朱炎（佥事）、陈容（编审员）、万兆芝（编审员），任鸿隽为主任。专门以上学校视察委员在视察程序、经费、权限方面与其他部视学相同。②

对大学校长的任命及学校内部的管理，国民政府也通过立法的形式进行了明确的规定。1929 年国民政府颁布的《大学组织法》规定：大学设校长一人，综理校务。国立大学校长由国民政府任命之；省立市立大学校长，由省市政府分别呈请国民政府任命之。除国民政府特准外，均不得兼任其他官职。独立学院设院长一人，综理院务。国立者由教育部聘任之，省立、市立者由省政府请教育部聘任之，不得兼职。大学各学院设院长一人，综理院务。独立学院各科各设科主任一人，综理各科教务，由院长聘任之。大学各学系各设主任一人，办理各该系教务，由院长商请校长聘任之。独立学院各系主任，由院长聘任之。大学设校务

---

① 崔恒秀：《民国教育部与大学关系之研究（1912—1937）》，博士学位论文，苏州大学，2008 年，第 42 页。

② 江铭：《中国教育督导史》，人民教育出版社 1994 年版，第 117 页。

会，以全体教授、副教授所选出之代表若干人，及校长、各学院院长、各学系主任组织之。校长为主席。校务会议审议下列事项：大学预算、大学学院学系之设立及废止、大学课程、大学内部各种规则、关于学生试验事项、关于学生训练事项、校长交议事项。校务会议得设各种委员会。大学各学院设院务会议，以院长、系主任及事务主任组织之；院长为主席，计划本院学术设备事项，审议本院一切进行事宜。各学系设系教务会议，以系主任及本系教授、副教授、讲师组织之；系主任为主席，计划本系学术设备事项。大学职员、事务员由校长任用之。[①]

南京国民政府时期，为了加强对大学及学生的思想控制，自政府成立之初即强行实施党化教育。[②] 按照教育部规定，各大学须设"党义"课程，如北京大学即规定，每个学生必须修一年的"党义"课程，不及格者须重修，否则不发给毕业证书。但是，实际的情况是学校、教师、学生均未按要求落实。据当年北京大学的学生回忆：国民党党义课是一年级学生共同必修课，在备有二三百人座位的二院大礼堂上课。但听课人寥寥无几。教课人王宣教授很有"涵养"，只要有几人在，他就可以对着空空的大礼堂开讲；如果连一个学生也没有，他夹起书包就走。他有一本点名册，照例上堂点名。一个学生可以代十个、二十个学生答"到"，凡有应"到"之声，即以"到"论，无应声者才算缺课，周末考试，按"到"声多少而增减分数。不过最少是六十分。[③]

四川大学 1937 年前的党义课则一直"向未开班"，1937 年学校设立了这门课程，要求各院系、各年级应共同开班。川大此前未开设此课的原因不详，或者与任鸿隽反对"党化教育"有关。同时可能与学生对党化教育的积极性不高有关系。1938 年 3 月 7 日，曾省在农学院总理纪念周上就提道："据注册课报告，上周党义钟点，有许多同学均未

---

①　中国第二历史档案馆编：《中华民国史档案资料汇编》第五辑第一编教育（一），江苏古籍出版社 1991 年版，第 171—173 页。

②　《大学规程》和《修正专科学校规程》规定，"党义"是高等学校的共同必修科目，文科类的课程与教材必须考虑政治上的正统，私立大学也要呈报"党义"课程的实施情况。

③　《北大新语·授教（三）——北大名师的授教风采》，http：//book. douban. com/review/1133519。

到班听讲，殊有未合。希望诸位同学自本周起都要一律去上课，不要以为党义一科只记成绩，不计学分，便马虎了事。值此全面抗战，思想统一的时期，凡属国人，均应细心研究党义，秉承总理遗教，努力革命工作，才能得到最后的胜利，望各位注意为要！"①

曾省或许并不相信国民党党义可起到"思想统一"的作用，他的这些话也许是冠冕堂皇之词，但从川大"向未开班"到"增设党义一课"的事件中可以看到学校确有敷衍政府之意。

客观地说，民国时期的高等教育立法工作尽管对大学的发展有某些限制和束缚作用，但总体上是促进了大学相对稳定的发展。尽管政府试图尽量控制大学，但大学在与政府的博弈中，基本上是处于控制与反控制的平衡状态。这种平衡从中国几千年的"政府强势"的历史考察看，实属不易。从北洋政府到南京国民政府，越往后政府对大学的控制意图越明显，控制的力度也越大。尤其是从"五四"、"一二九"到"一二一"学潮不断，学生不断被抓，但在政府与学生之间，学生比政府重要，大学及其校长大多毫不犹豫地站在学生的一方，并以保护学生为自己的职责。这一时期的中国是处于动荡之中，真正安定的时间实在太短，不仅外患不断，还有更多的内争。这一时期的高等教育能有发展，可能恰恰是由于内忧外患，政府无力也无暇顾及大学的诸多事务，这反而为大学的自由发展预留了不小空间。例如，北洋军阀政府时期政局动荡导致教育行政纷乱，教育总长频频易人。从 1912 年至 1928 年的 17年中，除兼署代理的 22 人次不算外，共换教育总长 15 人次，而且出现1 人被多次任命的现象，如范源濂被任命 4 次，正式出任 3 次。有人做过统计，平均 1 年易主 2.6 人次，有时两个月或数月，甚至数天交易权柄。② 在这种情况下，政府无法有效控制大学。

1946 年 1 月，周鲠生给胡适的信中曾忆及蔡元培时代的北京大学，

---

① 王东杰：《国家与学术的地方互动——四川大学国立化进程（1925—1939）》，生活·读书·新知三联书店 2005 年版，第 246—247 页。

② 崔恒秀：《民国教育部与大学关系之研究（1912—1937）》，博士学位论文，苏州大学，2008 年，第 15—16 页。

他说："我们在北大的时候，尽管在军阀政府之肘腋下，可是学校内部行政及教育工作完全是独立的，自由的；大学有学府的尊严，学术有不可以物质标准计度之价值，教授先生们在社会有不可侵犯之无形的权威，更有自尊心。"①

还有一个重要原因是，此一时期的大学校长大多社会地位极高，也是当时知识分子的代表人物，以蔡元培、蒋梦麟、胡适为代表的国立大学的校长，他们和政府之间，有一种基本的信任和平衡，大学校长有人格和知识做最后的底线，政府、社会对大学和校长保持相当的尊重和敬意。同时大学校长与政府还是一种"诤友"的关系，你对的时候，我支持你；你不对的时候，我批评你；实在不行，我还可以辞职。因此，政府对大学校长可能还有一种"敬畏"的成分，这也是大学得以有相当的自治空间的原因之一。

三　新中国大学中的府学关系

新中国成立后，政府通过一系列的政策和措施对大学实行全方位的管理，从 20 世纪 50 年代的院系调整，到"文化大革命"结束后的恢复高考，再到 90 年代的院校合并，高校招生大扩招，以及"211 工程"、"985 工程"的巨额拨款，每一项大的举措无一不是政府主导和实施的，中国大学在每一次重大变革中只扮演配角，大学办学自主权、大学自治常常只是一个概念。

以恢复高考为例，1977 年恢复中断 11 年的高考制度是中国高等教育史上的一件大事。"文化大革命"期间，高等学校"统一考试、统一招生、统一分配"的办法改为"实行群众推荐、领导批准和学校复审相结合的办法"，教学质量严重下降，"走后门"上大学成一时之风。

1977 年 7 月，邓小平复出后主管全国的科技和教育工作，7 月 19 日，邓小平指示召开一次科学和教育工作座谈会，要求找一些在自然科学领域有才华的非行政人员来北京参加会议。正是此次座谈会上，邓小

---

① 《周鲠生致胡适》，载中国社会科学院近代史研究所中华民国组《胡适往来书信选》，山西教育出版社 1995 年版，第 184 页。

平亲自现场决定恢复高考。这次座谈会上，武汉大学查全性副教授的发言对邓小平的决定起了重要影响。

7 月底，武汉大学校领导找到化学系副教授查全性，说教育部通知，点名让其到北京开会。查全性事后得知，时任教育部部长刘西尧和高教司司长刘道玉跟自己都是校友，他们知道查全性有真才实学又敢于讲真话，所以专门安排他参加会议。会议于 8 月 4 日开始，参加这次会议的还有吴文俊、邹承鲁、王大珩、周培源、苏步青、童第周、于光远。这些人都是教育界、科技界的知名专家学者。邓小平亲自参加了会议。

会议开了 5 天。前两天，大家都十分拘谨，只谈了一些不敏感的专业问题。8 月 6 日，清华大学党委负责人忧虑地谈到清华招进的学生文化素质太差，甚至还得补习中学课程。邓小平插话说"那干脆叫'清华中学'、'清华小学'，还叫什么大学！"

查全性受此影响，激动地站起来慷慨陈词："招生是保证大学教育质量的第一关，它的作用就像工厂原材料的检验一样，不合格的原材料，就不可能生产出合格的产品。当前新生的质量没有保证，部分原因是因为中小学的教育质量不高，而主要矛盾还是招生制度。""现行的招生制度的弊端首先是埋没人才，一些热爱科学、热爱文化、有前途的青年选不上来，一些不想读书、文化程度又不高的人反而占据了招生名额。"

邓小平被查全性的发言感动了，"你们大家都注意听听他的意见，这个建议很重要哩！"查全性又对现行制度的四大弊端，以及改革考试制度的具体详细的建议进行了继续发言。邓小平听完后说："大家对这件事还有什么意见？"与会人员均肯定了查全性的发言。邓小平又问刘西尧："今年恢复高考还来得及不？"刘答还来得及。邓小平当即拍板："既然大家要求，那就改过来，今年就恢复高考。"①

　　同年 8 月 13 日，按照邓小平指示，教育部又召开了一年内的全国第二次招生会议，② 这种情况是历史上从来没有过的。这一年的冬天，举行了至今唯一的全国冬季高考，570 万考生参加考试。

　　与恢复高考制度一样，"985 工程"建设和 "2011 计划"也是时任国家最高领导人提出后投入巨资实施的。前已述及，"985 工程"始自 1998 年 5 月 4 日，时任国家主席江泽民在北京大学建校一百周年庆祝大会上向世界宣言，"为了实现现代化，中国要有若干所具有世界先进水平的一流大学"，"985 工程"由此得名。政府单独拨款，作为建设"世界一流大学"的资金，最初仅有 9 所大学，后增加至 39 所。2011 年 4 月 24 日，时任国家主席胡锦涛在清华大学百年校庆大会上，提出要大力推动协同创新，鼓励高校与科研机构、企业开展深度合作，建立"协同创新"的战略联盟，不断促进资源共享，共同合作开展一些重大科研攻关项目，努力在关键的技术领域取得实质性成果。随后，为了配合此战略实施，教育部、财政部联合启动实施了"2011 计划"。

　　政府对大学的主导还表现在大学管理的微观局面，包括大学校长的任命、教师的招聘、办学经费的拨付、招生计划及专业设置的审批等。

　　就大学校长而言，1949 年以来我国大学校长都是由上级部门任命的，这一条从来没有改变过。1957 年 9 月 6 日，国务院第 57 次全体会议通过《国务院任免行政人员办法》，办法规定，高等学校校长、副校长，院长、副院长由国务院任免。③ 1958 年 11 月 6 日，国务院发布了《关于高等学校校院长任免问题的通知》，规定国务院各部门直接领导的高校正副校长、院长，报请国务院任免。中央下放给各省、自治区、

---

　　①《武汉大学教授查全性向邓小平谏言恢复高考制度始末》，人民网，http://www.people.com.cn/GB/8216/85218/6394700.html，2007 年 10 月 18 日。

　　② 1977 年 6 月 29 日至 7 月 15 日，教育部在太原召开了全国高等学校招生第一次工作会议。

　　③ 金铁宽：《中华人民共和国教育大事记》，山东教育出版社 1995 年版，第 410 页。

直辖市领导的高校正副校长、院长，委托各省、自治区、直辖市任免。① 中间仅在极个别学校如同济大学做过民选校长的试点。由于校长任命由上层政府控制，再加上大学的行政级别，校长实际上首先是一名官员，其次才是一名校长。校长首先必须对上级负责。

虽然大学校长 1949 年以来都是由上级部门任命的，但几十年来校长的地位却是逐渐下降的。新中国成立初期，大学校长是可以直接和党和国家领导人对话的。这一时期，大学校长主要由两个群体构成，一是著名教育家和学者，如北京大学马寅初，复旦大学陈望道，南京大学潘菽等；二是党内的高级干部，如武汉大学李达、山东大学成仿吾、吉林大学匡亚明。这批著名人士都有一些"敢于犯上"的历史轶事。如马寅初因"新人口论"与当时的最高领导激烈争论，力主计划生育，后来证明他的主张是正确的。还有复旦大学陈望道，在新中国成立初期的院系调整中，两上北京，力主保留复旦新闻系，最终经毛泽东主席表态，复旦大学新闻系终于保留。② 这批校长在当时的政治环境下，大多坚持自己的良知，努力保护教师，维持正常的教学和科研秩序，但他们大多在"文化大革命"期间备受迫害。

由于近年来大学行政化越来越严重，再加上大学校长为了从政府及社会争取更多的资源，也为了自己今后的出路③，有"性格"的校长越来越少。由于对政府和行政体制的过分依附，大学校长的地位也一降再降，并影响着大学校长这一职业的公众形象。

一项关于"中国大学校长公众认同度调查问卷"调查显示，

---

① 中国教育事典编委会：《中国教育事典》，河北教育出版社 1994 年版，第 11 页。

② 按照当时中央的调整方案，全国新闻院系只保留中国人民大学一家，复旦新闻系在要被调整之列。但是这个系有悠久的历史，在抗战期间是复旦最进步、最活跃的院系，陈望道任系主任期间曾培养了一大批有责任感的新闻人。为了调整新闻系一事，陈校长两次上北京商量，最后因为毛主席表态，复旦新闻系得以保留并发扬光大。详见程斯辉《新中国著名大学校长（1949—1983）》，湖北人民出版社 2007 年版，第 134 页。

③ 政府对大学的控制主要通过任命和激励机制。任命机制使大学校长处于政府的控制和严密监督之下。同时，对于即将离任的大学校长，政府一般会给其在政界发展的机会。为了能够给自己将来的政治生涯铺路，大学校长们需要好好地完成政治任务。

有 69.87% 的受访者认为当下中国大学校长的总体形象更接近官员，认为更接近教育家的则不过 6.54%，认为更接近专家学者的也不过 9.98%。同时，38.27% 的受访者认为大学校长缺乏正义感、社会责任感，17.33% 的受访者认为大学校长具备正义感和社会责任，只有 27.24% 的受访者认为大学校长作风民主，而认为大学校长具有恻隐之心、关怀别人尤其是关怀弱者的受访者只有 22.57%。[1]

由于大学校长的命运掌握在上级政府部门手中，绝大多数的校长都会把与政府关系的沟通作为自己的重要工作，也只有处理好了与政府的关系，学校的办学空间才可能更大。清华大学就采取了三种策略保持了与政府的良好沟通：一是积极主动地接近高层决策者；二是改善与政府的沟通方式，一种是语言上的沟通，另一种是考验政府的耐性[2]；三是赢得政府的信任，这是能否取得政府支持的重要因素。这三种策略的实施效果，很大程度上取决于清华大学的领导与政府官员之间的个人关系，这些关系也是学校将自己的声音传递给政府的有效渠道。[3]

但是，也有大学的校长坚持自己的执着，保持自己的尊严。20世纪 80 年代，武汉大学校长刘道玉因大胆改革而被迫离开。本来他有机会从政或去其他大学再任校长，但是他放弃了。这样的校长在当今的中国太少了。他在《一个大学校长的自白》中说：

> 我不想当官，而是想做事情。可是，在现有条件下，官办大学人事关系复杂，国家教委统得过死，办学人没有独立办学权。我之所以被免职，是因为我坚持了改革，为国家教委主要负责人

---

① 陈敏：《聚焦中国大学校长：公众认同度不够理想》，《南方周末》2005 年 6 月 30 日。

② 20 世纪 90 年代，由于多种因素，清华大学要提高 MBA 的学费，并为此向政府主管部门提出了申请，但是得到的答复非常不明确。在此情况下，清华大学还是自己提高了 MBA 的学费。

③ 侯定凯：《中国大学的理性之路》，华东师范大学出版社 2009 年版，第 21 页。

所不容。厦门大学和武汉大学同为国家教委直属学校，婆婆还是原来的婆婆，既然不能容忍我在武汉大学所做的改革，又如何能允许我在她的另一块"飞地"进行改革实验呢？孙悟空逃不出"如来佛"的手掌心！与其将来再一次遭暗算，还不如现在保持自己的尊严。①

前文多处述及，中国大学的发展史实际上也是一部政府主导史，政府的触角已深入到大学的内部及细节管理，包括机构设置、专业设置、干部培训等方面。在 HN 大学档案馆查寻资料的过程中，发现了许多历史档案，这些历史的陈迹从不同的方面也印证了这些观点。

HN 大学的前身为 HN 学院，1990 年前后，学院隶属国家机械电子工业部管辖。以下三份档案是当时学院与机电部有关司局间的来往公文。为了尽量保持档案的原貌，以下文字中的格式按文件原格式排版。

档案一：1990 年 7 月，HN 学院成人教育学院拟增设夜大学专科"机电一体化"专业，为此向国家机电部教育司请示。同年 10 月，机电部教育司批复同意并下发了通知。请示及批复同意文件②如下：

HN 学院成人教育学院文件

（1990）成教夜字 09 号

关于 1991 年我院夜大学举办专科"机电一体化"专业的请示

国家机电部教育司：

我院 1991 年拟增设夜大学专科"机电一体化"专业，现将有关材料上报，如无不妥，请列入我院 1991 年成人夜大学招生专业，招生计划数在报整个成人招生计划时一并呈报。

特此请示。

---

① 刘道玉：《一个大学校长的自白》，长江文艺出版社 2005 年版，第 231 页。
② 文件来源为 HN 大学档案馆藏，资料号：1990 - 3 - 6。两个文件均有附件，由于文件的附件文字较多，此处仅列附件名称，附件内容略去。

附件：

1. 举办夜大学专科"机电一体化"专业的论证报告

2. 夜大学新增专业备案表

（公章）

一九九〇年七月二十四日

机械电子部司局文件

机教〔1990〕172 号

关于同意部分院校函授、夜大学增设专业的通知

有关部属院校：

根据国家教委教成〔1990〕020 号通知，在成人高等教育治理整顿期间暂停对函授、夜大学本、专科教育办学资格的审批、备案工作，各校报来的申请举办函授、夜大学办学资格和增设新的办学层次的材料，暂先退回。

现将经审核同意一九九一年函授、夜大学增设专业的名单通知于后，望各校积极做好招生的各项准备工作，充实办学条件，严格教学管理，确保教育质量。

附件：1. 一九九一年部属院校函授、夜大学增设专业名单

2. 关于暂停函授、夜大学审批、备案工作的通知

（公章）

一九九〇年十月二十五日

抄送：国家教育委员会

两份文件向我们传达了以下信息。一是大学增设成人教育专业也需上级政府主管部门审批，否则无法列入招生计划。成人教育尚且如此，国家对普通高等教育的管控肯定更严格。二是 1990 年国家正在对高等教育进行治理整顿，这也是那一个阶段高等教育由"放"到"收"的例证，此一过程第二章有所论述。

档案二：1991 年 10 月，HN 学院需成立"农业机械与动力机械

工程研究所"等三个机构,为此向政府主管部门请示。同年 12 月,政府主管部门同意设立的批复下达学院。两个文件①如下:

HN 学院文件

院科字〔1991〕第 7 号

关于成立 HN 学院"农业机械与动力机械工程研究所"

等三个研究所的请示

机电部教育司:

　　近年来,我院的科技工作有了较快的发展。"七五"期间经院研究筹建了"农业机械及动力机械工程"、"金属材料热加工工艺"及"喷油泵试验台"等三个研究所。根据 H 省国民经济发展的需要和我院近十年来科研工作的进展情况,为使我院科研在国内、省内产生一定影响,特别为振兴 H 省机电工业做出贡献;同时,我院以上三个研究所,某些研究领域在国内已处领先地位,并初具特色。经几年的筹建各方面条件已基本成熟,经院务会议研究,特此申报建所。这三个研究所,所需人员编制及设备投资等,均暂由学院自筹解决。

　　请批示。

(公章)

一九九一年十月二十日

中华人民共和国机械电子工业部

(91)机教科字第〇四八号

HN 学院:

　　你院院科字〔1991〕第 7 号《关于成立 HN 学院"农业机械与动力机械工程研究所"等三个研究所的请示》文件收悉。经研究,同意你院成立上述"三个研究所",所需投资、人员编制及经费在你院现有指标中自行解决。

---

① 文件来源为 HN 大学档案馆藏,资料号:1991－6－5。

特此批复。

（公章）

一九九一年十二月九日

附：HN 学院关于新追加自然科学机构申报书

经查证，当时这三个研究所是学院科研机构，科研机构的设立学校应该具有一定的自主权，但仍然需要上级政府主管部门的批准才能设立。如果设立一个中层的党政管理机构，肯定也应该上级审批。由此可知，政府部门对大学机构的设立具有绝对控制权。从 HN 学院的请示看，设置这三个研究所是"根据 H 省国民经济发展的需要和我院近十年来科研工作的进展情况"，这将印证第五章述及的机构增长的原因之一，"发展的需要"。

档案三：此档案是 1991 年 8 月监察部驻机械电子工业部监察局给 HN 学院关于同意监察处处长 C 同志[1]任命的复函。从复函内容看，HN 学院应该有一份向上级行文的请示，但档案馆已查不到这份请示。政府部门的复函[2]如下：

监察部驻机械电子工业部监察局

监一便字〔1991〕1014 号

HN 学院：

八月一日函收悉。

经研究，同意你院意见，任命 C 同志为院监察处处长。

请自行办理任免手续。

根据上岗前先培训的原则，请 C 同志安排好工作，参加今年九月在镇江举办的 91 年第 2 期监察干部培训班。

---

① 此处隐去原名，用 C 代替。

② 文件来源为 HN 大学档案馆藏，资料号：1991 - 5 - 6。

（公章）

一九九一年八月十二日

该档案再次印证了政府对大学的主导是如此之深。

第二节　大学机构与政府机构之间的逻辑关系

一　大学机构扩张与政府机构膨胀的逻辑关系

从历史发展的轨迹看，大学机构扩张和政府机构膨胀呈正相关逻辑关系，但大学机构扩张具有滞后性。纵观中国 60 多年政府机构改革和人员精减的历程，改革和精简一直没有停止，而且一直在"精简—膨胀—再精简—再膨胀"的怪圈中做着循环往复运动，甚至有人形象地称之为"割韭菜式的改革"、"刮胡子式的改革"。① 直到 2008 年实施以政府职能转变为核心的"大部制"改革，这种循环往复才似乎有所中止。

现在让我们回过头来看看政府的机构改革历程：

1949 年新中国成立之初，作为国家政务的最高执行机关，政务院由总理 1 人、副总理和政务委员若干人及秘书长 1 人组成，下辖 31 个部门②，还有 4 个直属政务院机构。③

第一次精简—膨胀。1951 年，政务院通过《关于调整机构紧缩编制的决定（草案）》，主要任务是精兵简政。到了 1954 年，政务院改为国务院，国务院设立 64 个部门。④ 到了 1956 年，部门数达到 81 个。⑤ 这是第一次膨胀。

---

① 黄仁宗：《论我国政府机构改革"怪圈"的成因》，《探索》2001 年第 5 期。
② 31 个部门分为四大类，由 4 个委员会负责新中国成立初期的政治、经济、文化和监督职能。
③ 即外交部、情报总署、华侨事务委员会和秘书厅。
④ 其中设立部委 35 个，直属机构 20 个，办公机构 8 个，加上秘书厅共 64 个部门。
⑤ 仅 1956 年一年就净增加了 11 个机构。

第二次精简—膨胀。此次精简从 1956 年下半年开始，至 1959 年年底，国务院机构总数减至 60 个。① 但从 1961 年，因国民经济调整，又反弹至 79 个。②

第三次精简—膨胀。"文革"期间，大量裁并原有的政府机构、下放工作人员。到 1970 年年初，国务院工作部门撤销合并为 32 个。③ 十年动乱结束后，为加强对各方面工作的领导，到 1981 年年底国务院共设 100 个④工作部门。

第四次精简—膨胀。此次精简从 1982 年开始⑤，至 1988 年，国务院组成部门由 142 个减至 104 个。⑥ 但是，由于当时经济体制改革的目标不明晰，到 20 世纪 90 年代初，国务院各部委又膨胀至 86 个之多。

第五次精简—膨胀。1992 年，社会主义市场经济体制改革开始。

---

① 1956 年下半年，中央通过了《国务院关于改进国家行政体制的决议（草案）》，改革的主要任务是向地方放权。至 1958 年，撤销合并了国家建设委员会等 10 多个单位。1959 年，国务院工作部门又作了进一步调整和撤并。到同年年底，国务院设 39 个部委、21 个直属机构和办事机构，机构总数达 60 个，比 1956 年减少 21 个。

② 1961 年，为落实"调整、巩固、充实、提高"的国民经济调整方针，国务院原来撤销的机构又相继恢复，而且又增设了新的部门，并以更大的势头反弹。到 1965 年年底，设置 49 个部门、22 个直属机构、7 个办公室和 1 个秘书厅，共 79 个工作部门，接近 1956 年 81 个的水平，成为新中国成立后的第二次扩张高峰。其中管理经济的部门又再次反弹到创纪录的 53 个。

③ 其中 13 个部门由军队管理，国务院实际只领导了 19 个部门，达到新中国成立以来中央政府机构数的最低水平。

④ 设立部委机构 52 个，直属机构 43 个，办公机构 5 个，创最高纪录，并且，经济管理部门达 71 个，达到新中国成立以来的最高峰。

⑤ 1982 年开始，中央提出经济体制改革，并再次决定精兵简政。国务院部委、直属机构及办事机构数量从 100 个减少为 61 个；各省、自治区、直辖市的政府工作机构从 50—60 个减少到 30—40 个；各城市政府的工作机构从 50—60 个减少到 45 个左右；各行署的办事机构从 40 个左右减少为 30 个左右，县级政府的工作机构则从 40 多个减少到 25 个左右；在机构的人员编制方面，国务院各部门的人数从原来的 5.1 万人减少为 3 万人；各省、自治区、直辖市的党政机关人员从 18 万人减少为 12 万余人，市县机关工作人员约减少 20%。

⑥ 国务院部委机构由原有的 45 个减为 41 个，直属机构从 22 个减为 19 个，非常设机构从 75 个减到 44 个，人员从 6 万人减至 5 万人。

1993 年，国务院组成部门共设置 59 个，减少 27 个。① 但到了 1998 年，机构人员再次膨胀，由 59 个增加到 72 个。

第六次精简—膨胀。自 1998 年 3 月，开始了广度与深度空前的又一轮改革②，这次改革使国务院的组成部门减为 29 个，内设机构减少 1/4。但 2003 年，机构又有所调整。

第七次精简。以 2008 年进行的"大部制"改革为开端，国务院机构撤销、合并、新组建共涉及 15 个部门。③ 国务院组成机构调整到 27 个。2013 年，"大部制"改革继续推进④，减至 25 个。

从国务院机构的数量看，几十年来一直在增长中，直到 2008 年"大部制"改革以后，这种增长才开始停止。但是，从财政供养的公务员队伍来看，数量增长似乎没有达到预期的效果，⑤ 而且，在这个队伍中，领导职数也在不断增长中。

新中国成立 60 年来，政府机构一直在膨胀、公务员队伍一直在增长。大学作为中国社会的一个组成单位，其机构设置和人员增长与政府保持了一致性，从逻辑关系上看具有正相关关系。

如前述第三章的内容，北京大学 1952 年有 12 个系，1992 年有 3 个

---

① 1993 年，国务院组成部门设置 41 个，加上直属机构、办事机构 18 个，共 59 个，比原有的 86 个减少 27 个。省、自治区一级的党政机构平均由 76 个减少到 56 个，直辖市一级的党政机构数量平均由 100 个减少为 75 个。市、地、县一级的党政机构人员，也按照党中央的部署做了大量精减。总之，通过精简，各级机关人员数量约减少了 200 万人，约占行政编制的 23%。

② 1998 年 3 月，九届人大一次会议审议通过，开始了广度与深度空前的又一轮改革，撤销了几乎所有的工业专业经济部门。同时较大幅度地精减了机构与人员。这次国务院撤掉了 10 个部，更名、改组或新组建了 6 个部，合并了 2 个部，保留了 22 个部。

③ 撤销的部门有：国防科工委、信产部、交通部、人事部、劳动和社会保障部、建设部。新组建的部门有：工业和信息化部、交通运输部、人力资源和社会保障部、环境保护部、住房和城乡建设部。

④ 实行铁路政企分开，整合加强卫生和计划生育、食品药品、新闻出版和广播电影、电视、海洋、能源管理机构。

⑤ 以国家公务员局公布的数字：659.7 万人、678.9 万人、689.4 万人、702.1 万人、708.9 万人，从 2008 年至 2012 年年底，四年间全国公务员数量增长近 50 万人。详见吴楠《公务员数量连涨 4 年，已达 708.9 万——人不怕多，好使才行》，《北京晚报》2013 年 7 月 1 日。

学院 18 个系，再加上管理机构，1992 年管理机构和院系总数为 67 个，到了 2014 年，机构总数猛增至 116 个。复旦大学的机构增长情况也是如此。1949 年有 5 个学院 1 个专修科，2005 年增至 18 个学院 4 个系，共 22 个学院（系）。1992 年复旦大学机构总数在 35—38 个，到了 2014 年，机构总数达到 109 个。

全国高校的情况也是如此，前已述及，不再赘述。

与政府机构一样，大学内设机构在增长的过程中，政府和大学对其并不是不加控制地任其增长，而是也多次采取措施精简机构、控制编制、缩减人员。这种控制包括政府层面的控制和学校层面的内部控制。

以 1999 年 9 月 27 日中编办、教育部、财政部印发的《普通高等学校编制管理规程（草案）》为例，文件中规定"高等学校党政管理机构及其领导职数按规定限额设立"。而且该文件的附件 1 即为"高等学校内设管理机构及领导职数限额标准表"，在网络及相关文献中仅查到文件原文，附件内容没有查到。但是却查阅到 2002 年 3 月 22 日广东省机构编制委员会办公室、广东省教育厅、广东省财政厅印发的粤机编办〔2002〕87 号文①，这个文件的附件 1 即为高等学校内设机构及领导职数限额表，具体内容见表 4 - 1。

表 4 - 1　　　　　广东省高等学校内设机构及领导职数限额情况

学校类型	在校学生规模（人）	校级领导职数（人）	内部机构限额数（个）	内部机构领导职数（人）
专科学校	2000 以下	3—4	8	18
	2000 以上	4—5	10	22
本科院校	2000—3000	4—5	14	30
	3000—4000	5—7	15	32
	4000—5000		16	35
	5000—6000	7—9	17	38
	6000—7000		18	40
	7000—8000		19	41

---

① 该文为《广东省普通高等学校机构编制管理暂行规定》，具体内容见广东机构编制网，http://www.gdbb.gov.cn/detail.jsp? infoid = 3917。

续表

学校类型	在校学生规模（人）	校级领导职数（人）	内部机构限额数（个）	内部机构领导职数（人）
本科院校	8000—9000	7—9	20	43
	9000—10000		21	44
	10000—15000	9—11	23	48
	15000—20000		25	52
	20000 以上		25	53

　　资料来源：粤机编办〔2002〕87 号文《关于印发〈广东省普通高等学校机构编制管理暂行规定〉的通知》。

　　还查阅到广东省 2010 年发布的《广东省普通高等学校机构编制标准》，该标准的附件 1 即为校领导职数和党政管理机构限额表，见表 4 - 2。

表 4 - 2　　　　　　　校领导职数和党政管理机构限额情况

学校类型	在校学生规模（人）	校领导职数（人）	党政管理机构限额（个）
普通本科	10000 以下	5—7	11—13
	10000—20000	7—9	14—15
	20000—30000	7—9	15—17
	30000 以上	9—11	17—18

　　资料来源：粤机编办〔2010〕193 号文《关于印发〈广东省普通高等学校机构编制标准〉的通知》。

　　以上只是从一个侧面说明国家和地方政府对大学的机构设置和领导职数一直在努力控制之中，尽管没有达到应有的效果。

　　在政府控制的同时，学校内部也根据政府的规定反复在努力控制机构和编制的扩张。以西安交通大学为例，2007 年 7 月 17 日校党委常委会通过西安校〔2007〕64 号文《西安交通大学教职工编制管理暂行办法》①，该办法即根据教育部《关于深化高等学校人事分配制

----

　　① 该文件对学校的各类编制进行了明确的分类，并按不同类别提出了不同的核算标准。详细内容见西安交通大学人力资源部主页，http：//pd. xjtu. edu. cn/rsc2/renshi/renshi. php？id = 44。

度改革的若干意见》（教人〔1999〕16号），《教育部直属高等学校岗位设置管理暂行办法》（教人〔2007〕4号）等有关规定及该校实际制定。类似这样的学校层面的文件和规定，在各个学校都普遍存在，而且在学校的历史上，不同的时期有不同的规定，正如政府的机构改革一样，几乎是五年一个轮回。其效果和政府机构"精简—膨胀"的逻辑一样，大学的机构也是在"控制—增长"的循环中运行，总体趋势是一直在增长。而且，由于政策执行的滞后性，大学的"控制—增长"的循环一般总比政府的"精简—膨胀"的循环滞后几年。

二　大学机构与政府机构的同构逻辑

从政府机构和大学内设管理机构设置的现状看，两者具有高度重合性。以H省为例，根据H省教育厅官方网站显示，共有处室23个。表4-3以H省多数大学的常设机构名称为主，与教育厅的处室设置对比，可以看出，除基础教育、师范教育、督导工作大学没有对应的机构外，其他机构均能在大学找到对应处室及职能隶属。

表4-3　　　　　　　　H省教育厅与H省大学机构对照

序号	省教育厅机构设置	大学对应机构
1	办公室	党委办公室、校长办公室
2	政策法规处	发展规划处
3	人事处	人事处
4	组织干部处	组织部
5	思想政治工作处	宣传部、学生处
6	社会科学处	社会科学处
7	发展规划处	招生就业处、基建处、发展规划处
8	财务处	计划财务处
9	基础教育一处	
10	基础教育二处	
11	职业教育与成人教育处	继续教育学院
12	高等教育处	教务处、人事处
13	师范教育处	

序号	省教育厅机构设置	大学对应机构
14	科学技术处	科研处
15	国际合作与交流处	外事处
16	学生工作处	学生处
17	体育卫生艺术教育处	学生处、教务处
18	教育督导团办公室	
19	语言文字应用管理处	教务处
20	学位管理与研究生教育处	研究生处、学科建设处
21	机关党委	机关党委
22	离退休干部工作处	离退休人员工作处
23	省纪委驻教育厅纪检组（省高校纪工委）监察室	纪委、监察处

资料来源：根据 H 省教育厅及 H 省多数大学官方网站网页统计整理。

尽管教育部规定为了精简大学内部机构的设置，不要求学校与政府设置对口机构，但由于多种因素，大学还是设置了与政府对口的内设管理机构。大学机构的扩张是政府机构膨胀在大学的投影，大学机构扩张的根子应该在政府。

为什么会出现大学机构和政府机构同构的逻辑关系？我们可以从合法性机制理论中得到解释。

"任何类型的大学都是遗传与环境的产物"。[①] 中国大学自诞生之日起，除了作为教学科研组织本身的遗传外，有一个鲜明的遗传标志是"政府主导下的大学"。大学诞生后，"极强政府"这一社会大环境一直没有发生根本性的变化，无论清末、民国乃至新中国，政府一直主导着包括大学组织在内的社会的各个领域，这已经成为中国社会的一种"共享观念"或"共享思维"，这种观念或思维在不知不觉中约束着人们的行为，形成了"社会规范机制"。迪玛奇奥和鲍威尔曾说："随着理性化的国家和其他大的理性组织把它们的支配扩展到社

---

① 阿什比：《科技发达时代的大学教育》，滕大春、滕大生译，人民教育出版社 1983 年版，第 7 页。

会生活的更多领域时，组织结构就会越来越体现国家制度化和合法化的规则。"[1] 所以，大学在设置内部机构尤其是管理机构时，在合法化机制影响下，总是自觉或不自觉地向政府机构"靠拢"，以获得政府和社会的认可。与此同时，"组织间的依赖程度越高，则组织的类似程度越高"[2]，由于目前大学的大部分办学资源来源于政府，保持与政府机构的同构逻辑关系，也有利于与政府机构的"对话"，有利于办学资源的获得。

目前，由于"社会上存在一些强制性的规范，无论组织愿意与否，都必须就范"[3]，以大学的党委领导下的校长负责制为例，大学必须有一套党的组织机构，包括党委办公室、纪委办公室、党委组织部、宣传部、统战部、党校等。除民办大学外，公立大学如果没有这套机构，社会对这个学校的合法性就可能产生很多疑问，你是不是一所正规的大学？如果是一所正规的大学，为什么没有像其他学校一样设立党委系统的机构？这也就"强制"学校模仿其他学校设立相似的机构设置，以得到社会的合法性认可。这仅仅是以"党委领导下的校长负责制"为例，其实，大学的很多机构都是合法性机制作用的结果。

大学内部机构设置中的另一种现象也可以用合法化机制予以解释。为什么许多大学中有比较普遍的"合署办公"或"挂靠机构"存在？比如党委办公室和校长办公室合署办公、纪委办公室和监察处乃至审计处合署办公、学生处和学生工作部合署办公、研究生处和研究生工作部合署办公、保卫处和人民武装部合署办公、党校挂靠组织部、人员交流中心挂靠人事处等。技术环境要求遵循效率机制，制度环境要求遵循合法性机制。对合法性的追求要求学校设立相应的机

---

① Paul DiMaggio & Walter Powell, "The Iron Cage Revisited: Institutional Isomorphism and Collective Rationality in Organizational Fields", *American Sociological Review*, Vol. 42, No. 2, 1983 (4).

② Walter Powell, *The New Institutionalism in Organizational Anaiysis*, University of Chicago Press, 1991: 254.

③ 于显洋:《组织社会学》，中国人民大学出版社 2009 年版，第 63 页。

构，但这些机构设立得越多，组织的效率可能越低，由此造成效率机制和合法性机制的矛盾和冲突。迈耶认为，"既然制度环境对组织具有强大的约束力，使组织不得不接受在某种制度环境下建构起来的具有合法性的形式和做法，那么组织就会选择相应的对策。对策之一就是将形式和内容分开，把实际运作的方式和组织结构分离开来。使正式组织只是成为一种象征。"① 也就出现了大学中合署、挂靠这种"上有政策，下有对策"的结果。合署、挂靠既解决了组织的合法化问题，也保证了大学内部组织运作的效率，避免了"合法化危机"和机构臃肿造成的效率低下，可谓"两全其美"。

第三节　"合法化"下大学追求自治的尝试和诉求

西方大学自诞生之日起，大学自治、学术自由可以说与生俱来。中国近代大学的发展史，虽然国家主义至上，但大学对自治、自由的追求，试图挣脱政府的尝试和呼吁可以说从未间断，这一点在民国时期的大学尤甚。

一　昙花一现的大学院和大学区制

1925年广东国民政府正式成立时，各部均采用委员会制。中央教育行政机关名为"教育行政委员会"，主要负责人称为"常务委员"。此制受苏联苏维埃政权建制的影响明显，也是当时的"联俄"政策所使然。蒋介石反共反苏的面目暴露后，加之当时"宁、汉分裂"，因此蝉蜕掉有"赤化"之嫌的"教育行政委员会"这个名称，改为其他名称的动议很易为国民党的右派所接受。更重要的原因是，鉴于北洋政府时代，教育行政乃至大学内部运行经常遭到来自政府的武断干涉，而且教育部已成为腐败官僚机构，蔡元培"不愿重蹈北京教育部以官僚支配教育之覆辙，因有设立大学院之主张。"② 力主教

---

① 于显洋：《组织社会学》，中国人民大学出版社2009年版，第63页。
② 喻本伐、熊贤君：《中国教育发展史》，华中师范大学出版社1991年版，第581页。

育独立，建议政府仿照法国教育制度，将教育部撤掉，成立大学院和大学区。由于蔡元培是国民党元老，时任中央监察委员，故能够发挥他的影响力。更有吴稚晖、李石曾、张静江等国民党元老赞同和支持，因而大学院和大学区制能够很快地通过、试行。

大学院制，是将全国最高的学术领导机关和教育行政领导机关合为一体的制度。它是仿照法国的体制而创立的；它的实施动机在于：使"教育官僚化"转变为"教育学术化"。蔡元培在《关于大学院组织之谈话》中说，大学院的显著特点有三：

　　一、学术、教育重并，以大学院为全国最高学术教育机关；二、院长制与委员制并用，以院长负行政全责，以大学委员会负议事及计划之责；三、计划与实行并用，设中央研究院，实行科学研究；设劳动大学，提倡劳动教育；设音乐院、艺术院，实行美化教育。①

由此可知，大学院制与教育部制的最大不同便是大学委员会的职能划分。它的"议事及计划之责"，实为立法性质；而院长的"行政全责"，只是执行的义务。这显然是教育独立的一次典型尝试。

大约在 1927 年 5 月，蔡元培、李石曾、张静江、吴稚晖等拟议组织大学院。同年 6 月 13 日，蔡元培等将《提议设立大学院案》提交国民党中央执委会第 105 次政治会议审定，获通过。6 月 27 日，第 109 次政治会议通过《大学院组织法》；国民政府于 7 月 4 日公布。

同年 10 月 1 日，大学院成立，蔡元培宣誓就院长职。

大学院取代教育部成为全国最高的教育行政机关，以"院"代"部"，意在强调大学院不仅是一个行政机关，同时还是一个研究机关，重在"行政学术化，学术研究化"。1928 年 6 月 13 日南京国民政府公布了《修正中华民国大学院组织法》，组织法规定："中华民国大学院为全国最高学术教育机关，直隶国民政府，依法令管理全国

---

① 喻本伐、熊贤君：《中国教育发展史》，华中师范大学出版社 1991 年版，第 581 页。

学术及教育行政事宜。大学院对于各省及各地方最高级行政长官之执行本院主管事务，有指挥监督之责。大学院主管事务对于各省各地方最高行政长官之命令或处分，认为违背法令或逾越权限者，得呈请国民政府变更或撤销之。"①

大学院自成立之日起便招致非议。虽赞成者不少，但怀疑者更多。1928 年 2 月，国民党二届四中全会时，中央执委经亨颐、朱霁青等 5 人便有废止大学院的提案，讨论未果。同年 8 月的二届五中全会上，经亨颐等再次提出《设立教育部，废止大学院案》，事实上为大会所默认。两天内，蔡元培又与李石曾就设立"北平大学区"事发生正面冲突，由于蒋介石祖李抑蔡，致使李石曾如愿以偿。蔡难抑愤慨之情，便于 8 月 17 日交递出辞呈一纸，除辞去大学院院长一职外，还辞去中央政治会议委员、国民政府委员、代理司法部长等本兼各职，并旋即携眷离开南京。

1928 年 10 月 3 日，国民党中央准蔡辞本兼各职，并任命蒋梦麟为大学院院长。10 月 23 日②，明令改大学院为教育部，由蒋梦麟转任教育部长，大学院制遂告终止，试行大约一年。

大学区制的设立则有更多的争执，不仅有政府，还有学校、学生的参与。

大学区制，是以所在地的大学作为当地的教育行政领导机关，以大学校长兼任行政长官。这一制度力图使地方的学术研究与教育行政合一。它也是蔡元培所竭力主张的，是对法国体制的借鉴或模仿，目的是通过设立大学区使学术与教育相对超脱、独立于官僚政治。

大学区的组织，以省（区）为基本单元。如浙江省，从学术与教

---

① 中国第二历史档案馆编：《中华民国史档案资料汇编》第五辑第一编教育（一），江苏古籍出版社 1991 年版，第 33—34 页。

② 关于何时撤院设部，学界有不同说法，主要有三种：一是金以林在其《近代中国大学研究：1895—1949》中说 1928 年 10 月 20 日大学院改组为教育部；二是李露在其《中国近代教育立法研究》一书中说 1928 年 11 月 1 日大学院正式改组为教育部；三是高思庭在其回忆文章《国民党政府统治教育事业概述》认为中华民国大学院改制成立教育部是在 1929 年 1 月。

育的角度即称之为"浙江大学区"。大学区内，必须设立国立大学一所，以省（区）名名之。大学校长不仅掌管大学自身，而且"总理区内一切学术与教育行政事项"。大学区设评议会负责教育立法和审议，设秘书处处理日常事务，设研究院负责学术研究，还有高教、普教、扩充教育三处负责具体事务。这些分支机构均设于大学之内，不同于其他政府机构。大学区隶属于大学院。

大学区制的提出和获准，均稍早于大学院制。1927 年 6 月 7 日，国民党中央执委第 102 次政治会议就批准了蔡元培的动议，准"以大学区为教育行政之单元"。6 月 27 日的第 109 次会议上，又做出先在江苏、浙江两省试办的决定。

浙江行动较快，于同年 8 月 1 日宣告大学区和"第三中山大学"（后改名浙江大学）成立，蒋梦麟被任为大学校长。稍后江苏的大学区和大学亦宣告成立，张乃燕被任为大学校长，最后被定名为中央大学区和中央大学。《北平大学区组织大纲》是 1928 年 8 月 16 日通过的，它包括北平、天津两特别市和河北、热河两省。由李石曾担任北平大学校长。北平大学区试办的时间极为有限。

1929 年 6 月 17 日，国民党三届二中全会第四次会议议决：由教育部定期停止试行大学区制。7 月，北平和浙江大学区停办；9 月，中央大学区撤销；并先后恢复教育厅制。大学区制的试行，前后计约两年。

学生的参与也是大学区制被终止的主要原因之一。当时在南京和北平建立大学区制引起空前严重的学潮。南京以中央大学为学术中心，同时中央大学又为江苏省教育行政中心，江苏省和上海市的同济大学、交通大学、复旦大学等校归其管辖；在北平以新设的北平大学为学术中心，同时北平大学又为河北省及北平市教育行政中心，北京大学、清华大学、燕京大学、辅仁大学等校归其管辖。北平首先掀起广泛的学潮，其次是上海。各校学生纷起罢课，反对建立大学区，截占火车，赴南京请愿的学生达数千人。国民政府、行政院、教育部外学生就地列坐，途为之塞，前后相持二十余日。结果政府被迫取消大学区，学生获得胜利，才解决了空前的学潮。①

　　大学院、大学区制和蔡元培的整个教育理论一样，具有浓烈的理想主义色彩，也是蔡元培理想主义的杰作。大学教育试图挣脱政府的控制，但是教育与政治不可能"离婚"，教育想组成"单亲家庭"的期望，也不符合中国传统习俗。所以，建立大学院和大学区制，必然是昙花一现的尝试。

二　国立大学校长的地位

　　民国期间，有一个社会贤达的群体，包括前朝官员、地方士绅、各行各业中有社会声望的人。其中，国立大学的校长是这个群体中的重要成员。大学校长的共同特征是一般有独立的经济基础、广泛的社会关系和极高的社会声望，用今天的话说是文化精英，被社会各界所认可，在文化、道德和社会领域有重要影响。这些人多是旧学出身，也可谓"饱学之士"，同时又大多接受西方教育、留学回国。他们中的代表人士有蔡元培，17 岁中秀才，23 岁中举人，26 岁殿试，被录为"二甲"34 名，授职翰林院编修，后接触西学，曾两次留学德国，一次留学法国。还有胡适、蒋梦麟、梅贻琦、罗家伦等。他们是当时中国的文化和道德的象征。

　　中国国立大学校长在完成传统教育向现代教育过渡中，比较早地接受了大学独立的思想。他们并没有因为校长是政府任命，国立大学主要经费来源于政府拨款就放弃对现代大学理念的追求。1919 年 6 月，蔡元培发表《不愿再任北京大学校长的宣言》时曾说："我绝对不能再作那政府任命的校长……我绝对不能再作不自由的大学校长；思想自由是世界大学的通例"。② 当时以蔡元培为代表的中国国立大学校长已完全确立了大学校长与政府之间的基本关系，即国立大学的经费来源于政府拨款，但政府不能因此对大学事务任意干涉，这已成

---

① 崔恒秀：《民国教育部与大学关系之研究（1912—1937）》，博士学位论文，苏州大学，2008 年，第 20 页。

② 《蔡元培全集》（第 3 卷），浙江教育出版社 1997 年版，第 632 页。

为中国国立大学校长们的共识，1949 年以前中国高等教育的成功主要得之于这一理念的形成和落实。傅斯年曾多次讲过，教育如无相当的独立，是办不好的。政府的责任：第一是确立教育经费之独立，不管是中央还是地方；第二是严格审定校长，保障他们的地位。①

大学校长正是依靠自身的文化和道德的力量，才在大学与政府的关系中，强烈地输入西方大学的民主、自由精神，形成了与政府有合作但更有独立性的关系，在一些关键问题上，也更有胆识维护学校、教师、学生的权益。

民国时期学潮不断是公认的事实。国立大学的校长在这一问题上有一个基本的做法，当他们知道教师或学生出事时，第一反应不是去责怪教师或学生，而是出面与政府交涉，尽力保护教师和学生。

　　40 年代末，清华大学的几十名学生被国民党特务盯上了，他们在逮捕学生前，负责此事的是一名清华毕业生，他对梅贻琦校长相当尊重，先把逮捕学生的名单秘密通知了校长。校长为此专门开了校务会，梅贻琦极力主张通知名单上的学生紧急离校，这些学生才免遭逮捕。②

　　1937 年，七七事变前，北京大学三位著名的红色教授许德珩、侯外庐、马哲民被捕，成为当时轰动北平的大事。当时的北大校长是蒋梦麟、文学院院长是胡适。虽然三位教授有共产党嫌疑，但蒋梦麟、胡适仍多方奔走，设法营救，最后使三位教授得以释放。③

三　对校长任命的纷争

民国北京政府时期，政府为加强对大学的控制于 1924 年 2 月 23

①　《傅斯年全集》（第 5 卷），湖南教育出版社 2003 年版，第 15 页。
②　《梅贻琦先生纪念集》，吉林文史出版社 1995 年版，第 309 页。
③　谢泳：《1949 年前中国国立大学校长与政府的关系》，《社会科学论坛》2004 年第 10 期。

日颁布了《国立大学条例》，规定大学校长"由教育总长聘任"，董事会的董事"由教育总长就部员中指派"。这个条例就是要把学校置于政府的严密控制下，使学校完全按照军阀政府的旨意行事。《条例》颁布后，北京大学教授于 3 月 15 日提出强烈反对的书面意见，指出《条例》未经教育公开讨论，乃是"蔑视学校及教员之人格。殊为可愤"；国立大学设董事会是"谬于模仿"，"就我国实际情况而言，教育务求独立，不宜转入政治旋涡。"北大的评论会也就此事发表了宣言，宣言反对政府通过董事会来"干涉学校的内部行政"。宣言中称："教授治校，实本于世界现代之潮流，而又合于中国目前之需要"。① 3 月下旬，北大全体学生也在宣言中坚决表示对这个条例"誓不承认"。在全校师生的强烈反对下，这个"条例"成了一纸空文。

在 20 世纪 30 年代清华大学的校长任命一事具有代表意义。清华大学的罗家伦校长于 1930 年 5 月提出辞呈，1931 年 3 月政府任命吴南轩为清华校长。吴南轩的任命出乎清华师生意料之外，因清华师生比较中意周贻春、赵元任或胡适，唯国府以赵"非办事人才，胡适言论乖谬，碍难予以任命"，但周贻春坚辞不就，当时学生代表刘汉文、林文奎、汪镳 3 人赴南京就此事请愿，当时蒋中正兼任教育部长，他在任命吴南轩之后接见了 3 位学生代表，表示："新校长学识极优，学生以后不可干预校政。"3 位学生对此结果很不满意，他们希望有机会会晤新校长，了解新校长的办学理念。当时不仅学生们请求撤换新校长吴南轩，教授们对于吴的"校长治校"理念也无法认同。1931 年 6 月教授会派代表吴正之、冯友兰等向政府请愿，学生会支持教授会，联名电请教育部，希望"撤换吴南轩，任命周贻春为校长"。教育部为了维护政府威信，希望吴南轩先回校，再辞职，学生会组织了"武力护卫团"，力拒吴氏返校。"武力护卫团"团员达 550

---

① 萧超然、沙健孙、周承恩、梁柱：《北京大学校史（1898—1949）》，上海教育出版社 1981 年版，第 167 页。

人，数量较大，于是，吴南轩被迫在 6 月 25 日离开北平。①

无独有偶，历史有时有惊人的相似之处，80 多年后的 2013 年 6 月，浙江大学校长的任命再次引起轩然大波，进而演化成一场公共事件。

2013 年 3 月 12 日，浙江大学校长杨卫调任第七届国家自然科学基金委主任，浙大校长一职出现空缺。在此后的一段时间里，新校长的人选成了浙大相关各方关注的问题。5 月底，浙大新任人选已定的消息从各个渠道传出，并成为浙大各地校友会讨论的热点。法国浙大校友会会长王晓杰说：

> 通过网络，大家七嘴八舌说了一些，对于传闻中的校长是否符合浙大标准，也有过一些讨论，但大家还是比较理智，只是希望能表达校友们对新任校长人选的诉求。②

在王晓杰看来，最关心浙大的人不外乎在校老师、学生和已经毕业的校友，学生人微言轻，在校老师多有不便，但我们这些毕业生尤其是各地方校友会的负责人如果没有声音的话，是校友会负责人的失职。王晓杰说，由于国内体制下的校友不大方便，所以他便被推举为起草相关声明的发起人之一。

6 月 21 日，王晓杰在自己的博客上发表了一篇博文《浙大人应当把握自己的命运》，这也成为随后浙大各地校友会负责人发表的联合声明的底本。文章开篇即表示，浙江大学校长空位已有数月时间，关心浙大的各界社会人士都翘首以待，期盼有一位学术地位高、社会影响力大、年富力强的人士担任新一任浙大校长。现在网络有关浙大新校长人选的传闻众说纷纭。作为一名浙大人，有义务和责任关心此事。

---

① 苏云峰：《从清华学堂到清华大学·1928—1937：近代中国高等教育研究》，生活·读书·新知三联书店 2001 年版，第 36—40 页。

② 刘金松、彭友：《浙大校长任命风波》，《经济观察报》2013 年 6 月 29 日。

　　在对浙大前三任校长进行回顾后，文章列出了担任浙江大学校长需要具备的标准：专业学科领域的学术精英，应拥有国家院士的头衔，或是公认的著名学术团体的领头人和创始人；对浙江大学有着深入的理解和认识，或者有丰富的任职经历，学校管理能力得到社会广泛认可；年富力强，最好能连续担任两届，保障政策的长期性和稳定性；有在海外留学、教学的经历，有国际化视野，最好有在国外高校担任教授或者管理者的经历。

　　王晓杰表示，这个由他起草的稿子征求大家意见并修改后，形成了最终版的《浙江大学全球各地校友会负责人联合声明》。6 月 22日，这份由 50 多人签名的声明由王晓杰通过个人微博最先发布。

　　随后，一个名为"海外求是鹰"的微博账号发布了直指个人的公开信《反对林建华先生担任浙江大学校长》①，并附上此前由浙大各地校友会负责人发布的《联合声明》。一场校友反对新任校长人选的风波由此被引爆。处于舆论中心的林建华这时还在任重庆大学校长。林建华此前曾在北京大学任教，历任教授、院长、副校长、常务副校长，2010 年调任重庆大学校长。

　　一份声明，一封公开信自然将林建华推向了风口浪尖。质疑之外，挺林的声音也开始出现。北大化学与分子工程学院院长、浙大校友吴凯发文列举了林建华在北大期间的成绩，认为：

　　　　从林建华的经历和经验看，担任浙大校长没有什么不合适的。我们谁也不敢预先评判他是否是称职的乃至出色的浙大校长，但也不能立马就说林先生是不合格的校长。②

　　与此同时，北大与林共事的教授也"颇多称赞"。重庆大学挺林与否林的声音也有出现。

――――――――――

　　① 与声明对事不对人相比，公开信则直接反对林建华任浙大校长。公开信在引用声明中有关新校长素质标准的同时，明确提出了反对林出任校长的三点理由，而且非常直接。

　　② 刘金松、彭友：《浙大校长任命风波》，《经济观察报》2013 年 6 月 29 日。

6 月 24 日，浙江大学校友会发布声明，称从未发表过反对林建华先生任职的公开信，并表示将全力支持新校长的工作。

6 月 25 日，林建华卸任重庆大学校长。

6 月 26 日，中组部、教育部和浙江省委到浙江大学宣布林建华任浙江大学校长，林建华在全校中层干部会议上发表了就职演说。自此，浙大校长任命风波尘埃落定。

如何看待这次浙大校长任命风波？不少人是持肯定的态度。浙大一位学院领导表示：

> 由于与林建华素昧平生，无所谓赞成或反对林本人，此次抵制风波，深层次的原因是反对行政任命制度。正是这种制度，妨碍了中国产生世界一流大学。[1]

著名教育家，原武汉大学校长刘道玉认为：

> 这是个好现象，是大学教师们觉醒的一种表现。曾有大学教授抱怨说，现在教授连农民都不如，农民还可以选村长，大学教授却不能选自己的院长和校长。[2]

在刘道玉看来，现在的中国高校校长选拔方式和 20 世纪 80 年代相比是大倒退，当时大学校长的选拔是由教育部和当地组织部门到学校搞民意测验，副教授级别以上的人员参加，民意测验投票以后，再由上级部门任命。现在都是"空降校长"。"大学去行政化没有解决之前，其他都谈不上"。

王晓杰说：

> 大学校长遴选首先是应该多听听"主人"的意见，这个"主

---

[1]　刘金松、彭友：《浙大校长任命风波》，《经济观察报》2013 年 6 月 29 日。

[2]　同上。

人”包括学校老师、学生和校友；其次是应该制度化、公开化和透明化。①

四　给高校办学自主权的呼吁

1949 年新中国成立后，政府采取了许多措施，收回教育权，并开始院校调整，对课程、教学和专业设置进行大力度改革，迅速建立了政府集权管理的中国大学制度。这些措施对当时中国的现状来说，是切合实际的。但是，在后来的运行中，地方政府办学的积极性没有了。1958 年随着中央放权，地方办大学的热情高涨，高等教育规模急剧扩大，要求整治大学过滥兴办的呼声又起。1961 年教育部出台了《高教六十条》，其核心就是贯彻集中管理的原则。“六十条”除“文化大革命”期间外，一直是中国高等教育的指导性文件。直至改革开放后，“六十条”由于带有保守色彩的条例，与改革、开放、加快高等教育发展的大环境已十分不适应，矛盾越来越尖锐，大学要求有办学自主权的呼声开始浮出水面。

1979 年 12 月《人民日报》发表复旦大学校长苏步青、上海交通大学党委书记邓旭初、同济大学校长李国豪、上海师范大学（也就是今天的华东师范大学）校长刘佛年的文章，要求“给高等学校一点自主权”，“应该相信校长能管好大学”，教育部门“不要只用行政手段管学校”，“不要对学校统得太死。”《人民日报》为此还专门加了编者按语：

> 学校应不应该有点自主权，应该有哪些自主权，教育体制应如何改革才能更好适应工作重点的转移，这是很值得探讨的问题。希望全社会就此提出建设性意见。

这应该是新中国成立后能够见诸媒体的由著名大学校长发出的第

---

① 刘金松、彭友：《浙大校长任命风波》，《经济观察报》2013 年 6 月 29 日。

一次正式呼吁。由于在《人民日报》这个最高级别的党报上刊出，且有编者按语，其社会影响是比较大的。同时也说明了政府高层也意识到应该下发一些权力给高校，不然，可能这个呼吁根本无法在《人民日报》上刊出。

自此以后，中国高等教育办学自主权的改革和实践开始起步。1979年，上海交通大学实行校内管理体制改革，1983年获得教育部认可和肯定。1985年，《中共中央关于教育体制改革的决定》出台，标志着大学办学自主权问题列入了政府层面的工作范畴。

但是，由于政策制定和执行的国家本位，以及官僚体制的大环境制约，扩大大学办学自主权的改革在此后的实际执行层面并没有实质性的进展。而且还出现了中央政府宏观层面的"放"和地方政府执行部门微观层面的"收"的矛盾，甚至在总趋势上"越收越紧"，乃至出现了近几年不少省级教育主管部门连大学的进入考核环节也要管的情况。

地方政府执行层面的"微观控制"也导致了大学应该拥有办学自主权的呼声不绝于耳，这些呼声不仅有来自高校的，还有来自社会的，乃至有来自政府高层的。

2009年3月8日，全国政协会议举行中，政协委员、九三学社中央副主席邵鸿在发言中说："《中华人民共和国高等教育法》明确规定大学是独立法人，依法自主办学，实行民主管理"。"近年来，大学行政化趋势日益明显。一是政府行政干预日益强化，大学越来越像行政单位而非独立的教学科研机构"。"二是大学内部高度行政化，行政权力凌驾于学术权力之上"。"我们建议：第一，尽快落实《高教法》，切实保障大学自主权；第二，淡化行政权力对高等院校的约束和干预。要改变政府对学校统得过多、过死的弊端，使高校依照国家法律成为相对独立的办学实体。"[①]

2014年1月江苏省人代会上，江苏省人大代表、江苏师范大学校

① 邵鸿：《大学行政化趋势日益明显，应切实保障大学自主权》，人民网，http://lianghui2009. people. com. cn/GB/145749/8925126. html，2009年3月8日。

长任平讲起了涉及他们学校的两件事：

"去年江苏师大准备招聘 150 名教师，方案报到有关部门，直接砍掉 80 人，有个团队准备引进 6 人，最后砍掉了 3 个名额。"[1]

还有更令人匪夷所思的事：

"学校准备从剑桥大学引进一名教授，相关部门却要求再找两个人一起竞争。我上哪再找两个剑桥的人？这哪是高校选人才的路径。"[2]

多年来政府执行层面对大学的微观控制已经严重影响到高等教育的发展，政府高层也意识到了这些问题，2009 年 1 月，时任国务院总理温家宝在科教领导小组会议上指出："教育方针、教育体制、教育布局和教育投入，属于国家行为，应该由国家负责。具体到每个学校如何办好，还是应该由学校负责、校长负责。不同学校的领导体制和办学规模应有所不同，要尊重学校的办学自主权，教育事业还是应该懂教育的人办。"[3]

---

①　黄伟：《两会声音：扩大办学自主权需政府高校一起改革》，人民网（江苏），http：//js. people. com. cn/html/2014/01/22/283899. html，2014 年 1 月 22 日。

②　同上。

③　温家宝：《百年大计　教育为本》，人民网，http：//politics. people. com. cn/GB/101380/8618164. html，2009 年 1 月 4 日。

第五章

大学机构扩张的社会发展因素

组织所面临的技术环境是指组织对外部资源的依赖程度、与其他组织的关系等，技术环境要求组织遵循效率机制，效率机制驱使大学为了实现组织目标采取一种规范、理性和有效率的组织活动，效率机制始终影响着大学的组织设计。大学所处的社会环境一直在发展中，这个大环境包括知识和技术的分化、发展引起的办学资源的多元化、现代化过程中带来的大学不稳定性的增加和管理客体的多样性等，在效率机制的驱动下，大学必然增加相应的机构，以发挥相应的功能。

第一节　大学发展的驱动

一　大学职能的改变和增加

从西方大学的发展史看，大学的发展历程经历了三种模式。

第一，传承知识的"牛津模式"——关于教学的职能。以牛津大学为代表的欧洲中世纪大学确定自己的职能首要是探索神学、人文科学及其他学问。随着资本主义生产力的大力发展，大学中以人文知识为主要教育内容的传统开始被打破，自然科学越来越多地成为大学的教学内容。但当时，大学还是以研究传播神学、哲学、法学、医学、艺术和科学为主。近代大学的职能以教学为主，在农业经济及工业经济时代早期，社会无法从大学得到技术和管理的帮助，"早期英国工业中也发生科学与技术的结合，但大多是在大学以外发生的，与大学没有直接联系"。英国学者阿什比对此给予批评，"工业革命是由那些讲究实际的能工巧匠完成的，在英国工业上升时期，英格兰的大学没有发挥过任何作用，苏格兰的大学也只起过微不足道的作用"。①可见，近代大学在其诞生后的很长时间内，都是将自己置于远离喧嚣社会的象牙塔中，大学在社会经济发展中的作用无足轻重。

第二，创造知识的"洪堡模式"——关于教学、科研的职能。大学的研究职能为德国柏林大学所创，普法战争后，普鲁士德国认为要振兴德意志民族，须首先振兴教育。根据"学术自由"和"教学与科研相结合"的大学发展原则，当时德国教育部长威廉·冯·洪堡创建了柏林大学。柏林大学提倡科学教育，并建立了研究生制度。洪堡的观点是，科研是"源"，教学是"流"。还认为教师开展科研不仅要解决向学生教什么的问题，还要引导学生在研究过程中受到教育，培养在学术上的兴趣，大学生的主要任务是在研究中自主学习。不过在洪堡时期，科学研究只是为教学和培养人才服务，后来，世界各国特别是美国，在柏林大学的"教学与科研相结合"办学理念影响下，开始尝试在教学以外承担科研任务的做法。除此之外，科研发展之所以成为大学职能之一，还与当时世界范围内的工业革命相关，工业革命激发了自然科学的兴起与技术革新的发展，对大学提出了科研创新的需求。

第三，应用知识的"斯坦福模式"——关于教学、科研与服务的职能。大学把服务社会作为自己的职能之传统开始于林肯总统签署的《莫雷尔法》（Morrill Act），《莫雷尔法》引发了"赠地学院"模式的建立。1861—1865 年美国南北战争结束，工业时代逐渐开始取代农业时代，此种"取代"引发了人们对大学职能的反思。过去大学培养的纯理论型人才，已无法满足战争之后社会对大量技术人才的需求。据此，美国政府把土地折算为经费，利用这种"赠地学院"方式大力发展应用型、技术型大学。1862 年威斯康星大学校长范海斯根据当时社会发展态势提出了"大学要忠实地为社会需要服务，必须与工商界保持紧密的联系，以促进企业的快速发展"的"威斯康星

---

① 徐继宁：《英国高等教育职能演进之探讨》，《高教发展与评估》2006 年第 11 期。

思想"。这种教育、科研、服务相结合的办学模式迅速在世界范围内扩大，有力促进了高等教育的第二次改革，于是，大学开始具有了"培养人才、科学研究和社会服务"的三大功能。不过，大学的社会服务职能的真正凸显，并为世界高等学校普遍接受是 20 世纪五六十年代的事情。斯坦福大学在美国硅谷进行校企合作，开创了此模式的先河。之后，以信息服务为代表的服务产业迅速崛起，并逐步取代了传统工业，成为经济发展的主力。在此过程中，大学开始从提供人才和科技支持的间接推手逐步走向直接为经济社会服务的行列。[①]

现代意义的中国大学创立较晚，但从大学的职能来看，其发展历程也经历了这三种模式。按时间段粗略划分，20 世纪 60 年代以前，大多数大学还是以知识传承为主的教学型大学，表现在许多大学并没有设置科研管理的机构。60—90 年代初，随着社会经济发展的需要，大学的科研工作逐步受到重视，尤其是一些当时的国家重点大学更是如此，多数大学的科研管理部门如科研处等纷纷成立。90 年代以后，尤其是进入 21 世纪以来，市场经济迅猛发展，经济领域从传统的计划经济进入经济发展方式的多元化阶段，经济科技发展中的问题要求大学为社会提供有效率的服务。由此，大学的社会服务有了发展的空间和需要，参与社会经济发展也日益频繁。这些新的情况要求大学有相应的科研成果转化的管理平台，如大连理工大学的技术研究开发院，其主页中介绍的工作职能为[②]：

　　开发院定位：学校技术创新、成果转化的平台。
　　开发院作用：发挥大的谋划与牵引作用，推进技术创新与成果转化，加快技术创新实体建设，推动国家、地方和行业（企业）技术进步和可持续发展。

---

①　石祥强、刘东华：《经济发展驱动下的大学职能变迁趋势探析》，《高教研究》2010年第 3 期。

②　参见大连理工大学技术研究开发院官方网站，http：//techdep. dlut. edu. cn/www/Show. aspx？NewsID = 18。

开发院职责：技术开发平台与基地的谋划、建设与管理（包括校内工程类平台、校外基地、创新联盟、与企业合作研发平台）；知识产权的管理（包括专利申报与管理、专利评估与转移、知识产权合同审查、知识产权发展研究与文化建设）；国家大学科技园建设与管理；国际科技合作平台的建设与管理。

类似的机构还有上海交通大学的先进产业技术研究院，西安交通大学的科技与发展研究院，武汉大学的高新技术产业发展部，南开大学的科技成果转化中心等，这些机构的设立，都是大学适应组织所面临的技术环境的要求、快速地适应社会发展的体现。

二　专业增多，学科分化，招生规模不断扩大

知识的生产、传承和社会服务是大学的三项主要职能，大学作为知识产出的前沿阵地之一，必然会最先感触到发展的脉搏，并为社会需要提供相应的高效率的服务。随着经济、社会和科学技术的不断发展，社会的分工不断分化，新的专业不断出现，比如人类对乘坐更快速交通工具的需求，大学设立了汽车、飞机等相应的专业；随着计算机技术的发展和普及，大学又设立了计算机系或学院；经济越来越发达，人们对美的追求又提出了更高的要求，于是很多大学设立了艺术与设计学院；机械、材料、医疗技术在飞速发展，大学又设立了交叉学科生物医学工程等。由此可知，大学内部教学、科研机构的不断分化，从一定程度上来说也是发展的必然，是效率机制在大学机构设置上的体现。

以 HN 大学为例，根据该校的前身 HN 学院的记载，可以充分说明专业的变化、学院（系）的增加和招生情况的变化过程。① 详细如下：

自 1958 年至 1997 年，HN 学院陆续设置了 35 个本科专业方

---

① 　HN 学院志编纂委员会：《HN 学院志》，中州古籍出版社 1998 年版，第 94—96 页。

向和 15 个专科专业。1984 年 7 月，经国家计委、教育部联合发
文批准试行修订《高等学校工科本科专业目录》，学院据此对所
设专业名称进行了核定。1993 年，国家教委发布《普通高等学
校本科专业目录》，学院再次对所设专业名称进行了修订。1997
年，国家教委印发《工科本科专业目录修订方案（第二稿）》，
学院对专业设置进行了相应的调整报批。现以上级批准设置专业
时间为序，将学院设置的本科专业和专业名称列于表 5 - 1。

表 5 - 1　　　　　　学院设置本科专业（含方向）名称及沿革

序号	设置时间（年）	1984 年以前建立专业时使用的名称	1984 年 7 月工科本科专业目录规定的名称	1993 年 7 月本科专业目录规定的名称	1997 年 6 月本科专业目录推荐的名称
1	1958	机械制造工艺及设备	机械制造工艺及设备	机械制造工艺及设备	机械制造及自动化
2	1959	铸造工艺设备	铸造	铸造	材料成形与控制工程
3	1959	金属热处理工艺及设备	金属材料与热处理	金属材料与热处理	金属材料工程
4	1960	农业机械设计与制造	农业机械	机械设计及制造（农机方向）	机械设计及其自动化
5	1960	拖拉机设计与制造	汽车与拖拉机	汽车与拖拉机	机械设计及其自动化
6	1972	内燃机设计与制造	内燃机	热力发动机	热能与动力工程
7	1974	锻压工艺及设备	锻压工艺及设备	塑性成形工艺及设备	材料成形与控制工程 *
8	1978	轴承设计与制造	机械设计及制造（轴承方向）	机械设计及制造（轴承方向）	机械设计及其自动化
9	1980	液压传动及控制	液体传动及控制	液体传动及控制	机械制造及自动化 *
10	1981	工业电气自动化	工业电气自动化	工业自动化	工业自动化
11	1982	机械设计及制造	机械设计及制造	机械设计及制造	机械设计及其自动化 *
12	1984	企业管理	机械设计及制造（技术经济方向）	1984 年企业管理专业招收走读本科班。1986—1988 年机械设计及制造专业技术经济方向招收了 3 届本科生。1989 年后停止招生	

序号	设置时间（年）	1984 年以前建立专业时使用的名称	1984 年 7 月工科本科专业目录规定的名称	1993 年 7 月本科专业目录规定的名称	1997 年 6 月本科专业目录推荐的名称
13	1988		食品及包装机械	机械设计及制造（食品机械方向）	机械设计及其自动化 *
14	1988		焊接工艺及设备	焊接工艺及设备	材料成形与控制工程
15	1988		工业自动化仪表	工业自动化（过程控制方向）	自动化
16	1989		会计学	会计学	会计学
17	1992		市场营销	市场营销	市场营销
18	1993			塑性成形工艺与设备（模具设计制造方向）	材料成形与控制工程 *
19	1993		汽车运用工程	载运工具运用工程	待定
20	1993			国际贸易	国际贸易
21	1993			机械电子工程	机械制造及自动化 *
22	1993			计算机应用	计算机科学与技术
23	1994			建筑工程	土木工程
24	1995			计算机软件	计算机科学与技术 *
25	1995			经济法（涉外方向）	经济法
26	1995			英语（经贸方向）	英语
27	1995			机械设计及制造（起重运输与工程机械方向）	机械设计及其自动化 *
28	1996			高分子化工	化学工程与工艺
29	1996			制冷与低温技术	热能与动力工程 *
30	1996			应用电子技术	自动化技术
31	1996			机械制造工艺与设备（精密机械方向）	机械设计及其自动化 *
32	1997			工业设计	工业设计
33	1997 年 10 月批准			供热通风与空调工程	建筑设备工程

续表

序号	设置时间（年）	1984 年以前建立专业时使用的名称	1984 年 7 月工科本科专业目录规定的名称	1993 年 7 月本科专业目录规定的名称	1997 年 6 月本科专业目录推荐的名称
34	1997 年 10 月批准			精细化工	精细化工
35	1997 年 10 月批准			旅游管理	旅游管理

注：1. 资料来源：HN 学院志编纂委员会：《HN 学院志》，中州古籍出版社 1998 年版，第 94—96 页。

2. ＊所示为合并使用专业名称。

1997 年后，该校专业的增加之势更为迅猛，每年均有增加，仅 2002 年一年就增加 10 个本科专业。[①] 至 2013 年，HN 大学已有本科专业 87 个，一级学科博士学位授权点 3 个，硕士学位授权点 28 个，二级学科硕士学位授权点 143 个。[②]

由于专业的增加，直接导致学校内部设置的院系数量增加，此部分内容在第三章已有详细述说。

知识在爆炸、更新、细化，新学院的增加自有理由。但是，随着知识的分化以及科学技术的不断发展，学科之间的交叉和融合也是另一种趋势。所以，学院越分越多是否合适？是否在分化的基础上同时重视学院的整合？目前的情况是，我们似乎很难看到中国的哪所大学在整合院系，我们只看到了大学的院系越分越多、越分越细。反观世界一流大学，耶鲁大学整个工科就是一个系：工程系。所以，这是一个值得商榷的问题。

第二节　办学资源的诱惑

大学的发展离不开资金的投入，这个投入包括政府层面的投入、社

---

① 资料来源：HN 大学《2002 年鉴》。

② 同上。

会捐赠及学校依靠自身力量的所谓"创收"，其中政府的投入是主体。

一　争取从政府拨款这块"蛋糕"中切得更大的一块

从新中国成立到改革开放初期，政府对大学一直采取"基数加发展"的拨款方式，即以大学前一年获得的拨款为基数，并根据相关变化情况确定该校当年的拨款数。这种拨款方式保证了大学的基本需求。[1]　由于拨款数额的刚性和计划经济特征，哪所大学想多分"一杯羹"的可能性也不大。1986年，政府对大学的拨款方式改为"综合定额加专项补贴"的办法，即根据上年度生均成本费和本年度在校学生的实际规模核定综合定额，同时依学校的特殊情况需要，经学校申请后由学校主管部门批准后拨给专项补贴。这个"专项补贴"就给了大学做工作的余地。随着经济的发展，政府和社会对大学提出了更高的要求，同时反过来也加大了对大学的专项资助力度，最大的几个专项分别是"211工程"专项、"985工程"专项和"2011计划"专项。要进入这些专项，有一个复杂的过程，也需要投入人力、物力和精力。所以，几年前不少学校成立了专门的机构如"211工程办公室"、"985工程办公室"，努力争取进入相应的专项。申报成功后，目前仍有部分学校继续保留了这个机构，以进行后续的管理工作。进入专项后学校得到的投入是巨大的。

以"985工程"投入为例，前已述及，一期资助了34所大学，总经费268.7亿元，其中中央投入145.1亿元，地方政府投入109.8亿元，主管部门投入15.9亿元。[2]　二期建设2004年开始，共资助39所大学。仅教育部直属的15所高校，总投入225.83亿元，其中中央政府投入158.05亿元，地方配套67.78亿元。[3]　"985工程"三期建

① 方妍：《高等教育强国背景下政府与大学关系重构研究》，武汉大学出版社2012年版，第105页。

② 郭新立：《中国高水平大学建设之路——从211工程到2011计划》，高等教育出版社2012年版，第34页。

③ 二期建设的投入没有一个官方的统计数据。此处来源于《人民日报》2012年12月28日《450亿推32所"985"高校服务国家战略融入区域发展》一文。此文中的三期建设为32所大学，总投入451.23亿元，显然仅资助学校数就可能有出入。

设从 2010 年开始，资助的情况官方没有发布数据，也许是数额太大，又不太平均，易招致非议，或是其他原因，一些资助的学校也没有公布更详细的数据。经查阅有关资料及有关学校的网页，三期拨款情况见表 5－2，由于北京理工大学、国防科技大学、中央民族大学、中国人民大学、北京师范大学、中国农业大学、湖南大学、中南大学、兰州大学 9 所学校未查到相关拨款数据，湖南大学、中南大学仅查到三期建设的签约时间是 2011 年 5 月 24 日，兰州大学签约时间是 2011 年 11 月 5 日，北京师范大学、中国人民大学、中国农业大学的签约时间是 2012 年 11 月 23 日，所以表中仅列出了 30 所大学的数据。

如此大的"蛋糕"，难怪学校会高效率地积极成立相应的机构，投入人力、物力去争取。

表 5－2　　　　　"985 工程"第三期建设拨款情况统计

学校名称	签约时间	拨款情况（亿元）		
		合计	教育部拨款	主管部门和省市拨款
北京大学	2012 年 11 月 23 日	40	40	
清华大学	2012 年 11 月 23 日	40	40	
中国科技大学	2009 年 3 月 11 日	18	6	6＋6
南京大学	2011 年 8 月 30 日	25.2	12.6	12.6
复旦大学	2010 年 12 月 29 日	26	13	13
上海交通大学	2010 年 12 月 29 日	26	13	13
西安交通大学	2011 年 8 月 2 日	15	12	3
浙江大学	2011 年 10 月 8 日	26.2	13.1	13.1
哈尔滨工业大学		15	5	5＋5
南开大学	2010 年 3 月 6 日	14	7	7
天津大学	2010 年 3 月 6 日	13	6.5	6.5
东南大学	2011 年 8 月 30 日	12	6	6
武汉大学	2011 年 2 月 28 日	15	7.5	7.5
华中科技大学	2011 年 2 月 28 日	14.2	7.1	7.1
吉林大学	2012 年 8 月 3 日	10.4	6.4	4
厦门大学	2011 年 11 月 14 日	10.6	5.3	5.3
山东大学	2011 年 3 月 26 日	11.2	5.1	6.1

续表

学校名称	签约时间	拨款情况（亿元）		
		合计	教育部拨款	主管部门和省市拨款
中国海洋大学	2011 年 3 月 26 日	4.5	2.5	0.4 + 1.6
大连理工大学	2011 年 12 月 15 日	9.4	4.7	2.35 + 2.35
北京航空航天大学		14	5	5 + 4
重庆大学	2008 年 7 月 24 日	6	3	3
四川大学	2011 年 12 月 22 日	9.7	7.2	2.5
电子科技大学	2011 年 12 月 22 日	4.9	3.6	1.3
中山大学	2010 年 12 月 30 日	13.4	6.7	6.7
华南理工大学	2010 年 12 月 30 日	6.6	3.3	3.3
西北工业大学		13	5	5 + 3
东北大学	2011 年 12 月 15 日	6.6	3.3	1.65 + 1.65
同济大学	2010 年 12 月 29 日	12	6	6
西北农林科技大学	2011 年 8 月 2 日	4	2	2
华东师范大学	2010 年 12 月 29 日	8	4	4
合计		443.9	261.9	182

资料来源：签约时间来自教育部网站，http：//www.moe.gov.cn/publicfiles/business/ht-mlfiles/moe/s7189/201303/148288.html，由于官方未公布各高校具体拨款数据，本表中，东南大学、南京大学、中国海洋大学、吉林大学、大连理工大学、山东大学、中山大学、东北大学数据来自网上查阅的共建协议，其余数据来自 http：//blog.sciencenet.cn/blog-806720-647228.html，部分空栏未查到数据。

二　校友的捐赠，不仅仅是资金的支持

自 2010 年起，中国校友会网已连续 5 年每年发布一个备受大学和社会关注的排行榜——中国大学校友捐赠排行榜，将当年捐赠的校友和受捐的大学从高到低排出顺序。2014 年的报告显示，1990 年以来，中国大学累计接受校友捐赠金额高达 91.59 亿元，2013 年新增校友捐赠近 13.66 亿元。从相关高校累计接受的校友捐赠总额来看，全国共有 17 所大学跻身中国大学校友捐赠"亿元俱乐部"，其中，清华大学和北京大学接受捐赠在 10 亿元以上；5 亿元以上有 4 所；2 亿

元以上的捐赠有 11 所。①

在国际社会对大学的评价体系中，校友捐赠是对大学教育成果的一种反映，已成为评价世界一流大学和检验校长执行力的重要标准，也是检验一所大学所培养的校友的商业成就、校友慈善意识和对母校认同度的重要标志。在欧美大学尤其是一流私立大学的办学经费中，来自校友及社会各界的捐赠占较大的比例。耶鲁大学 2/3 的办学经费来自校友捐赠，哈佛大学也有 3/5 的办学经费来自校友捐赠。此项指标在我国的大学评价系统中也日益受到重视，在"985 工程"大学三期指标评价体系中，特别增设了"学校获得的捐款在学校经费中所占的比例"一项指标。

因此，校友的捐赠不仅是对母校的支持，也成为社会对大学声誉的评价指标之一。近年来，为加强与校友的联系，绝大多数大学都成立了校友会，作为一个处级管理机构，有的是挂靠在某一处室如校长办公室，有的是单独设置。甚至有一些学校还成立了单独设置的教育基金会，如重庆大学、西安交通大学、中南大学等。西安交通大学基金会的网页这样介绍自己：

> 西安交通大学教育基金会是 2006 年 4 月经陕西省教育厅批准、民政厅核准登记的非营利性的社会组织。
>
> 本会的宗旨是：动员和依靠广大校友、社会各界力量捐资助学；广泛争取国内外组织和个人的捐助，支持西安交通大学创建世界知名高水平大学。
>
> 本基金会的业务范围：接受社会捐赠，募集教育基金和扶贫助学基金；依法募集、管理、运作各项基金，确保基金保值增值；提供人才培训和技术咨询；按照本基金会宗旨及捐赠者意愿，开展专项奖励、资助活动。
>
> 基金主要用于：奖励优秀教师和学生，资助贫困学生；资助基础研究、教学研究、优秀教材和著作出版；资助教师在国际一

---

① 引自中国校友会网网站，http：//www.cuaa.net/cur/2014/16.shtml。

流学术刊物上发表论文；改善教学设施；根据捐赠者的意愿，资助有利于学校发展的其他活动。[①]

三 "创收"的途径越来越多，成效越来越大

改革开放初期，大学的办学经费可谓"捉襟见肘"，政府又无力给大学更多的资金支持。为了改善办学条件，也为了提高教职工的收入水平，以留住人才，政府有限制地允许大学搞一部分"创收"。当时，"创收"的渠道似乎不多，大多数是办一些短期培训班，或者利用学校的门面房搞一些"创收"。后来，有一些先行者开始利用学校的技术优势和门面房"小打小闹"地开办公司，不少是计算机类的。慢慢地，随着市场经济的不断推进，"创收"的渠道越来越多，如自己办公司、技术入股、技术转让。如今，中国大学的校办企业越做越大。

教育部科技发展中心等部门发布的《2012 年度中国高等学校校办产业统计报告》显示，截至 2012 年年末，全国 489 所高校 3478 个校办企业的资产总额为 3190.26 亿元，相比 2011 年增长 11.63%。其中两大顶尖学府北京大学和清华大学的校办产业资产已分别高达近千亿元和超过 700 亿元。3478 个校办企业中上市公司共计 30 家。此外，高校已成立的资产公司有 222 家，占参加统计高校的 45.4%，校办产业职工总计 47.74 万人。

以中国人民大学为例，2007 年 4 月中国人民大学资产经营管理公司在原世纪科技发展有限公司的基础上组建成立，目前中国人民大学资产管理公司拥有 6 家全资子公司，另参股了 5 家公司。《统计报告》显示，2012 年人大的校办产业资产总额为 9.74 亿元，在教育部直属高校中排名第 25 名。

不过与排名第一的北大、排名第二的清华相比，人大的校办企业只能算"小儿科"。

---

① 引自西安交通大学基金会官方网站，http://www.xjtu.edu.cn/jdxy/263.html。

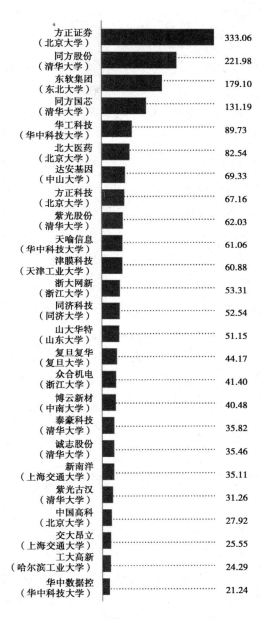

图 5 - 1　 "高校系" 25 家上市公司

资料来源：2014 年 3 月 20 日《时代周报》报道。

2012 年北大校企产业高达 969.4 亿元，其资产公司——北大资产
经营有限公司旗下的北大方正、北大青鸟、北大未名和北大科技园等

已成为具有相当规模的高科技企业，涉及信息、制药、化工、环保、房地产和高科技孵化等多个领域。

2012 年清华大学的校办产业资产总额为 705.74 亿元，其资产公司——清华控股有限公司投资有 3 家上市公司、20 余家控股公司和近20 家参股公司，涉及信息技术、能源环保、生命科技和科技服务与知识产业等领域。①

另据 2014 年 3 月 20 日《时代周报》报道，截至目前，实际控制人为高校的 A 股上市公司共有 25 家，总市值 1878 亿元（截至 3 月 18 日收盘），涉及国内 13 所顶级高校，其中清华大学控制 6 家，北京大学控制 4家，占据半壁江山，详见图 5 - 1。同方股份、紫光股份，是清华大学的两家旗舰上市公司，分别由清华同方、清华紫光更名而来，两家公司都位于清华大学本部，分别于 1997 年和 1999 年上市。

如此庞大的校产，每年的收益也肯定可观，作为出资人的大学也会有一笔不菲的入账，对学校的办学资源也是一个不小的支持。然而，校办企业的监管问题也同样是一个难题。如何维持企业的良性发展，如何规范企业和学校的关系，如何保持学校的稳定收益，如何防止企业经营中的腐败行为等。所以，基本上每个学校都成立了校办产业管理处一类的机构，又一个新的机构产生了。

第三节　现代化产生的不稳定性

有一种观点认为，我国政府机构膨胀难以克服，是由中国目前正在急剧推进现代化国家发展战略这一宏观背景所决定的。② 根据美国政治学家塞缪尔·亨廷顿的观点，所谓的现代化，就是指走向现代性的一种经济和社会发展的动态过程。"现代性产生稳定性，而现代化却产生不

① 孟庆伟、郝成：《中国高校校企资产超 3000 亿　北大清华最"土豪"》，《中国经营报》，http：//money．163．com/14/0125/10/9JE7O66T00252G50．html？from＝endart，2014年 1 月 25 日。

② 黄仁宗：《论我国政府机构改革"怪圈"的成因》，《探索》2001 年第 5 期。

稳定性。"急剧进行现代化的社会也是从传统农业社会向工业社会剧烈转型的社会，在转型中原有的社会结构必然发生社会分化，而这种分化意味着社会结构不断被分解为新的社会要素，社会关系也在不断被重新组合，最终将形成新的专门化功能的社会结构。根据结构主义的观点，社会分化的基本形式包括：社会异质性的增加、社会不平等程度的加大。恩格斯指出："每一个社会的经济关系，首先是作为利益表现出来。"所以，不管是社会异质性的增加，还是社会不平等程度的加大，其本质都可以归结为利益分配、利益占有。如社会异质性的增加就意味着利益主体开始分化、利益集团出现、利益意识觉醒；社会不平等程度的加大则意味着利益分配机会不公、利益结构失范、利益整合失序，而所有这一切必然对政府形成巨大的现实压力。①

目前，我国正处在社会转型过程中，社会结构正在发生急剧变化。正如亨廷顿所分析认为的，传统社会及现代社会都相对稳定，但在由传统向现代转型的现代化进程中却滋生着怨气和不安。随着我国经济发展、贸易和投资的扩张、资源稀缺性的提高、生态安全进一步恶化、环境污染加剧，人们日益增强了对"最后的依靠"的政府的依赖性。具体来讲，将扩大"私人对'公共产品'如公共交通、市政建设、社会保险、环境保护、市场秩序、反垄断、反不正当竞争、调整各种经济关系的规划等有形或无形产品的大量需求"。② 社会能否及时、有效、适度、廉价地提供公共产品、维持社会秩序、整合道德规范、消除社会转型带来的种种不确定因素，将直接对政府权威性和合法性提出挑战。在日益增多、纷繁复杂的社会问题面前，政府不得不加大对人员、预算的投入，甚至发展到"强政府"和"政府替代"阶段，以更广泛干预社会生活，这也就势必导致"行政国家"的出现。譬如，我国近几年来的食品安全问题、环境污染问题，已经越来越影响到人们的生活质量甚至对生命安全的担忧，对企业不能提供满意食品的不满，不能喝到放心水、不能呼吸到清新空气的现实，势必衍化为对政府治理社会的不满，

---

① 黄仁宗：《论我国政府机构改革"怪圈"的成因》，《探索》2001 年第 5 期。

② 姜明安：《行政国家与行政权的控制和转化》，《法制日报》2000 年 2 月 13 日。

这必然要求政府加大对食品生产、流通、销售诸环节的监管力度，加大干预环境监督、治理的力度。由此，增加机构、扩大编制、增加预算也就不可避免。所以，机构改革徘徊于"精简——膨胀——再精简——再膨胀"的怪圈就成了一种事实上的常态。

最新的例证是，2014 年 5 月 7 日，经中央编办批复，国土资源部正式挂牌成立不动产登记局。不动产登记局承担指导监督全国土地登记、草原登记、林地登记、海域登记、房屋登记等不动产登记工作的职责。不动产统一登记中最受关注的无疑是房屋产权登记。近几年，房价涨了又涨，一线城市的房价远远超出了公众的心理承受范围。与此同时，一家拥有几套甚至几十套房的"房姐"、"房叔"不断见诸媒体，公众要求对多套住房征税的呼声日高。还有一些腐败官员也拥有大量房产，进行房屋产权登记也愈显需要。所以，成立不动产登记局势在必行。可以预测，地方政府对应的行政部门肯定会相应跟进成立。

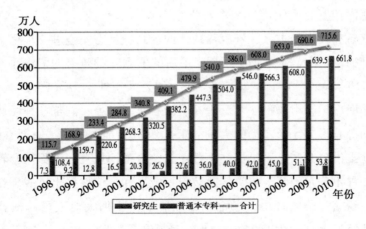

图 5 - 2　1998—2010 年我国高等教育招生数

资料来源：钟秉林 2012 年 12 月 28 日在 HN 大学的一次讲座，题目是"大学的内涵发展与质量建设"。

中国社会正处在现代化的进程中。中国大学近 20 多年来也处在不断扩张的过程中，尤其是 1999 年大学扩招以来更是如此。这种扩张也是一种现代化的过程。根据亨廷顿的观点，现代化产生不稳定性，大学在扩张的过程中也必然是不稳定的，为了使这种不稳定性尽量"稳定"，必然会增加管理机构消除不稳定因素。

中国大学近年来的扩张情况我们可以通过图 5 – 2 至图 5 – 5 来说明，四张统计图比较直观地说明了 1998 年至 2010 年中国高等教育大扩张的真实情形。

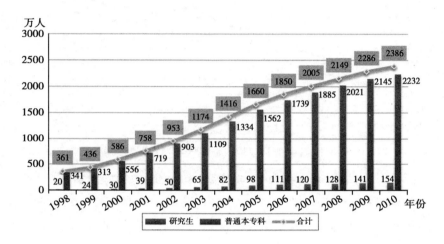

图 5 – 3　1998—2010 年我国高等教育在读学生数

资料来源：钟秉林 2012 年 12 月 28 日在 HN 大学的一次讲座，题目是"大学的内涵发展与质量建设"。

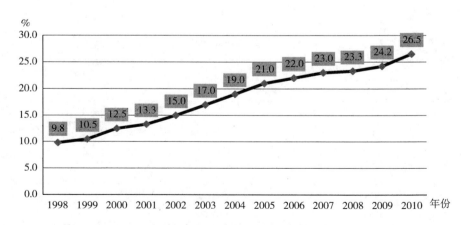

图 5 – 4　1998—2010 年我国高等教育毛入学率

资料来源：钟秉林 2012 年 12 月 28 日在 HN 大学的一次讲座，题目是"大学的内涵发展与质量建设"。

　　2010 年与 1998 年相比，全国大学招生数增加 5 倍多，在校生数增加 5 倍多，毛入学率增加近 2 倍，校均学生数增加近 2 倍。

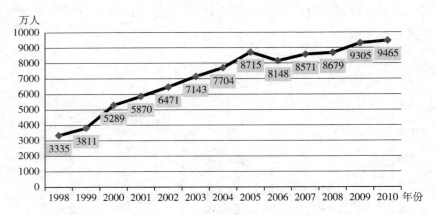

图 5 - 5　1998—2010 年我国高等学校校均规模变化情况

资料来源：钟秉林 2012 年 12 月 28 日在 HN 大学的一次讲座，题目是"大学的内涵发展与质量建设"。

　　以上是 1998—2010 年中国高等教育的宏观情况。我们还可以通过 HN 大学 1958 年至目前的招生情况从微观上予以佐证。根据 HN 学院志资料，1958 年招生 276 人，1997 年招生 1316 人，其间每年增加不足 30 人，历年招生情况见表 5 - 3。

表 5 - 3　　　　　　　　　　　　　　HN 学院招生状况

年份	招生人数			说　明
	合计	本科生	普通班	
1958	276	276		在河南招生。另招中专生 523 名
1959	203	203		在河南招生。另招中专生 237 名
1960	260	260		在河南招生。另招中专生 425 名
1961	222	222		在河南、广东、湖北招生
1962	164	164		在河南、湖南、湖北招生
1963	206	206		在河南招生
1964	280	280		在河南、山东、湖南、湖北、河北、陕西招生
1965	273	273		在河南、山东、湖北、河北、陕西招生
1972	298		298	在河南招生

续表

年份	招生人数			说　　明
	合计	本科生	普通班	
1973	397		397	在河南招生
1974	440		440	在全国 20 个省（市、区）招生
1975	420		420	在全国 20 个省（市、区）招生
1976	138		138	在全国 20 个省（市、区）招生
1977	475	475		在河南、西藏、四川、陕西、宁夏、贵州、湖南、湖北、云南、甘肃、新疆招生
1978	530	530		在河南、西藏、四川、陕西、宁夏、贵州、湖南、湖北、云南、甘肃、新疆招生
1979	397	397		在全国 16 个省（市、区）招生
1980	404	404		在河南、陕西、四川、云南、湖南、湖北、广东、广西招生
1981	404	404		在华东、华北、西北、西南、中南地区的 13 个省（市、区）招生
1982	422	422		在华东、华北、西北、西南、中南地区的 11 个省（市、区）招生
1983	518	518		在全国 17 个省（市、区）招生
1984	635	635	70	在全国 21 个省（市、区）招生
1985	763＋115	633＋94	130＋21	在全国 20 个省（市、区）招生。其中走读、委培生 115 名
1986	752	677	75	在全国 20 个省（市、区）招生。其中国家任务计划 660 名
1987	789	681	108	在全国 21 个省（市、区）招生。其中国家任务计划 660 名
1988	755	701	54	在全国 25 个省（市、区）招生。其中国家任务计划 650 名
1989	712	675	37	在全国 26 个省（市、区）招生。其中国家任务计划 627 名
1990	737	703	34	在全国 27 个省（市、区）招生。其中国家任务计划 660 名
1991	740	673	67	在全国 27 个省（市、区）招生。其中国家任务计划 690 名
1992	1034	871	163	在全国 27 个省（市、区）招生。其中国家任务计划 690 名
1993	1370	1133	237	在全国 27 个省（市、区）招生。其中国家任务计划 750 名
1994	1050	882	168	在全国 27 个省（市、区）招生。其中国家任务计划 750 名，另招收电大普通专科生 316 名

续表

年份	招生人数			说　明
	合计	本科生	普通班	
1995	1205	1046	159	在全国 27 个省（市、区）招生。其中国家任务计划 793 名，另招收电大普通专科生 184 名
1996	1273	1206	67	在全国 28 个省（市、区）招生。其中国家任务计划 835 名，另招收电大普通专科生 148 名
1997	1316	1253	63	在全国 28 个省（市、区）招生。其中国家任务计划 853 名，另招收电大普通专科生 94 名

资料来源：HN 学院志编纂委员会：《HN 学院志》，中州古籍出版社 1998 年版，第 82 页。

1999 年，进入扩招之年，招生人数大幅度增加。2002 年，HN 大学进入合并之年，当年的招生计划达到 3860 人，以后逐年增加，至 2013 年，当年招生实际报到人数达到 9921 人。从 2002 年起，基本上每年增加 500 余人。目前，加上硕士、博士人数，HN 大学在校生达到 4 万余人，继续教育学生达到 2 万余人，总计 6 万余人。

20 世纪 90 年代以后大学招生人数的急剧增加，导致学生管理的任务和复杂程度剧增。比如，学生宿舍出现不少管理难题，一些学校成立宿舍管理中心作为处级单位。大学生越来越多，就业问题开始出现，学生就业指导中心也成为副处级或正处级独立机构。随着学生人数的增多，部分学生因家庭经济原因无力完成学业，甚至影响到学生的心理问题，乃至引起家庭和社会问题。为了解决这些问题，一些学校成立了学生心理健康指导中心、学生资助管理中心。学生资助起始阶段仅在大学内部提供一些勤工助学岗位，但随着需要资助学生的增多，校内的岗位已是杯水车薪。这一问题也引起了政府的重视，开始利用国家力量和社会力量共同解决这一问题。国家助学金逐渐扩大资助面，银行也开始进入学校，以提供无息贷款的方式资助学生，其利息部分由政府支付，本金部分待学生工作后偿还。此后，随之出现了部分学生诚信及违约问题，这也需要教育、管理。保险公司也开始涉足学校。如此等等，看来成立学生资助中心也是必要的。

以河南科技大学学生资助中心为例，其机构性质和主要职责如下：

机构性质：2002 年 8 月，经学校批准，河南科技大学助学贷款（勤工助学）办公室成立，隶属学生工作处。2006 年 9 月，按照上级要求，根据我校的实际情况，为进一步做好资助贫困家庭学生工作，经学校研究决定，更名成立河南科技大学学生资助管理中心，挂靠学生处。

主要职责：在学生处领导下，统一归口管理全校奖学金、助学贷款、勤工助学、困难补助、学费减免等资助经济困难学生工作，不断完善奖贷为主体的"奖、贷、助、补、缓、减、保"等七位一体的资助政策体系。具体职责如下：负责普通本、专科学生的困难资助及各项资助制度的建设工作；负责国家助学贷款的宣传、组织、发放和贷中、贷后管理工作；负责校级勤工助学岗位的管理工作；负责普通本、专科家庭经济困难学生的学费减免工作；负责普通本、专科学生国家助学金评定和管理工作；负责普通本、专科学生的平安保险工作；负责学校和社会资助基金的评定和发放工作；负责对家庭经济困难学生的自立自强和诚信教育工作；负责学生的无偿献血工作；完成领导交办的其他工作。①

近十几年来，随着大学的扩招，中国的"巨型大学"不断出现，数万人的大学比比皆是，如果把继续教育学生统计进来，甚至出现了 10 万人以上的大学，而且不止一所两所。再加上教职工数目，居住在校园里的相关人员等，学校校园已不仅仅是 30 年前的校园概念了。今天的大学已成了一个"小社会"。这也是发展的结果。为了管理这个"小社会"，大学必然会有相应的新机构出现。这些机构一般是从原来某个处下设的科级机构分离出来的，如不少学校把原来后勤部门之下的房产管理科升格为学校直属的处级机构，有叫房地产管理处

---

① 引自河南科技大学官方网站，http://xsc.haust.edu.cn/zxdk/introduce.asp。

的，有叫住宅管理办公室的等。如中山大学房地产管理处的简介如下：

> 房地产管理处是学校负责所有校区中山大学拥有产权或长期使用权的各类房屋、附属配套建筑物和地产资源管理的职能部门，主要职责为：负责制定学校公用房地产资源配置和使用规划；负责学校土地、房屋产权登记、备案、办证等相关的管理工作；负责学校公共用房计划与调配、公共用房租赁与使用管理（包括文物建筑、公共用房产权、产籍管理），学校房地产地理信息系统管理；负责学校教职工公有住房管理工作；负责学校教职工住房制度改革；负责学校各类商业用房的出租管理工作；负责学校土地、房屋等的数据统计和建档工作。①

类似的机构增长的情况还有不少，比如很多学校成立了招投标管理办公室、招标与采购管理中心或招标办公室一类的机构。这些学校有武汉大学、东南大学、南京大学、南开大学、吉林大学、大连理工大学、上海交通大学等。这也是近十几年来我国大学发展的实际需要，甚至是用很多教训换来的结果。随着近十几年来大学的不断扩招，不少学校另辟新校区，动辄数亿元乃至几十亿元的建设项目，一些学校由于招标程序不规范，工作中出现了一些漏洞，导致一些大学的基本建设领域出现了一些腐败问题，"拔起萝卜带出泥"，一个人出事往往带出一大片问题。前几年，大学基建领域的腐败现象接连出现，近几年仍时有耳闻。为了规范招标工作，加强招标管理，成立招标办公室一类的机构似乎也是应该的。另外，近几年，改善大学实验条件的投入巨大，已成为基建投入之后的第二波投入高峰，这也是发展的因素，先盖了房子，建了大楼，房子建好了，必然要在里面装设备、家具等，这些都涉及采购和招标。要规范采购招标工作，也需要

---

① 引自中山大学官方网站，http：//fdc. sysu. edu. cn/eip/dashboard. aspx？ dataurl = 140312103621406632980。

有相应的机构进行管理。再有就是大学物资的采购，这是每个学校的常态化工作，每年的投入也不少，如果按规范的招标程序走，可能会既招来了好质量，也有价格下浮。所以，不少学校将实验及教学设备、基建工程、维修工程、零星物资采购整合为一体，把这些职能一起放在了招标管理办公室下统一操作。

以吉林大学招标与采购管理中心的职责为例，就很能说明这个情况。

　　　　吉林大学招标与采购管理中心的职责：负责全校工程、货物、服务等集中采购项目的招标与采购管理工作；负责根据学校年度财务计划和各相关单位编制的具体采购项目计划，按照国家的有关法律、法规要求，合理安排采购项目，并负责采购项目的落实；负责各采购项目招标工作的前期准备工作。及时发布招标信息，详细编制招标文件，组织项目现场勘察，进行必要的市场调研；负责投标单位的资质审查，以及履约能力的考察，发售招标文件；负责组织学校各招标采购项目的开标、评标、定标工作；负责组织竞争性谈判、单一来源采购和询价采购；负责组织采购合同的洽谈、审查与签订；参与设备、家具等采购项目的验收工作，考核供应商执行合同情况及售后服务质量；负责全校进口设备订货、报关、免税、商检、索赔等工作；负责"评标专家库"和"供应商库"的建设；负责组织需纳入教育部、省、市集中采购与招标项目的申报；负责招标与采购有关文件的归档、管理工作；负责招标与采购管理中心的廉政建设工作；完成学校交办的其他工作。[1]

近几年来，许多大学还"收编"了不少原属地方的附属医院，这

---

[1]　引自吉林大学官方网站，http://cgglzx.jlu.edu.cn/。如果要进一步了解和比较，也可参考其他学校招标管理中心的职能介绍，如上海交通大学等，其机构成立于2011年，也很有代表性。

些大学都办有医学专业，医学专业的学生需要有稳定的实习场所，所以大学愿意与医院有一个紧密的联系。与此同时，医院挂上一个某大学附属医院的牌子，尤其是一所名牌大学的牌子，对于提高医院的科研水平、医院的知名度，或者更实际一点，医院职工的子弟也可以享受大学教职工子弟的一些入学优惠政策，所以双方一拍即合。于是，大学有了不少附属医院。如浙江大学有 7 家附属医院，复旦大学有 11 家附属医院，上海交通大学有 14 家附属医院和医疗中心，西安交通大学有 3 家附属医院，同济大学有 6 家附属医院。附属医院多了，为了理顺工作关系、加强管理，一些学校成立了医院管理处一类的机构。这可能是这几年最新出现的大学处级管理机构了。

20 世纪 90 年代以来的院校合并制造出了不少"巨型大学"，这些学校大多有多个校区，因此不少学校成立了不同的校区管委会，这也是近十几年来的大学机构增长点。由于多校区办学，信息的传播也需要加强，有的学校甚至还设立了大学自己的电视台。这些都是大学发展过程中的机构增长类型。可列入这一增长类别的机构还有社会科学处与科研处的分离设置，资产管理处与设备管理处的分离设置，博物馆、档案馆等机构的设立等。这些都是效率机制的直接体现。

第四节　信任危机的影响

近几十年是中国经济高速发展的阶段，由此使社会结构进入急剧转型阶段。在这个转型期内，由于市场经济对社会诚信机制的冲击，社会诚信度有所降低，严重影响着人与人之间的信任感。处在社会"象牙塔"的大学，近十几年来也出现了比较严重的信任危机。

信任危机在大学表现为上级对下级的不信任，管理人员对教师的不信任，教师对学生的不信任。比如，学校领导布置给中层单位任务后，还有个督办机制。其实，绝大部分中层干部还是会积极完成任务的，能完成故意不认真完成的也可能会有但肯定是极少数，而且一定会有特殊的原因。督办机制应该是为防止这极少数人不去认真完成任务而设立的。但是，这种机制的建立却是对全部的中层去实施的。如果除极个别人外，大家都在努力工作，这种督办机制是不需要的，也是人力、物力、财力的一种浪费，同时还会挫伤大家的积极性，多数人会认为自己不被领导信任。也有一种可能是大部分人都对上级布置的任务不努力完成，这时候督办机制是必要的。但这就产生了一个问题，如果大部分人都不去努力工作，这个学校或者领导层面肯定应该反思了。为什么这么多中层不去努力工作？是决策程序的问题？领导方式的问题？还是其他方面出了问题？但肯定是出了问题。

由于领导对下级不信任，这几年，政府部门对学校的考核多、评估多。学校内部的督办多、考核也多。这些工作有的是增加了机构，如评估办、考核办的成立；更多的是在某些部门下增设了工作职能。如党办、校办负责督办，人事、教务、科研部门负责考核等。

还有一种情况是确实不少学校某一项工作出了问题，有些甚至是涉及腐败案件的大问题，例如，招标管理中的问题。为了防止问题的再度发生，或者防止别的学校已经出现的问题在本校发生，那么就成立一个新的机构——招标与采购管理办公室，前已述及，这个机构目前已经在很多学校成立。把属于基建处的工程招标、后勤管理处的小型维修及物资采购招标、实验设备处的设备招标等凡是涉及招标的职能统统归入新设立的招标与采购管理办公室。这也是学校领导对原来部门的不信任。但是，把这些职能划入新的处室就高枕无忧了？如果没有完善的制度去防止腐败，恐怕只能是权力从一个部门转向另一个部门，腐败也可能如影随形跟着过去了。如果以前的各个部门都有严格的预防制度做保证，这些职能在原部门可能运转得更好，因为原来的部门才是更专业的管理人员。问题的关键是建立一套行之有效的制度做保证。有了一个好的制度，坏人也不敢使坏。没有一个好的制度，好人也会变坏。在一个全国性的会议上，一个学校的基建人员这样说："学校怕我们出问题，把工程招标的职能划入招标办，我们其实也不想管这个事，这下正好，我们倒是减轻了负担。但他们干的那个叫啥？不懂基建业务，制定的招标文件总是漏洞百出，还经常造成流标。学校给我们定了完成工作的时间要求，因为流标，下次招标还得延迟一个多月。① 这下肯定没法按时完工了。唉，急也没用。听说其他几个处也出现了这种情况。"

管理人员对教师的不信任现象则更加普遍。有一个制度在全国的大部分学校都在执行，这就是教学督导制度。学校利用一批退休的老教师组成教学督导团，给每个督导团成员规定了每学期的听课时数。督导团成员采取集中或分散的办法去课堂现场听课，并指导教师尤其是青年教师做好教学工作。在一些学校教学督导团或督导委员会也作为学校常设机构出现。

至今，我国高校校级教学督导体制大致有这样三种基本模式：一是依附于教务处的教学督导组织模式。教学督导组作为教务处的一个附属机构，配合教务处对各院、系教师的课堂教学质量进行检查和监督。二是职能处室模式。教学督导部门成为学校行政管理系统的一个职能单位，负责对全校教学工作进行检查、监督、调研、评估等工作。三是督导和咨询组织模式。教学督导委员会是直接对校长负责的教学督导和咨询组织，独立自主地行使教学质量监控职能，开展督教、督学、督管理的工作，并对校领导提供决策咨询服务。②

但是，相当一部分的教师对教学督导团是反感的，HN 大学的 L 教师如是说："学校像防贼一样，唯恐我们不把课上好，派一群老头老太太天天跟在教室后面，烦死人了。其实学生也很烦他们。有一次我马上要上课了，一个督导团的老师还在清点学生人数，我说已经影响上课了，他才停止。下课了，还说学生的出勤率有问题。"

那么管理人员呢？在和 HN 大学负责教学质量管理③的 W 老师的

---

① 国家发布的工程招标法规有严格的规定，工程领域招标文件发布后，至少 20 天之后才能开标。再加上修改招标文件，办理相关报批手续，流标后再次招标至少一个月以后才能开标。

② 金涛、朱作宾、贺谊等：《三级教学督导组织的职责及其相互关系》，《宁波大学学报》（教育科学版）2013 年第 3 期。

③ HN 大学为了做好这项工作，多年前成立了教学质量监控中心，但不是作为处级机构，而是作为教务处下的科级机构。也许是"监控"二字太具有"负面"含义，2013 年改为教学质量管理科。学校督导团的工作就是这个科负责。

访谈中，他是这样认为的："不是说非要监督老师，尤其是青年教师的上课情况，而是近十几年来，由于扩招，学生人数增加很快，学校每年进了大批的新教师。虽然这些教师有相当大比例的博士学位，但学位不代表他就能上好课。还有，现在的教师把主要精力放在了写论文、做课题上，这些才是评职称的硬指标，教学效果是软指标。如果没有督导团的检查督促，就不知道教学效果会怎样。"

W 老师说得也有道理。近年来为了适应扩招，各学校不得不大批引进教师，新教师来了后会经过一个比较短时间的岗前培训，就匆匆走上了讲台，教学质量可想而知。再回头看看 20 世纪 90 年代以前，青年教师到大学任教后，先是跟老教师当助教，随班听课，还要负责批改作业。一般要经过三年，才会让你给教研室的老师试讲，试讲通过后可以上讲台，但也是跟着老教师"插讲"。① 几番"插讲"后，老教师再提建议，青年教师再做改进，符合要求了，下一学期才会正式安排上课。

看来一线教师和管理方各有道理，这种情况确实也是事实。这是一个发展引起的问题。目前采取督导的办法，也许还有可以改进的地方，三年上讲台似乎太久，给半年时间可以吗？新进大学的教师接受为期半年的严格的岗前培训，让新教师在这半年的时间里，由督导团老教师悉心指导其把握好教学的各个环节，这个阶段严格一些，青年教师可能更容易接受和理解，毕竟"严师才能出高徒"。半年培训合格后才能走上讲台。

设计督导制度的初衷肯定是好的，但执行的方式还要得到教师的理解。如果不采用监督而采用指导的方式或者其他更平等、更亲和的方式，让富有教学经验的老教师去帮助青年教师过好教学关，也许会取得更好的效果。

---

① 在老教师上的某门课程中间，找几节相对容易讲的内容让新教师给学生上课，老教师在教室后边听课，而且这时的"插讲"是不计教学工作量的。

第六章

大学机构扩张的文化因素

中国社会几千年的"官本位"文化，已成为中国社会的"文化期待"和"社会规范"。这种文化也成为大学内部价值的体现形式之一。因此，"官本位"的制度环境必然对大学的机构设置产生影响，大学机构扩张的"合法性"来源之一也在于此。

第一节　大学中的"官本位"与"长文化"

中国是一个"官本位"的国家，"官本位"文化从政府到民间、从城市到农村充斥社会生活的各个角落。所谓的"官本位"，是指社会价值观是以"官"职定位，官大，社会地位高，官小，社会地位低下。即使与官不相干的职业也要比照"官"职来定位各自价值，如学校的中级职称比照于科级，副教授一级比照于处级，如此等等类推。

中国的"官本位"文化起源于秦，秦嬴政为了削弱地方势力，进行中央集权，废除以往"分封制"，实行"郡县制"，朝廷直接任命各级官吏来统治国家。隋朝始，建立三省六部官僚体制，唐朝以后进一步完善，并影响至清朝，使封建官僚机构形成完整严密的体系。朝廷通过各级"官"来统治人民。"官吏"成为权力的象征，因为权力能够带来财富、地位，故官吏成为社会最尊贵的阶层。

整个封建社会，"官本位"一直牢不可破，而科举制度的实行进一步使之兴盛。科举制度始于隋唐，结束于清末，本身是一种较为公正的选官制度，但此制度规定了知识分子的最高目标是如何考官、如何当官，助长了"官本位"思想发展，使"官本位"文化成为社会生活的重要组成部分。在"官本位"的等级制中，官与官的地位通过级别区分，"官大一级压死人"。小官见大官称卑职，大官见皇帝自称奴才。大大小小的官在上级面前毫无尊严。"官本位"还通过传统政治文化彻底浸润社会的各个"细胞"，其中"官贵民贱"思想影响最深，使大部分人以做官、做大官为人生最大追求。"士、农、工、商"是封建社会的阶层划分方法之一。"士"成为第一的原因也在于士有做官的可能。"万般皆下品，唯有读书高"。"朝为田舍郎，暮登天子堂"是封建社会的"官本位"价值的生动体现。

　　时至今日，"官本位"似乎仍有较大市场。"官"成为衡量一个人成功与否的最简单方法。官做得越大，其社会地位越高，受人尊重的程度也就越高，所以，各个级别的官都想得到晋升。如果一个人没有官职，即使在专业领域已经做得很好，但还是要想方设法谋个"差事"。例如，一些企业家已做强做大，但还想努力游说政府，把企业定个与"官"相联系的"级别"。如果实在没有级别，就在政协、人大搞个委员干干，弄好了还可以进常委一类的班子。现在地市级的政协常委里企业家很多，常委的人数都在几十人以上。

　　"官本位"文化已影响到最基层的老百姓。熊飞骏讲了一个实例：

　　　　新中国的中国人只经历了一次大饥荒，可我的家乡却经历了两次，第二次是20世纪70年代初期，原因是我们公社（相当于现在的镇辖管理区，不超过一万人）书记又一次搞"浮夸风"，使我这个60年代出生的人也尝够了野菜和树皮的滋味。当村民发现周围的人都在吃米饭时，他们对某书记的痛恨无以复加，一有空就背地里用最恶毒的语言咒骂他，巴不得他现世报早一天恶死。"天意从来高难问"，某书记不但没有得报应；相反还升了官进了城。按理村民对他的痛恨不会减轻，因为某书记升官后仍没有为家乡做一件好事，可村民对他的恨竟然一天天忘怀了。几年后不再背地里诅咒他，甚至开始说他的好话，说他有"板眼"有能力，天生就是当大官的料（在村民眼中县官就是大官）。前年最大的旺族"系谱"时还千方百计地请他回来捧场"作秀"……

中国的老百姓最恨的是"官",可他们心底最佩服的也是"官",如此矛盾的价值观正是"官本位"文化的千年杰作。难怪贪官们挖地三尺时并不在乎百姓戳脊梁骨骂他们的娘,只是一门心思向上爬,因为升了官百姓就会认同他们,就会忘记他们昔日的恶。①

小时候在家乡,村人家里来了重要的客人,或有婚丧嫁娶,总是去请支书、村长吃饭,为的是"有面子"。如果哪一家没有请到村里的最高"领导",这家人会觉得在全村人面前"抬不起头"。这应该是最底层的"官本位"思想的一种表现了。

"官本位"还反映在大学生择业倾向的变化上。20世纪80年代,大学毕业生最热衷的去向是大企业、大专院校、研究机构等技术含量较高的岗位,因为这些岗位能更好地发挥他们的专业特长。今天大学生的择业倾向与之前相比则发生了很大的变化,学生的第一选择大多是政府机构,因为那里除了可以提供稳定的收入和比较好的福利外,最重要的是公务员是大家眼中的"官"。国家一年一度的公务员考试,越来越多的大学生参与其中。一旦考上了公务员,官场的大门就会对他敞开,只要他不犯大错,尤其是不要有"个性",若干年后都能升个大大小小的"官"。

"官本位"也渗透到了中国的大学。突出表现在大学越来越在乎自身的级别,中国目前最高级别的大学是"副部级",一般本科高校都是"正厅局级"。无怪乎近几年许多大学追求"升格"成风,一旦"升格"成功,学校的级别不但会上浮一级,学校的领导一般也会官升一级。在大学内部"官本位"主要表现为大学管理职务官级化、大学管理人员官僚化、大学组织管理行政化、大学利益分配官位化。②

---

① 熊飞骏:《"官本位"文化的十大怪状》,http://blog.ifeng.com/article/22387441.html,2013年。

② 陈红:《大学官本位:社会表现及影响》,《科学家》2008年第6期。

还有人把大学官本位概括为十大表现，现照录如下：

（1）打开各大学的画册，通常有几个板块，第一板块大都叫作"亲切关怀"或"领导关怀"，内容就是各级官员来校考察的照片，或者校长在外面受到官员接见的照片，官员的级别越高越显示受到关怀的程度，大学越有面子。名大学是大官员的照片，地方大学起码有地方官员的照片。这也完全可谓中国大学之一大特色（别的国家很难见到），大学要靠官来支撑门面。实乃中国大学最大悲哀之一。

（2）"厅级干部—走廊、处级干部—礼堂、科级干部—操场"的局面依然故我，愈演愈烈，机构、冗员有增无减，还多出了一批省部级大学，有了新"发展"、新内容，有了"创新"。别的创新不多，"官本位"上倒是有了创新。

（3）学校里依然是"长"字号的吃香，"长"字号的人员支配着学校，主席台上及各种仪式，露脸的、风光的是"长"字号的，"长"字号的说话铿锵作响。

（4）各种学术组织的行政化趋势更加严重，从主任（主席）到委员或清一色的"长"字号，或主要成员为"长"字号，学术权力的空间大大压缩。

（5）各种学术资源、学术权力，为层层的行政手续控制，手续越多，行政权力介入得越多，利用行政权力"寻租"的现象也就与日俱增。

（6）各种奖励，从评奖者到受奖者，带"长"字号人员的比例越来越惊人。不只是各种评奖委员会中兼有行政职务的人越来越多，申报奖项的"主持人"中这种具有行政身份的人也越来越多。当然，腐败也越来越多。

（7）大学里里外外的各种学会、协会、理事长曾经是官员，是不搞学术的纯官员；曾有文件规定不能由纯官员和任上的官员担任，后来就变为退居二线的官员来担任，只有少数例外。换汤不换药，还是"官"当家，"官本位"。

（8）大学里的学术委员会、学位委员会的主席一般都是校长或副校长兼的，名之曰"方便工作"，实际上是由行政权力来控制学术权力，学术权力萎缩，官权扩张。

（9）不仅把一部分大学的行政级别升为副部级，还往民办大学派官员，在派官员的过程中趁机又给一部分人升官，正处的派去升为副厅，副厅的派去升为正厅。为民办大学的官级制作好铺垫，进一步将大学官化。民办大学出了事就派官员；公办大学出了事派谁去呢？不出问题的民办大学为何也派去呢？官一定办好事而不办坏事？办坏事的官员比百姓多得多。

（10）2007 年 12 月 7 日《中国教育报》头版报道，《博士基层就业可定副县级》。《中国教育报》欣赏这种东西，是必然的，这充分表明上层心目中的官位具有何等重要性。这也算一大新闻：博士只要去基层，就可跟县太爷一个级别了！这是贬低了博士的地位，还是提升了博士的地位？什么也不是，只是一个不伦不类。却又是"官本位"下的必然产物，或者叫作"官本位"养出的一个怪胎。①

网上的两个例子很能说明今天大学校园里"官本位"的现状：

例一，一位参加国家"863 项目"的资深教授，因专业领域的建树，从东北调到北京某高校，来校一段时间后，觉得当教授没出路，在该校后勤处处长竞聘中参加竞选，落选。第二次又参加了保卫处副处长的竞聘，再次落选。按其他教师的说法，"只好很失落地继续做教授"。②

例二，在深圳某大学里，一个处长的位置引来 40 位教授去竞聘，由此引发了"教授争处长"的价值考问。"40 个教授为何争一个处

---

① 张家：《中国大学何处去——大学"官本位"十大表现》，《当代教育论坛》2008年第 4 期。

② 李松：《高校"官本位"膨胀，成中国教育不能承受之重》，http：//edu. qq. com/a/20060213/000087. htm. http：//edu. qq. com/a/20060213/000087. htm。

长？"这或许能证明当前学问与官位的倒挂。①

既然大学里有了这么多人需要官位，难怪大学的机构会一天天增多。有了机构才能任命"官"，"皮之不存，毛将焉附"。如果没有这么多的机构，这么多的"官"何处所依？

大学应与政府行政级别无关，但现在却变成了政府机构。大学应为培养人才之地，应以学生为主体，大学办学依靠的是教师，教师应是大学本位。但现在，干部为本位，官为本位，学生、教师的主体位置被严重侵蚀，大学学术的权力基本丧失，今天的大学距离真正大学的标准越来越远。

第二节　大学内部称谓的变化

"官本位"最明显的体现之一是对官位的称呼，最有代表性的例子要数王羲之和杜甫的称谓。中国书法界泰斗王羲之，时人为了表示对他的尊敬，把他的名号和"官"联系起来，终于考证出王羲之做过"右军"官职，于是就把王羲之尊称为"王右军"。另一个例子是杜甫，杜甫做的最大官职是"检校工部员外郎"，人们出于良好的动机则称呼他为"杜工部"。

在所有的称谓中，我们经常会听到"某某长"的称呼。中国的"长"五花八门，从各级首长到村长组长，越来越多的称谓都企图和"长"联系起来。就连一幢平民住宅楼也新设了一位"楼栋长"。领导的小车司机，因为和"官"接触得多，更多地知晓"官"的有关内情，由此也被人称为"司长"。

更难以理解的还是另一种现象：两个昔日的同窗好友毕业后分到一个单位工作，如果其中的一个突然当了官，另一位则会改口称他为"某某官"，否则可能会产生很多不愉快，前文述及的熊飞骏是有切身体会的："我的一位很要好的朋友调到另一个部门当局长，因为不

①　《40 教授争一处长职位，高校"衙门化"引争议》，http://edu.qq.com/a/20080908/000017.htm。

属我的直管上司，因此自作聪明地认为若改称他为'某局长'会有讽刺的嫌疑，于是见面时继续直呼其名。他老兄当然没有生气，只是莫名其妙地生了隔阂，尽量回避和我见面，昔时'一日不见，如隔三秋'的密友，现在一年也难得聚上一次。"①

　　近年来，"官本位"也开始渗透进大学文化，本来是学术至上的净土，现在反而成了另一个"官场"。"官本位"正在衍化为一种大学内部的价值取向——拜官主义。"官本位"文化渗透到大学最突出的表现也体现在对人的称呼上。20世纪90年代以前是这个样子，如果你在校园里碰见某个官如学校的书记或校长，如果你叫他"某书记"或"某校长"，他肯定会感觉到和你有距离感；如果你叫他"某老师"，这种距离感马上会消失，亲近感也油然而生；如果见到一个更小的官如某个科长，你直接称呼他的职务，他不但感受不到尊敬相反会感受到揶揄或者是认为你开他的玩笑。但是在今天，你在校园里撞见某一个学院的院长，如果你不喊他为"某院长"而直呼其名，他可能会极不高兴，以后会因此影响你与他的关系。

　　如今，大学校园内，"书记""主任""处长"的叫声渐大。甚至为了更方便，人们把校长、处长、科长后面的"长"字去掉，直接称为"王校""张处""李科"……这种情况也反映在学生身上。昔日的老师今天当了处长、院长，学院里还有不少系主任、办公室主任、学生办主任、实验室主任，学生对他们的称呼也从"老师"变成了"处长""院长""主任"等。

　　这种现象还反映在学生之间。今天的大学有各级的学生组织，且每个部门又设立部长、副部长若干名。此外，班级有班长、副班长、团支书等。《经济参考报》曾做过一个访谈，浙江林学院外语专业大二学生贾洁雯说："刚进大学时，我们班同学间很亲密，后来一些同学担任学校、学院学生干部，同学们就开始叫他们'部长'什么的，感觉同学之间有了距离。再后来，我自己在一个学生社团里担任职

---

　　① 熊飞骏：《"官本位"文化的十大怪状》，http://blog.ifeng.com/article/22387441.html，2013年。

务，低年级同学开始叫我'部长'，现在叫的人多了，我也就适应了。"浙江大学中文系研究生商意盈说："以前我去学校行政部门汇报工作或是办事，不管对方职务大小统一称'老师'，感觉十分亲切，后来经高年级同学'点拨'得知，若称呼对方的'官衔'办起事来更方便，我也开始称对方为'主任'或'处长'了。"①

"官本位"、"长文化"对大学浸润如此之深，也难怪大学的内设机构近几年会如此"不断扩张"。

第三节　机构扩张的文化"合法性"

马斯洛的需要层次理论很多人都非常熟悉，他把人的需要分为五个层次，即生理的需要、安全的需要、社交的需要、尊重的需要、自我实现的需要。人们一般是最先满足于最低层次的需要即生理的需要，当最低层次的需要满足以后，才会追求更高层次的需要。当前四种需要都获得某种程度的满足之后，个体还会有紧张的心理状态出现，要追求最高层次的自我理想的实现，以发挥自己的能力，展示自己的聪明才智，实现自己的理想与抱负。

显然，在今天的大学校园里，教师和管理人员的前四种需要应该都比较好地得到了满足，所以大家都把注意力放在了自我实现的需要上。按理说，自我实现的途径很多，比如教师做好自己的教学工作，获得学生的肯定；在科研上取得一定的成绩，得到同行的认可，从而在职称上一步步晋升；管理人员把自己的管理工作做得井井有条，得到领导和教师的好评。但是这些似乎还不是大家心目中最大的成功。教师们虽然做到了教授，在专业职称领域达到了顶点，但是今天的教授在大学有多少发言权？只有得到一官半职，才能够得到大家的认可，才能够在大学有"话语权"。同时，管理人员本身就在行政序列中，追求更高一级的职务更是在情理之中。所有这一切都是当今大学

---

① 刘莉莉、张道生：《大学校园称呼"官味"浓，官本位思想是根源》，《经济参考报》2008 年 9 月 24 日。

"官本位"文化的必然结果，也是"合法化"的一种表现。

　　作为大学领导，尤其是有建议权或决策权的主要领导，在这种氛围中，很难不为所动。领导为了满足大家对职务的追求，在不违背上级规定的前提下，尽量多设些机构和领导职数。助人成功永远是令人愉悦的，领导的"成就感"也由此产生。

　　这种情况不仅仅存在于大学，在社会上也广泛存在，大学不过是步其后尘而已。这也是人们"广为接受"的社会事实。"一个制度成为广为接受的理性组织形式、成为社会事实后就会转化成为一个重要的制度力量，迫使其他组织采纳接受"。[①] 大学在社会"官本位"的文化期待和观念制度下，增加机构的"合法性"也来源于此。

第四节　学校之间的"攀比"

　　由于"官本位"的文化基础深厚，如今的大学里想"谋个位置"的人太多。一般人有这个想法领导还好推诿，"要有机会"、"等到换届时支持你公开竞聘"等套话安抚了之。但是如果碰到一个学科带头人或者是准备引进的一个带头人有这个想法时就要重视了，有位置就在这干，没位置？对不起，走人。这时候作为学校的领导为了留住人才或引进人才，就要想方设法增设新机构去满足他们的要求。所以我们会听到领导在换届大会上讲：

　　　　这次我们新设的这几个管理机构，都是在上级规定的机构职数内，没有突破。而且这些机构也是学校发展的需要，是经过学校反复论证过的。同时，我们也经过了比较多的调研，许多学校也设了这些机构，而且几年前就设了。他们运转的结果确实有利于工作，设立的新机构也为这些学校争取了不少的办学资源。[②]

---

　　① Pamela Toibert，"Institutional Sources of Change in the Formal Structure of Organization：the Diffusion of Civil Service Reform"，*Administrative Science Quarterly*，28，1983，pp. 22 – 39.
　　② 引自 HX 大学 2012 年中层干部换届动员大会领导讲话。

"许多学校也设立了这些机构"，这就为新设机构找到了"合法性"依据。迪玛奇奥和鲍威尔在研究组织趋同化现象时，提出的机制之一就是模仿性机制。模仿是对不确定性的反应，当组织的目标模糊或组织的环境比较复杂时，组织就会按照本领域中更合法或更成功的组织形式来塑造自己。这种模仿行为，可以有效规避风险，并减少不确定性，增加合法性。正如迈耶所指出的，某几种结构安排无处不在，很可能是因为普遍的模仿过程，而没有任何具体的证据表明采纳新模型能提高效率。我们很容易预测一个新兴国家行政管理的组织形式，而无须知道这个国家本身的任何方面，因为"周边国家都是趋同的——在行政管理形式和经济模式上——任何劳动分工的世界体系理论都无法预测"。[①]

面对增加、成立新机构的压力，大学领导层应该是困惑、无奈的，毕竟大学的内部机构不是随意就可以设立的。设立得越多，不一定就有利于学校的发展，而且还有来自学校教师层面对于日益"行政化"不满的压力。但"重量级人物"想"谋个位置"的压力似乎更直接。于是，在模仿性机制的作用下，天平偏向了后者，新的机构不断增加。

学校之间的攀比有几种情况，第一种情况是同一地域学校的攀比，都在一个省内，或者都属于一个主管部门，彼此之间比较熟悉情况。你设一个新机构，我也很快会效仿。第二种情况是同一类型的学校之间的攀比，你是"985工程"学校，有了一个新设的机构，我也是"985工程"学校，学校的学科情况也相近，既然大家有这个呼声，某某学校都设了这个机构，我们学校为什么不能设，领导迫于压力，考虑方方面面的情况，那就设吧，于是又一个新机构出现了。第三种情况是和高一个层次的学校攀比，一般普通高校向"211工程"学校攀比，"211工程"学校向"985工程"学校攀比。从总的情况看，高一层次的学校一般比低一层次的学校内设机构要多，所以攀比的结果肯定是机构越设越多。第四种情况是大学内二级学院的增加一

---

① 张永宏：《组织社会学的新制度主义学派》，上海人民出版社2007年版，第31页。

定程度上也是攀比的结果。中国传统文化中还有一个特点，大家都喜欢"大"、崇尚"多"。在学校的宣传册上，在领导接待来访者的学校情况介绍上，甚至一般教职工在对外的闲谈中，都会说到我们学校有多少个学院，多少个专业，多少学生，似乎学院越多、专业越多、学生越多、学校越大，学校的每个人就越有自豪感。你们学校有20个学院，我们学校有30个学院，我们学校肯定比你们学校好。所以，这几年大学的学院也是越设越多。

攀比的结果是，这几年大学的新机构、新学院增加了不少。以党政管理机构为例，不少大学纷纷成立了保密办、教育发展基金会、老龄委、关工委、国际合作交流处、公共关系处、校友会办公室、采购与招标管理办公室、医院管理处、发展规划处、博物馆、档案馆、产业投资公司、社会科学处、房地产管理处、学生注册服务中心等新的机构。考察党政管理机构设置的过程，这些机构的职能大多原来就有，但仅仅是某个处级机构之下的科级机构的职能。慢慢地，这些科级机构或独立出来作为处级机构，或与其他处室的部分职能整合出来作为处级机构。如果说这些机构在最初的某些学校的设立是效率机制的作用，是学校理性选择的结果，那么，大多数学校的跟进设立则是在合法性机制作用下，模仿、攀比的结果。如果对大学的内设机构不加控制，今后一定会有更多的独立机构出现。

第七章

大学机构扩张的影响

大学机构扩张已是不争的事实，而且还有继续扩张下去的趋势。机构扩张对大学内部环境及正常运行有何影响？从目前的研究文献看，学界普遍认为机构扩张对大学带来了严重的消极影响，不利于大学的健康协调发展和正常运行，比如运行中的内耗、低效和"行政化"等。但是，如果从结构功能论的观点出发，任何结构都有它的功能，都对系统发挥着必不可少的作用。无论组织设计出怎样的结构，都包含正功能与负功能的可能。也就是说，机构扩张对大学既可能有积极影响也可能有消极影响。本章将对此进行探讨。

第一节　大学机构扩张的积极影响

一　显功能的机构设计初衷

结构功能论的代表人物之一罗伯特·默顿认为，每一种组织结构都具有某种功能，无论组织设计出怎样的结构，都包含四种可能，即正功能与负功能，潜功能与显功能。其中正功能是指该结构发挥出的作用有利于组织目标的实现，是组织有意设计的功能；负功能是指这一结构出现了妨害组织目标实现的功能，与组织发展目标相背离；显功能是指组织有意设计并公开宣扬的功能，是为组织目标服务的功能；潜功能是指该结构潜在的功能，不是组织设计的功能，但并不是说这种功能一定对组织发展有负的作用。

大学成立的机构，其设计的原意和出发点都是出于对其"正功能"的考量。从大学内设机构的应然性和实然性的角度出发，大学机构成立时一般有四种情形，或者说大学机构有四个类别。第一类是大学必然存在的机构，也叫基础型机构。这类机构是大学存在和正常运转的基本保证。如果没有这些机构大学就不能称之为大学。或者说，没有这些机构做支撑，大学将不能正常运行。这些机构包括教务、学生、科研、人事、财务、后勤、图书馆等管理部门，还包括大学的主干学院等教学科研机构。第二类是大学为了发展的需要而成立的机构，也叫发展型机构。成立了这些机构，会在一定程度上促进大学的发展，或者能保障大学的正常运行而不出现某些问题。最有代表性的是网络中心的成立，就是适应发展的需要。网络技术的发展是近几十年世界新技术革命的突出标志，它带来了大学教学、科研方式的变化，教师与学生交流方式的变化，大学内人与人之间行为方式的变化等，为了跟上或适应这种变化，大学成立了网络中心一类的机构。再如大学为了争取更多的办学资源，成立了很多公司负责创收，为了加强、规范这些公司的运行，学校设立了诸如校办产业管理处一类的机构，这就是发展的需要。如果学校没有创收的需要，这个机构完全可以不设立。"211、985"办公室的设立也属于这一类，其设立的目的主要是争取来自政府方面的办学资源。近几年很多学校设立了诸如招标或采购办公室一类的机构，则是为了保障学校正常运行的需要。因为随着学校的发展，经济活动越来越多，随之而来的则是出问题的机会可能会增多。设立了这个机构，再加上一些规章制度，则从体制上、程序上使学校的正常运行得到了保障，这也是学校发展的需要。第三类是因中国教育管理体制的需要而设立的机构，也即目前政府管理体制下要求大学设立的对口机构或具有中国大学管理体制特点的机构，也叫体制型机构。比如党委办公室、组织部、党校、宣传、统战部门、团委、纪检部门等。还有前几年各学校纷纷成立的马克思主义学院，有的大学是由原来履行相关课程教学任务的学院更名为马克思主义学院等，这是根据政府的规定成立的。第四类不是十分必要的机构，也叫临时型机构。比如因人设岗的机构，为了安置一些人，或处理一些个人的难题，而人为设置的机构。或者为了处理一时的急需而设立的临时性机构，事情办理完毕应该撤销但没有撤销的机构等。

目前，中国大学的内设机构大致都可以在上述四个类型中找到自己的归类位置。客观地说，不论是应然的，还是实然的，这些机构的成立都有其客观的需要，也有其各不相同的背景和原因，它们设计初始的目的也即显功能都是希望发挥其"正功能"，即机构"发挥出的作用有利于组织目标的实现"。没有哪一个机构是设计之初就是要其阻碍组织的发展，妨害组织目标的实现。虽然后来一些机构的潜功能开始显现，有些潜功能逐渐转化为"负功能"，妨害了组织目标的实现。这是下一节"机构扩张消极影响"将要讨论的内容。

二 保障了大学的正常平稳运行

伯顿·R. 克拉克认为，大学的正常运行和发展需要稳定的组织和管理机构。"中世纪大学的历史加强了这样的观点，如果要使智力活动的契机不被消散，那么在取得学术成就之后，必须迅速做出制度上的反应。缺乏固定的组织，在开始时也许为自由探究提供机会，但是经久不息和有控制的发展只有通过制度上的架构才能得到"。① 这一观点也得到了另外一些学者的认同，他们指出，从大学自身发展的观点来看，大学也需要更为稳定的组织和管理机构。在大学建立教学和行政管理制度的过程中，大学的每一步进展都会以文本的形式表现出来，逐渐形成一系列的规章制度。②

中国大学与西方大学的共同点是"研究高深学问"的组织。但中国大学又有和西方大学迥异的特点，一是中国大学还具有鲜明的、类似于党和政府组织的"行政"属性，且大学在行政之外还存在一个结构严密的党委和群团组织系统，大学就像一个小国家、小政府。二是中国大学具有"社会系统化"特点，指的是大学组织结构类似于社会大系统的结构，也即我们说的大学呈现出的"小社会"现象。

---

① 伯顿·R. 克拉克：《高等教育系统——学术组织的跨国研究》，王承绪等译，杭州大学出版社 1994 年版，第 4 页。

② O. Pedersen, *The First Universities-Smdium Generale and the Origins of University Education in Europet Cambridge*, 1997, p. 240.

根据结构功能主义理论，大学首先要体现高等教育功能，高等教育内涵的教学、科研和社会服务是大学的基本职能，大学的机构首先应围绕这些职能设立。大学的主要职能是教学，教务处应该是必设机构，有了教务处才能保证大学教学的正常运行。大学要搞科研，这又是大学的主要任务之一，所以科研处的设置也应该是必不可少的。如今的大学，教职工大多在千人以上，甚至上万人，要对这些人进行有效的管理，不能没有人事处。其次大学具有特殊的社会功能，发挥了一些本应由其他社会组织发挥的功能，如教职工医疗保障、住房设施的提供及维护、子女教育甚至就业、退休职工的服务等，这些特殊的社会功能，并不完全取决于大学的主观意愿，它是由大学的生存环境和教职工的期望所决定的。相当长的一段时间内，大学建立的一些机构和其发挥的功能，是有效凝聚教职工的一个十分重要的手段。尤其是在物质匮乏、社会基础设施不完善、服务条件不足的情况下，这些机构弥补了社会功能的不足，保证了教职工对大学的忠诚与服从。最后，中国的大学还发挥着独有的政治功能，要接受上级党政机关的领导和直接干预，大学内部的机构都有完成政府指令的职能和要求。所以，大学不仅是人才培养与学术生产单位，也是一个政治单位和生活单位。大学的每一个行动都是执行某一种特定功能的表现，在大学的结构——功能系统未发生质变和转型时，大学的行动模式是不会有根本性变化的。[①]

结构功能论把社会视为一个均衡、有序和整合的系统，系统中的每一部分都对系统整体的生存、均衡与整合发挥着必不可少的作用。整个社会系统及其各个子系统的运行基本上是协调的，协调运行表现为社会状况的主流。大学的机构在增加，增加的原因是多方面的，这些机构的设置应该有其现实的需要，也发挥了应有的作用。这些必要的机构，保证了大学的正常和平稳运行。如果没有这些机构，大学将不会发展到今天的水平。或者说如果今天的大学，没有这些机构做保障，其运行将是杂乱无章的，也是无法想象的。

---

① 李爱民：《对中国公立大学组织的社会学分析》，《现代大学教育》2007 年第 3 期。

2010 年 3 月 18 日，《光明日报》记者王庆环采访时任武汉大学校长顾海良时问："大学行政化目前成为社会议论的焦点，您怎么看待大学行政化？"顾海良回答："我认为大学的行政化和当年的教育产业化提法一样，存在表达上的失误。就像高等教育需要'去产业化'，但高等教育是产业；大学需要'去行政化'，但大学是要行政的，行政体系不能去掉。就拿武汉大学来说，在校学生近 5 万人，庞杂的学校事务都让教授来管，而没有专门行政机构和行政人员来管理，是不可能有办学成效的，教授不仅管不好，而且还会影响他们的本职工作。"①

三 某种程度的和谐与稳定

和谐的大学是现代大学制度建设的目标之一。从组织理论来看，和谐、稳定的现代大学制度是一个建立在高度关注和谐现实生活之上的社会制度，因此，和谐的现代大学制度的重要主题就是建立大学与社会之间密切、稳定的和谐关系。

这一和谐现代大学制度的主题遵循了教育本来的规律。从教育的外部和内部的规律考虑，这一主题突出了四个方面的问题。第一，政府的宏观管理。1993 年国家颁发《中国教育改革和发展纲要》明确提出："政府要转变职能，由对学校的直接行政管理，转变为运用立法、拨款、规划、信息服务、政策指导和必要的行政手段，进行宏观管理。"第二，市场适度调节。大学主动借助市场的力量来促进自身的发展，增强活力、实力和形成办学特色。第三，社会广泛参与。大学既要以自己的功能满足社会需要，又要从社会中获取自身生存和发展需要的资源，在与社会的互动中实现服务社会和发展自己的双重目标。第四，内部有序运行。这也是和谐大学的最根本点。如果一所大学内部不能有序运行，到处"冒烟"，那么肯定不能称之为和谐大学。

---

① 顾海良：《去行政化必须找到症结所在》，山东教育网，http：//edu.sdchina.com/show/762716.html，2010 年 12 月 16 日。

　　大学机构不断增加的原因之一是大学自身对合法化的追求，包括大学机构与政府机构有高度同构的逻辑关系的影响因素。

　　第一，大学机构扩张是政府机构膨胀在大学的投影。由于大学的发展运行离不开政府的支持，因此，大学机构的不断增加从很大程度上密切了大学与政府的关系。政府对大学的重视是近代以来大学得以迅猛发展的重要因素，但是政府的行为模式必然是对大学的行政、拨款、招生、教学、科研的全方位干预。虽然个别学校和校长对这种干预进行过抗争，但由于高度的政府集权，这种抗争的结果总是"鸡蛋向石头上碰"。最终，大学选择了"顺从"。尽管教育法律法规规定大学机构不要求与政府机构上下对应，并可自主设置①，但是大学为了自身的利益和正常运行，还是设置了与政府主管部门上下对口的管理机构，并随着政府机构的增加及时增设相应的机构。所以，从这一点上来说，大学机构的增加有效地密切了与政府部门的关系，使大学与政府的关系更加和谐，也有利于学校的发展。

　　第二，大学机构的增加，密切了大学与社会之间的关系。结构功能论认为，功能是系统目的得以实现的效果，是系统在与外界大环境相互发生联系和交互作用中表现出来的性质、能力和功效。换言之，功能只有在系统诸要素之间进行物质、信息和能量的交换过程中才能显示出来。大学具有知识占有的广泛性、学科结构的完整性、教学科研的互动性等内在性特点，这种内在特性客观上促使大学必然要走向社会生活，只有与社会发生联系，大学的功能才能显现。同时，大学生存、发展的资源不仅来自政府，也来源于社会支持。为了获得这些资源，大学不能把自身封闭在"象牙塔"内，而要"打破围墙办大学"。为此，大学建立了相应的机构，例如，公共关系处、校友会、

　　① 1998年8月发布的《中华人民共和国高等教育法》规定，高等学校自主确定教学、科学研究、行政职能部门等内部组织机构的设置和人员配备。1999年9月发布的《教育部关于当前深化高等学校人事分配制度改革的若干意见》规定，学校自主确定和调整教学、科研组织机构及其管理体制，学校自主确定内部职能机构的设置。2000年6月，《中共中央组织部、人事部、教育部关于深化高等教育学校人事制度改革和实施意见》规定，高等教育和内设机构不要求上下对口。

产业管理处、对外联络处等机构，这些机构促使了大学与社会的联系更加密切，关系更加和谐。

第三，大学机构的增加，稳定了一批人才，使学校内部的关系更加和谐。前已述及，"官本位"文化使不少人产生想有个"位置"的要求，有这种要求的人太多和空位置太少就成了一对矛盾。尤其是一些学校发展不可缺少的各类"带头人"，没有位置可能会"走人"。矛盾产生不和谐，因此，这些矛盾逼着领导想方设法找出理由"加长凳子"。位置有了，自然满足了一批人的愿望，矛盾自然解决了，校园更"和谐"了，人也稳定了。按这个逻辑推而论之，由于机构的增加，编制自然会增多，也就是有了"庙"。由于编制增加，从某种程度上说也增加了就业岗位，这对于今天整个社会"就业难"也应该是个贡献，也从某种程度上促进了社会的和谐与稳定。

第二节　大学机构扩张的消极影响

一　行政权力与学术权力的博弈

谁在办大学？是政府主体还是大学主体？在大学内部是行政主体还是教师主体？或者说行政权力和学术权力如何协调？回答这些问题，可以从大学的产生、发展及大学自身的属性中找到答案。寻找答案的过程及论证不是本书的讨论重点，我们可以直接把答案给出。那就是从大学和政府的关系看，大学应该是办学的主体，政府的作用是提供支持。在大学内部，学校的发展依靠以教师为代表的学术群体，行政权力提供的应该是服务和保障。这是大学办学的理想状态。

但是，现实和理想往往有距离，有时距离相去甚远。近几年来，学界一直在探讨的热点之一就是大学的行政化问题。这个问题包含大学的外部行政化和内部行政化，前者在于大学与政府关系下的自主办学问题，后者在于大学内部行政权力的不断强化问题。

1. 自主办学难以逾越的一道鸿沟——政府的管控

大学的行政化从中国大学产生之初已经开始出现，新中国成立后情况更是如此。新中国成立后，国家主席亲笔签发大学校长、书记的任命书，后来改为国务院总理签发，此举为后来政府认定大学行政级别提供了一个政策依据。"文化大革命"后，国家政策明确规定中国本科院校的校长、书记为正厅（局）级，专科院校的书记、校长为副厅（局）级，20世纪90年代后有31所大学被认定为副部级。① 20世纪50年代大学开始设立专职行政干部，他们不做科研、教学，只负责党务和行政工作，均有相应的干部级别。自此，大学内部行政管理人员的升迁规则被基本确立。由于校长、书记由政府直接任命，并代表政府管理大学，所以，他们更多考虑的是政府的态度而非大学本身的利益。因此，大学与行政部门一样建立了牢固的官僚阶层结构，大学正式确立了以行政权力为核心的运行管理体系。

随着中国大学逐步进入社会中心舞台，大学的"行政化"不但没有被削弱，反而呈现加强之势。从大学外部环境来看，随着大学行政能力的提高，政府对大学的行政干预越发强烈。一方面，政府以行政手段配置大学办学资源，大学"工程化"思维方式大行其道。由于中国目前还未建立高等教育公共财政制度，政府对大学的拨款原则是"综合定额"加"专项补贴"，特别是"专项补贴"使大学对政府产生高度的依赖性，各级政府正是通过名目繁多的建设工程立项等手段，介入大学的内部管理及运行的方方面面，不断强化对大学的控制。另一方面，大学行政级别日益明显，大学的官场色彩越来越浓。1992年至2003年，中央先后任命了清华大学、北京大学等31所大学的党委书记、校长，并明确他们的副部级行政级别。副部级大学的出现事实上加速了政府官员与大学官员的相互流动②，据相关调查，北

---

① 通常认为"985工程"大学被认定为副部级大学，目前，"985工程"大学已达39所。所以，应该说中国目前应有39所副部级大学。但目前的资料显示，副部级大学仅31所。

② 校长卸任后都去哪了？2014年4月10日，《新京报》记者梳理116所"211工程"高校，据不完全统计，自2000年以来卸任的校长履历，发现共有49名校长卸任后，曾担任党政机关、军队、科协、人大、政协等部门领导干部，详见 http://www.bjnews.com.cn/inside/2014/04/10/312432.html。

京大学、清华大学、浙江大学等 11 所 "985 工程" 大学的 22 名 "党政一把手"，有超出半数曾在党政机构任职。[①] 地方大学同样存在此种问题，一些将退休的地市级副职官员都被提拔到大学担任正职，本应由教育家管理的大学变成了 "官场"，大学作为一个边缘化的官场为政府官员的升迁提供了新的渠道，而副部级大学的示范作用也促使地方大学群起效仿，制度在扩散中延续其稳定性。[②]

政府对大学的控制从宏观到微观，可以说无处不在。湖南师范大学张良田教授给《人民日报》发去电子邮件，讲述了发生在他身边的三个故事[③]，看后令人很是感慨。

故事一：湖南一所大学，各专业开设的课程大体分为公共课与专业课两大类，两大类所占课时及学分比大致为 4.5 : 5.5。这一比例分配，削弱了专业课的分量。对此，各个专业颇有意见，想要提高专业课的比重，纷纷向教务处提交课程结构调整报告。教务处被迫召集各专业负责人与教师代表开会，专门讨论课程结构调整问题。大家提出了 "政治理论课门类太多，可以整合"、"公共外语课课时太多，需要压缩"、"专业课是大学教育的基石，必须加强" 等建议。教务处长说："我的想法跟大家的差不多，但我做不了主，还是请主管校长来吧。" 主管校长听取意见以后说："大家的意见都很好，我也是这么想的。不过，公共课的开设是教育部定的，各个高校都这样，我们不能动，也不敢

---

① 熊丙奇：《大学有问题》，天地出版社 2004 年版，第 172 页。

② 周光礼：《中国大学 "去行政化" 改革的制度困境及其破解》，《现代大学教育》2012 年第 3 期。

③ 《人民日报》将这三个故事原封不动地予以刊载，并被很多网站转载，应该说这种情况比较具有普遍性。该报还加了以下评论："近年来，社会上对大学有不少负面看法，大学自身也存在很多问题，这三个故事只是冰山一角。表面看来，这三个故事所呈现的事实是：一所大学到底开设怎样的课程，校长老师居然做不了主；一个靠人脉与送礼得来的国家课题，居然可以没有价值与成果；一次本科教学评估，居然可以让被评估的大学欠下一屁股债。依我看来，这三个事实背后的实质是：各大学并没有获得真正的办学自主权。这是我国很多大学科研水平不高，甚至多年来 '原地踏步' 的重要原因。"

动!"于是，大家白忙活了一场。

　　故事二：国家课题是衡量大学办学水平的一个指标，大学特别注重申报国家课题，大学教师也以拥有国家课题为荣。每到申报国家课题的时候，主管科研的校长和处长们就开始忙碌起来，又是号召大家申报，又是四处打听评委信息，还拎着土特产乘飞机去送礼。几个回合下来，虽然花费不小，但也能拿回若干个课题，于是皆大欢喜。我的一位邻居因为申报成功了两个国家课题，大家就请他喝酒，叫他介绍经验。酒过三巡之后，他说："能否拿到国家课题，关键看两点，要么有自己人当评委，要么舍得掏钱送礼。有自己人当评委的，几乎人人都可以拿到；舍得掏钱送礼的，自然也可以拿到。一个 10 万元的课题，你拿出 8 万元去送礼，肯定可以成功！跑课题也好，跑奖项也好，必须坚信的真理是'舍不得孩子套不到狼'。你一拿到课题，得到奖项，不仅名利双收，学校在向教育部报告科研成果时，也有东西可填了。至于你的课题到底有没有价值，有没有成果，没有人关心的。"

　　故事三：两年前，为了迎接本科教学评估，某大学可以说是全体动员、花血本装饰校园、添置教学设备，把近 3 年的考试试卷与毕业论文翻出来重新评阅，让每一个学生都停课突击复习英语，请来已经接受过评估的高校校长做报告……把大家折腾得够呛。一些老教授向校长提意见，说没必要搞这样的形式主义。校长回答："我也不想这么搞，但是，我们不得不按照评估指标来搞，'胳膊拗不过大腿'，别的高校也一样，就算是搞形式主义，也拜托各位配合一下。"最终，学校获得了"优秀"的评估结论。不过，本来不欠一分钱外债的学校也因此欠下了许多外债。①

政府的行政化权力是强大的，甚至无所不在。但是在某些方面，

---

　　①　伍修琼：《教授呼吁将办学自主权交给大学，称自主办学是趋势》，《人民日报》2009 年 2 月 5 日。

行政权力由于无法判别学术水平的高低，在需要政府有明确态度的场合，教育主管部门反而"退避三舍"，从而导致管理盲点的出现。[①]2009 年年初，在执行三所大学博士点申报程序的过程中，为了体现程序透明公正，杜绝夸大、虚假申报材料，某省教育厅将三所高校的申报材料在内部网络上予以公示。每个高校被要求相互指出并揭发对方材料中的虚假不实之处。结果一所大学给另外两所大学提出了四十余条"意见"，也收到了对方抛过来的八十余条"意见"。我们不知道有关部门最后是如何处理相互攻击的"意见"的，但是这样的做法多少让我们想起了"文化大革命"时期人与人之间相互揭发的阶级斗争方式。这一举动暴露出了政府部门在关键问题上的不作为：他们自觉无力判断学术问题，错误地在学术的竞技场上留下了权力的空白——犹如一场没有裁判的比赛，自相攻击自然会有一个输赢的结果，但其公正性却荡然无存，而原本这样的裁判应该由独立的专业团队来担当。

中国社会长期形成"极强政府—极弱社会"的结构，以及政府执行层面的行为惯性，最终导致《高等教育法》等法律法规规定的大学的七项权力[②]大多还停留在"纸面"上。例如，招生及专业设置，新设置专业必须上级批准才能设置，聘任教师必须上报计划并纳入教育主管部门统一招聘、审批，职称评审的权力绝大多数在教育主管部门，即使经批准下放了审批权到大学，学校组织的评审委员会的组成人员还要上级政府教育和人事部门审批后才能开展评审工作。近几年来，政府财政部门对经费的使用控制得更紧。以 H 省为例，大额的支

---

① 侯定凯：《中国大学的理性之路》，华东师范大学出版社 2009 年版，第 37 页。

② 我国自 1980 年颁布《中华人民共和国学位条例》以来，已经先后制定了六部教育法律、数十部教育行政法规，还有大量的地方性法规及教育行政规章，其中很多法律文件都涉及高等学校的自主权。仅从《教育法》和《高等教育法》的规定来看，我国高等学校享有的自主权包括：（1）招生：制订招生方案，调节招生比例。（2）教育教学：设置学科、专业，制订教学计划、选编教材、实施教学。（3）科学研究：科学研究、技术开发、社会服务、科技交流合作。（4）机构设置：设置机构，配备人员。（5）教师管理：聘任教师，评聘职务，调整工资津贴，实施奖励或处分。（6）学生管理：学籍管理，实施奖励或处分，颁发证书。（7）经费使用：管理、使用各种财产和经费。

出必须纳入省统一采购平台，看似公开公正，其实难坏了大学，不仅增加了管理环节，提高了管理成本，还大大地降低了工作效率。尤其是当年预算当年执行完毕的规定，也就是说，当年必须花完年初的预算经费，否则很可能被上级财政收回没有花完的钱，从而造成年底突击花钱现象。据说，这种情况在全国普遍存在。

北京大学张维迎教授在欧美同学会 100 周年北京论坛上表示，由于到年底大学经费没花完，根据教育部规定大学是要受到处罚的，"去年清华大学就被罚了几千万元，这到年底，各高校都在比赛花钱"。① 政府对大学的微观管理通过此事可窥斑见豹。大学不同于政府，为什么到年底一定要把钱花完？比如，科研经费的支出，需根据项目的研究进展投入，其间有很多不确定因素。

2. 学校内部学术权力还有多少

大学内部有两种权力系统并行，一是行政权力，二是学术权力。大学行政权力是大学为了实现其组织目标，赋予大学科层制结构中各管理层次的，并依据一定的规章制度、法律法规，对大学中的非学术事务进行管理的能力和力量。大学行政权力来源于大学上级组织的委派或任命，是一种"授予权力"。行政权力的主体是大学各管理层次和职能部门的领导和管理人员，主要指校长、院长、处长、科长、主任等行政管理人员。他们一般分为三个等级，即校、院（处）、系（科），三者构成了一个自上而下的权力体系。他们主要负责行政事务，其权力特征在于依附于特定的职位上，权力的运行次序是自上而下的。

大学的学术权力则是学术人员和学术组织根据学术事务、学术活动及学术关系等特点和运行规律，所拥有的对其施加影响和干预的力量。② 大学学术权力的主体主要是学术人员和学术组织，学术权力的客体是学术事务。大学的学术权力不是外部赋予的，而是大学内在逻

① 张维迎：《清华大学因花不完经费被罚几千万》，燕赵都市网，http：//help. 3g. 163. com/13/1020/14/9BKTQGTR00963VRO. html，2013 年 10 月 20 日。

② 刘尧：《大学内部学术权力与行政权力的演变》，《现代教育科学》2006 年第 2 期。

辑的客观要求，是大学本质特性的外化，主要依靠学者自身的权威对客体产生影响，运行顺序是自下而上的。[①] 学术权力具有自主性、松散性和民主性等特征。

党政管理机构逐渐增加，大学的管理人员越来越多，正副校长、院长、处长已从以前的几十人增加到几百人。由于传统的"官本位"思想的惯性，人们本来就习惯于唯"官"是从。加上"官"越来越多，大学的行政权力几乎存在于每一个"角落"，学术权力的空间越来越小。据调查，国内某一著名大学 6 个机关部（处）控制该校95％的经费，学院等基层学术组织基本上没有权力[②]，更遑论教授的学术权力了。由此，学术权力仅仅停留在各级领导的讲话上和文件中，现实中，行政权力基本取代学术权力。对 HN 大学化工学院 Z 教授的访谈情况就很能说明这个问题。

> 国家层面规定了很多属于学术权力范围内的事，学校的学术委员会一年开过几次会，学院的学术委员会开过几次会，研究过什么问题。还别说，我还专门研究过《高等教育法》，那还是刚颁布时的事。《高教法》规定，大学学术委员会的职责是审议学科和专业设置，制订教学和科研计划，评定教学、科研成果等事项，这种权力还有不少。就这几种权力我看能够落实的只有教学计划的制订了，这个事是没什么'油水'，出力不讨好，没人愿意干，所以由学术委员会审定一下。还有科研计划，制订完了也只是计划，能争取到什么课题和计划一点也不沾边，不是当官的，申报的项目连学校的门也出不了，更别说能拿到项目了。
>
> 　还有专业设置，别说学术委员会管不了，我看学校也没多少权，你想设个新专业，教育厅不批，你白忙活一场。还有评定教

---

① 钟秉、张斌贤、李子江：《大学如何协调学术权力与行政权力》，《中国教育报》2005 年 2 月 4 日。

② 周光礼：《中国大学"去行政化"改革的制度困境及其破解》，《现代大学教育》2012 年第 3 期。

学、科研成果奖，看看评委都是什么人，都是些处长、院长，学术委员会连边都沾不上。

郭锦飞、陈仕铋曾就福建省地方本科院校行政权力与学术权力关系的现状向宁德师范学院、三明学院、龙岩学院、莆田学院、武夷学院发放问卷 500 份，以此为样本①，结合毕宪顺②对 14 所老牌高校的调查问卷进行了分析，得出如下结果，见表 7 - 1。

表 7 - 1　　高校学术人员参与学术权力决策类活动、行政权力决策类活动、行政权力决策咨询类活动情况调查情况

领域	项目	样本高校		老牌高校	
		参与率（%）	未参与率（%）	参与率（%）	未参与率（%）
学术权力决策	教研课题的审议、立项与评奖	21.82	78.18	38.33	61.67
	科研课题的审议、立项与评奖	17.58	82.42	39.31	60.69
行政权力决策	招生计划方案的制订与讨论	19.91	80.09	25.96	74.04
	年度工作计划的修订	13.34	86.66	31.51	68.49
	重大管理规章制度的修改	16.94	83.06	31.36	68.64
	科研开发与技术服务政策的讨论	16.94	83.06	40.84	59.16
	基建项目与年度计划的讨论	17.58	82.42	21.73	78.27
	内部组织机构设置方案的讨论	11.44	88.56	20.25	79.75
	人员调配与人事任免事项征求意见	20.55	79.45	32.10	67.90
	对外合作与交流项目的实施	17.58	82.42	24.63	75.37
	国有资产管理重要政策的制定	8.47	91.53	11.63	88.37
	年度财务经费预决算的制定	5.50	84.50	13.40	86.60
	校办产业发展规划与经济活动事项	18.86	81.14	12.13	87.87
	学生奖惩与思想品德教育的实施	25.42	74.58	49.25	50.75

① 调查发放问卷 500 份，回收 487 份，回收率 97.4%，其中有效问卷 472 份，有效率 97.1%。采用 SPSS 19 软件对有效问卷进行编码、统计高校学术人员进行学术决策、参与行政权力决策和行政权力决策咨询情况，得出了统计结果。
② 毕宪顺：《权利整合与体制创新——中国高等学校内部管理体制改革研究》，教育科学出版社 2006 年版。

续表

领域	项目	样本高校		老牌高校	
		参与率（%）	未参与率（%）	参与率（%）	未参与率（%）
行政权力决策咨询	学科设置与调整重点学科建设方案	27.33	72.67	54.46	45.54
	专业设置与调整	29.23	70.77	60.25	39.75
	教学大纲的审定与专业课程建设	40.68	59.32	67.49	32.51
	教材的编写与审定	18.86	81.14	60.10	39.90
	师资队伍建设的意见与决策	23.09	77.91	55.00	45.00
	教师与专业技术人员的考核、奖惩与评聘	27.36	72.64	61.92	38.08
	校内津贴与职工福利政策	12.71	87.29	33.42	66.58
	学校发展战略与规划的讨论	14.41	85.59	29.63	70.37
	涉及学校发展的重大经济活动	13.98	86.02	14.53	85.47
	重大人事任免事项（院处级干部）	10.02	89.98	19.01	80.99

资料来源：郭锦飞、陈仕钺：《新建地方本科院校行政权力与学术权力协调机制探究——以五所新建地方本科为例》，《江西教育学院学报》2013年第2期。

根据调查和统计分析得出的结论是：第一，内部行政权力泛化。包括三个方面，即行政力量控制学校的发展和资源的分配，行政力量主导学校的学术评价权，校级层次几乎控制了全部学校事务的决策权。第二，学术权力弱化。也包括三个方面，即教师权力薄弱，中下层学术组织（系、教研室）权力弱小，学术机构官僚化。

近年来，行政权力的泛化已影响到更高层次。2008年12月公布的两院院士名单中，中国科学院新增35名院士中，八成是高校或研究机构的现任官员；中国工程院新增的48名院士中，超过85%是现任官员；工程院60岁以下新当选的院士中，均有校长、院长、副院长、董事长等职务，仅一人例外——台湾云林科技大学的杨永斌仅有"教授"头衔，没有行政职务。[①] 数据说明，目前的情况下，纯粹搞科研而不当官，根本没有取得科技界最高荣誉——院士的可能性。高校行政化不仅仅是高校在国家行政管理序列中的级别问题，更重要的是高校被当作政府的附属组织而丧失了其必须具备的大学精神。[②] 而

---

① 王毅：《院士是"院仕"，一种必然的结局》，《中国青年报》2009年12月18日。

② 张建林：《高校去行政化需要找准平衡点》，《特别关注》2009年第11期。

大学精神的丧失，必然会导致大学生命力的枯竭，更谈不上大学引领社会发展了。

另有一例也是同一类情况。2009 年教师节前夕，教育部评出第五届国家高等学校教学名师，最终确定百名。经统计发现，100 位获奖者中，担任党委书记、校长等行政职务的，占到九成，更有人身兼几种职务，其中校级领导就多达 20 位。不带任何"官职"的一线教师仅有 10 人左右，仅占 10%。①

近几年来，大学"去行政化"的改革呼声渐起，一些学校也有不少的行动。从中国科技大学卸任的朱清时院士被聘为南方科技大学的校长，他曾公开表示要把这所大学办成"去行政化"的大学。但是大家寄予关注的中国现代大学制度的这块"试验田"却处处受到来自政府、社会及校内方方面面行政化的一道道"坎"。2011 年 3 月，南方科技大学在媒体公布向国内外公开招聘两位正局级副校长，② 更多地让人们看到了大学"去行政化"的"失望"。无独有偶，复旦大学也采取了一系列措施在校内推行"去行政化"。③ 但是，拟议中的条款却遭到了学校上下的"集体沉默"。由此可知，大学"去行政

① 对此事，网上评论颇多。为官为师能否兼得？一位网友表示："这份名单中有个别名师候选人在 10 年内几乎没有上一门本科课程，这样的教师竟然可以是教学名师？"对于戴"官"帽摘名师奖，"圈内人"不以为然。武汉某高校高等教育研究所所长认为，此师之"名"出自"官威"；"一旦当官，什么都有"。详见 http://news.xinhuanet.com/edu/2009 - 09/11/content_ 12032603.htm。

② 莫静清：《南科大正局级副校长风波"去行政化"成传说》，http：//edu.qq.com/a/20110518/000140.htm，2011 年 5 月 18 日。

③ 2010 年 12 月，以制定复旦大学章程为契机，校长杨玉良宣布学校拟规定该校校长及行政负责人退出学术及教务委员会，以摒除行政权力对教育的过度干预。为了形成行政权力和学术权力的有效隔离，复旦大学设计了专门的会议制度和"召见问责制"制度。如其所言，"校学术委员会和教学指导委员会可以就他们认为重要的问题，单独召开会议，形成独立决议。如果他们觉得对校内有些情况或某个问题不太了解，还可以召见校领导进行询问，甚至是问责"。然而，2011 年 1 月，复旦大学"去行政化"改革随即遭受阻力，学校上下对拟议中的大学章程保持集体沉默。究其原因，在于大学章程中的"去行政化"条款，让学校行政人员颇为担忧，行政人员感觉"前途暗淡"，有一位行政人员甚至表示，"杨校长的设想'不靠谱'"。引自周光礼《中国大学"去行政化"改革的制度困境及其破解》，《现代大学教育》2012 年第 3 期。

化"的道路将是漫长而曲折的。

目前，对行政权力泛化这一问题，教育部也开始重视，以 2014 年教育部开展的国家级教学成果奖的申报为例，教育部关于开展 2014 年国家级教学成果奖评审工作的通知中，遵循的原则中专门列出了"坚持向一线教师倾斜"一条。河南省则明确要求各学校向省教育厅推荐国家级教学成果奖候选项目时，校级领导项目不能超过本校推荐数的 1/3。这也许是一个重视学术权力的重大改变。

二 "学术泡沫"因何而起

目前，中国大学的学术量化考评制度，主要是看所发表论文、专著、课题鉴定和获奖数量，其质量衡量标准是论文发表刊物的等级，而不是论文的实际水平。课题鉴定和获奖也是看课题立项的行政级别，如市级或厅级项目、省部级项目、国家级项目等。大学教师晋升讲师、副教授、教授都有明确的论文、专著、课题和获奖的数量、质量要求。大学每年核定一次的岗位津贴也与这些"成果"挂钩。比如教授，如果没有完成额定工作量标准，其岗位津贴可能被降档至副教授甚至讲师。为了职称晋升，为了岗位津贴，大学教师都在想方设法"写论文""做课题"。似乎大学在"逼鸡下蛋"，但这确实是目前大学的现实。但是，这些论文、课题有多少实际价值，有多少知识创新，能对科学技术、经济和社会发展起多大作用，却很少有人关心，这就是大学学术领域出现的"学术泡沫"现象。

大学教师和科研人员如此重视科研项目、成果、奖励及论文的发表，这既和政府、社会对大学的评价考核标准有关，也和大学内部对专业技术人员的考评体系有关。

从国家层面来说，一个学校的层次和水平，比较直接的评价因素就是这个学校拥有的学位点的层次和数量。层次越高、数量越多，其学校的层次就越高，社会的认可度就越高，从而从国家和社会获得的办学资源就越多。所以大学都在想办法在博士点、硕士点申报评审中多分"一杯羹"。但是这些学位点的评审，最重要的一个衡量标准就是学校承担国家级、省级的项目数量，科研及教学奖励的层次和数量，发表论文的层次和数量。专家评价一个"点"的水平时，也是按照项目、奖励、论文的不同层次和数量打分，谁的分数高自然会排在前边。还有一种情况是，这几年学校都在积极推动"升格"，专科升本科、本科想进"211"，"211"想争取进"985"，其衡量的标准大多也是如此。因此，大学都在想方设法在项目、奖励、论文上不断有所突破。

从社会层面来说，近几年对大学进行排行的做法很能吸引社会的目光，也成了高中生报考大学的风向标。多数大学虽然不愿认可这诸多的"排行榜"，但迫于社会的压力，也不得不重视这些"排行榜"。这些"排行榜"的一个重要指标就是科学研究的得分。以武书连的《中国大学排行榜》为例，科学研究一级指标下设自然科学研究和社会科学研究两项二级指标，自然科学研究下设 8 项三级指标，社会科学研究下设 6 项三级指标。这些指标得分的依据依然是学校获得的各类项目、奖励及发表论文的情况。①

从学校内部来看，学校将政府和社会对大学的评价压力转移到了学院和专业技术人员身上。这种转移包括硬性的要求和"胡萝卜"政策。硬性要求是给学院核定完成任务的具体指标，要求院长在自己的任期内完成。院长则将这些要求细化为每年的要求分到系或教研室，再层层分解到每个教师的头上。这是硬的一手。软的一手是职称评审和科研奖励，以及岗位津贴分配。你想晋升职称吗？肯定每个人都想。那么副教授有副教授的标准，教授有教授的标准。这些标准仍然是项目、奖励、论文等。我们可以看一下 H 省高校教师职务评审条

---

① 目前，这种做法已有所改变。据 HN 大学高等教育研究所 2014 年 3 月发布的内部资料《HN 大学在全国及省内高校排名状况报告（2014）——基于〈中国大学排行榜〉的分析》一文，"《中国大学评价》从 2014 年起不再更新 SCI 等国外引文数据库数据。自 1997 年起，《中国大学评价》课题组陆续将 SCI、EI、MEDLINE 等国外数据库的论文及引用作为大学评价的数据源，一年前，武书连认为：GDP 总量已经位于世界第二位，创新能力不断提高的中国，没有必要再将国外引文数据库作为国际期刊来源的唯一选择，中国应该依据本国发展的需要，筛选出更客观、更公平的源期刊数据库。自本评价年度起，《中国大学评价》不再更新国外引文数据库的数据。今后，将使用民族品牌的 SCD 国际期刊数据库。SCD 国际期刊数据库源期刊，将在不久后公布"。

件中关于教授的论文、著作和项目、奖励条件，这也是 H 省高校目前正在执行的文件：

申报教授级职务，论文、著作。具备下列条件之一：

第一，被 SCI、EI、ISTP 或 A&HCT、CSSCT 收录，或被《新华文摘》、《高等学校文科学报文摘》全文收录论文 5 篇（文科均为独著，理工科均为独著或第一作者）以上，且被较多引用。

第二，在省级以上 CN 学术刊物上发表本专业学术论文 8 篇（限 1 篇教育、教学研究论文。文科均为独著，理工科至少 5 篇为独著或第一作者，其余限前 2 名）以上，其中至少 6 篇发表在全国中文核心学术期刊或本学科领域公认的权威性学术刊物上（其中至少 2 篇有创见性的学术论文发表在一级学术刊物上或被上述检索或刊物收录）。

第三，正式出版本专业学术著作（本人撰写 8 万字以上/部）或译著（本人翻译 12 万字以上/部），或主持编写（主编或副主编）省级以上统编、规划教材（本人撰写 6 万字以上/部）；同时在省级以上 CN 学术刊物上发表本专业学术论文 6 篇（限 1 篇教育、教学研究论文。文科均为独著，理工科至少 4 篇为独著或第一作者，其余限前 2 名）以上，其中至少 5 篇发表在全国中文核心学术期刊或本学科领域公认的权威性学术刊物上（其中至少 2 篇有创见性的学术论文发表在国家一级学术刊物上或被上述检索或刊物收录）。

经专家鉴定，论文具有较高的学术价值，著作、教材具有较高的学术水平和应用价值，达到教授水平。

项目、奖励。具备下列条件之一：

第一，国家级或省、部级二等以上科技奖、社会科学成果奖的主要完成人，或省、部级二等以上教学成果奖的主要完成人（二等奖限前 2 名），或 2 项省自然科学优秀论文一等奖的第一作者。

第二，主持完成 1 项国家级或 2 项省、部级科研（教研、工程）项目（课题），并通过省、部级以上业务主管部门的鉴定或结项验收，达到国内领先水平，产生较好的社会、经济效益。

第三，省级以上教学质量工程项目的主要完成人（限前3名）。

第四，作为主要发明人（限前3名）获得与本专业相关的国家发明专利1项以上。

在上述条件中，有一项特别突出，有重大贡献或突破，经专家论证，达到教授水平，可认为符合业绩条件。[1]

除职称晋升外，科研奖励也是"软的一手"。基本上每个大学都有科研奖励的办法，规定了科研项目、奖励论文、著作、发明专利等方面的不同奖励标准。

还有最厉害的一招就是岗位津贴的实施。这应该是起源于2000年北京大学的岗位津贴实施办法，每一职称都有好几档不同标准的岗位津贴，每一档次都有对应的完成任务的条件及津贴分值，而且不同职称的津贴档次有重叠部分。副教授完成业绩好，可以拿到教授的岗位津贴，教授的业绩没有达到要求的业绩标准会拿不到教授的岗位津贴，可能会落到副教授档次，甚至讲师档次。岗位津贴一般每年核定一次。这就犹如套在教师头上的"紧箍咒"。迫于压力、碍于面子、硬着头皮，想方设法也要完成，至少得达到自己职称的最低档，不然津贴降低事小，"面子"丢尽事大。

长期的发表论文、完成课题的任务给教师以巨大的压力。高级别刊物的数量是有限的，省级、国家级的课题没有关系和行政职务是很难拿到的。于是，高级别的刊物成为学术与金钱、学术与权力的交换地。由此还催生了中国出版业的"空前繁荣"。国内的刊物不够，于是大家把眼光盯上了各类学术会议，又使学术会议的来稿量激增。想

----

[1] 节选自H省人力资源和社会保障厅H省人社〔2009〕273号文——关于印发《H省高等学校教师（实验人员）中、高级专业技术职务任职资格申报、评审条件》的通知，参见 http://www.hnzc.gov.cn。

尽办法完成了当年的定额任务还是好的，如果想尽办法没有完成或根本没有办法完成就令人焦虑了。据周广亚承担的河南省教育厅关于高校教师工作压力与抑郁、躯体化的关系研究项目结论[1]，就工作负荷因素而言，中级职称和高级职称者的压力显著大于初级职称者。从岗位津贴的实施可以有很好的解释，这是因为初级职称者没有降档之忧，而中级职称和高级职称都有明确的科研任务要求，搞不好就会降档。就工作乐趣因素而言，职称越高，压力越大，这是因为大学对高级职称者有诸多科研课题、论文发表、教学讲座的要求，职称越高一般来说年龄越大，长年从事教育教学、没有创新和重复性的工作，使之失去乐趣。

对每年需完成规定的任务才能拿到相应职称的岗位津贴的做法，一线教师的感想如何？为此，专门对 HN 大学及与 HN 大学一路之隔的另一所本科高校的教师做了访谈，普遍反映是科研基础较好的专业课教师拿到最基本的岗位津贴的压力相对较小，但要上升档次则需努力。但是对基础课和科研基础较弱的院系，其教师大多数感到压力很大。HN 大学物理学院的副教授 L 老师的话有一定的代表性：

　　我为了拿这个津贴，从每年的春节就开始想，今年该从哪里着手。人家材料学院、机电学院的课题多，一个老师拿个项目，可以挂好几个人。我们学院上哪弄项目去。只好在论文上下功夫。写是写出来了，核心期刊发表的周期都在一年以上，又来不及。在网上找个论文发表的中介，一篇要我交 14000 元，也得等半年以后才能发。实在不划算。

HN 大学一路之隔另外一所学校要拿到岗位津贴，需要挣够科研

---

　　[1]　周广亚：《320 名高校教师职业倦怠与抑郁躯体化的关系》，《中国校医》2012 年第 6 期。该研究以河南省高校教师为总体，选取省属综合性大学和地方院校各两所，采用随机取样法抽取 350 人为研究样本。剔除无效问卷后，共回收有效问卷 320 份，有效率 91.4%。工作压力量表包括工作保障、教学保障、人际关系、工作负荷和工作乐趣五个分量表，24 个题目，采用 4 点计分，得分越高表明压力越大。

分，不同职称教师的基础分要求不一样，副教授是 17 分，教授是 23 分。学校对院系是岗位津贴切块管理，科研分也是核定院系总额。所以在院系内为了保证大家都能上岗，科研分多的教师就成了"香饽饽"，这部分教师可以把自己的科研分分给其他教师，以保证他能上岗。但这个科研分的奖励部分是要还给送分的教师的。

　　对教学和科研指标的量化考核还产生了另外一种现象，就是大学内行政部门一年到头要教师填大量的表格。大学教师间流传着这样的对话："这些天忙什么呢"？"忙着填表"。中山大学陶东风教授在《光明日报》上发表的一篇文章就很有代表性：

　　　　自今年 6 月 14 日从美国回到中国内地，立即被各种各样的表格所湮没。美国的朋友发 E-mail 或打电话问："你回国以后在干什么？"我的回答一律是："在填表"。其实，近五年左右的时间中，我一直把相当一部分精力花费在填表上，什么博士点申报表、一级学科申报表、研究基地申报表、重点学科申报表、社会科学基金申报表，如此等等，当然还有每学年度一次的本单位考核聘任表。我有时戏称自己为"填表教授"，虽然有些夸张，但却是绝对真实的感受。而且我发现不止我一个人在围着表格转，几乎所有我的朋友与同事也都在忙于表格大战。是我喜欢填表么？不是，我是一个最讨厌填表的人，而且我可以肯定地说我的同事与朋友们也都不是表格迷恋者。我们不得不忙于填表实在有不得已的苦衷。①

　　为何会出现"学术泡沫"？其根本的原因是行政化对大学学术氛围的污染。由于权力价值无法把握教学、科研的实质价值，因此，为了找出一把"尺子"来衡量它，就自然会以权力意志制定一些形式化的指标、定量化的统一标准，如论文、专著、课题鉴定和获奖数量，以及刊物的级别等，以此代替学术性的评价体系，由此必然造成

---

① 陶东风：《高校改革和填表教授》，《光明日报》2003 年 8 月 20 日。

急功近利的所谓"成果","学术泡沫"由此产生。

据 2011 年统计，我国发表论文的数量已超过美国，位居世界第一，而论文的引用率却排在世界百名以外，数量和质量严重不成比例。[①]"学术泡沫"极大地浪费社会资源和学者的学术生命，扼杀学术创新，破坏正常的学术秩序，毒化教育环境，影响人才培养质量，败坏学术风气，助长了社会的不道德行为，使整个学术界和知识分子丧失社会公信力。[②] 长此以往，将动摇大学赖以生存的根基。

"大学组织对教师的评估采取的是依据传统的灵活的专业判断，而不是像科层组织那样依据一套可资比较的标准"。[③] 大学不是工厂，科研也不是工厂的流水线操作，其过程和后果都是不可预知的。正如上海交通大学江晓原教授所说：

> 我在这一大块地里播一些种子，每天浇水施肥，这些种子里有一棵或者若干棵长得很好，就有可能出成果。事先并不能知道哪些种子能长成参天大树、哪些会发育不良。一样的道理，能否出学术成果本来就是一个概率问题，所以要资助足够数量的一批人，这批人里边谁能出成果、什么时候出、出什么样的成果，谁也不可能事先知道。可以肯定的是，只要营造一个比较好的学术气氛，就会出成果。[④]

学科不同，科研成果的产出方式与时间也不同。有些研究需要花费较长的时间，特别是一些基础、原创性成果，还要经历时间的考验。2002 年悉尼·布雷内等三人获得诺贝尔奖，原因是在 20 世纪 60

---

① 刘文嘉：《规范学术期刊不能仅盯着"出口"》，《光明日报》2011 年 3 月 21 日。

② 李光福：《学术不端行为泛滥及其严重后果》，《东南大学学报》（哲学社会科学版）2011 年第 13 期。

③ David D. Dill, "The Management of Academic Culture: Notes on the Management of Meaning and Social Integration", *Higher Education*, 1982.

④ 江晓原：《泡沫学术是计划学术的直接产物——江晓原教授答记者问》，《社会科学论坛》2005 年第 21 期。

年代正确选用线虫作为模式生物，发现了器官发育及"程序性细胞死亡"过程的基因规则。布雷内 1965 年第一次研究线虫，至 1974 年才首次发表相关论文，经历了 10 年的基础研究时间。① 如果按照我国大学实施的一年一次的考核办法，布雷内不但早就拿不到教授岗位津贴了，而且可能面临下岗的威胁。

三　大学是否需要如此多的文件来管理

目前，政府机构及大学内部的组织机构均是以科层制模式为基础的体制。但是，由于机构越来越多，人员也越来越多，从而带来机构臃肿、人员庞杂的现实，造成了科层制反功能的典型副产品，即"帕金森定律"——工作的增多是为了填充完成工作的时间。帕金森表明"官员的人数与工作数量之间并不相关。"他认为科层制的扩张原因并非工作量的增加，而是官员希望雇用更多下属。而这些下属反过来又为彼此创造了工作，因为需要更多官员来协调他们的工作。②

韦伯于 20 世纪初构建的这种组织模式，其主要特征之一就是"行政决议、规则、程序以及活动等均以书面文件形式记录，并被保存为永久文件"。事实也确实如此，政府对大学的管理、大学内部各项工作的运转，其主要的载体就是各类文件。这些文件既包括各类法律、法规和制度，也包括各类具体事项的通知。我们不反对建立一些必要的规章制度，这些制度是大学内、外部运行的规范化保障。我们也不反对一些具体事务的通知，毕竟随着国家治理和大学治理的规范化，早期口头通知的方式早已被规范的文字通知所代替。本节讨论的目的主要说明，随着政府对大学管理的"行政化"和大学内部各类管理机构的日益扩张，管理人员越来越多，政府向学校下达的各类文件和大学管理层向院系下达的各类文件已达到一个"海量"的状态。大学的管理层为处理上级来文花费了大量的精力和时间。其中，很多

---

① 　熊丙奇：《大学有问题》，天地出版社 2004 年版。

② 　[美] 迈克尔·休斯、[美] 卡罗琳·克雷勒：《社会学和我们》，周杨等译，上海社会科学院出版社 2008 年版，第 113—115 页。

情况下还是扮演了"二传手"的角色，许多工作又间接转移到二级学院和教师头上。这就造成前述的大学中"填表教授"的出现。如果没有政府对大学管理的行政化和过多的微观干预，如果没有大学内设党政管理机构的过度扩张，各类的管理文件肯定会大量减少，也会给大学管理人员和教师腾出更多的时间去专心自己的本职工作。

如今，大学运行中的文件到底有多少？我们可以通过以下统计数字来说明。

由于曾经长期在 HN 大学人事处工作的原因，比较了解人事处对文件的管理，相对来说还是比较严格和规范的。30 多年来，得益于人事处几位办公室主任比较细心，对每年的上级来文进行了逐一登记并认真归档。通过人事处 1982 年至 2001 年可以查到的 11 个年度的上级来文归档目录，并进行了来文数量的统计，统计结果见表 7-2。

表 7-2　　　　HN 大学人事处 1982—2001 年上级来文数量统计　　（单位：个）

年份	小计	省（部）以上来文件数	市级来文件数
1982	3	2	1
1983	1	1	
1984	2	2	
1985	7	6	1
1986	10	9	1
1987	20	19	1
1996	7	6	1
1997	25	17	8
1998	40	34	6
1999	77	47	30
2001	26	26	

资料来源：根据 HN 大学人事处归档文件目录整理而成。

由于 1982 年至今已经 30 多年了，人事处办公地点几次搬迁，负责该项工作的人员变化非常大，所以 1982 年至 2001 年的文件归档缺了 9 个年度。但从归档的编制方式仍可看出工作是连续的。归档的目录编制顺序按年度编制，每年度下是序号、来文机关、文号、文件名称。以 1985 年上级来文为例，见表 7 - 3。

表 7 - 3　　　　　HN 大学 1985 年人事工作上级来文存档目录

序号	来文机关	文号	文件名称
1	国家教委劳动人事部	劳人薪字（85）84 号	《对已取得博士、硕士学位的研究生毕业生尚未明确职务前如何发给工资的通知》
2	劳人财政部	劳人险（85）14 号	《关于探亲假工资和探亲路费计算基数问题的复函》
3	机械部办公厅	（85）办老字 15 号	《转发"国务院关于发给离、退休人员生活补贴费的通知"》
4	市劳人局	市劳人字（85）186 号	《转发：总参、总政、劳人部"关于确定干部入伍时间的规定"》
5	省劳人厅	市劳人才字（85）6 号	《关于专业技术干部辞职问题的通知》
6	省劳人厅	市劳人才字（85）11 号	《关于自费走读大专生合同期满后有关问题的意见》
7	省政府	豫政（85）123	《关于新增农转非人口粮油和肉价补贴由职工所在单位负担的报告的通知》

资料来源：HN 大学人事处归档文件 1985 年卷。

由于是处内存档，以及从事归档工作个人的行文习惯，在来文机关一栏，不少是用了简称，如"省劳人厅"规范的名称应为"H 省劳动人事厅"。为了保持资料的原貌，统计时未做修改。详细的来文统计见附录 1：HN 大学 1982—2001 年人事工作上级来文存档目录。

从表 7 - 2 可以看出，尽管有几个年度没有数据，但从小计一栏看，从 1982 年到 2001 年，上级来文的数量总体上还是呈上升趋势的。这也说明，政府对大学的控制力度也呈上升趋势。这仅是有关人事工作一项的来文数，如果加上教学、科研、财务、党务等全部工作，还不知道是个什么数字。早期的数据已难以查询，但近期的情况很容易查到。为此，专门查阅了 HN 大学所在省（H 省）教育厅的官方网站。在"文件通知"一栏，2012 年，教育厅向高校下发的各类文件、通知共计 240 件，平均每月 20 件以上。具体文件、通知情况统计见附录 2：2012 年 H 省教育厅有关高校工作发文统计。

每年如此大量的向高校的发文，这得给高校带来多大的工作量。经过对附录 2 的分析，我们大致可以把这些文件、通知归为以下几个类别：

第一类是不需要高校付出更多的时间和精力，仅需要高校宣传、学习的，如 2012 年 2 月 7 日的《关于授予张锦文等 2011 "感动中原" 年度教育人物荣誉称号的决定》、2012 年 2 月 8 日《关于印发〈2011 年 H 省教育事业发展统计公报〉的通知》等，这类文件的数量基本不影响学校的正常运转。

第二类是向高校征求意见的通知，比如 2012 年 3 月 1 日《关于公开征求〈H 省教育事业发展 "十二五" 规划〉意见有关事项的公告》。这一类就需要高校花费一点时间和精力，但也不会太耗费精力就可以完成。

第三类是各类评奖、评优工作通知，比如 2012 年 2 月 14 日《关于做好 2011—2012 年度学术技术带头人推荐工作的通知》、2012 年 4 月 17 日《关于开展 2012 年度 H 省信息技术教育优秀成果奖评选工作的通知》等。这一类就需要高校做比较多的工作，高校一般会把工作布置到院系，直至有关教师，也很有可能在学校内部还有个评比过程才能上报教育厅，然后再参加全省层面的评比，校、省评比都会有很多过程和细节。这一类的评审结果教育厅还会以文件形式向学校公布。

第四类是涉及学校的重大关切问题，如 2012 年 8 月 23 日《关于实施 H 省高等学校协同创新计划的通知》。因为协同创新也即国家实施的 "2011 计划"，其背后都会有巨大的资金投入，所以只要认为自己有希望的学校都会投入最大限度的人力、物力去争取。从一般团队成员到学科带头人再到校长、书记，都会全力去游说公关以实现学校利益最大化。H 省首批协同创新计划一个项目第一轮投入一般在 800 万元，完成得好还有追加费用。

第五类是对学校工作有长期影响的文件，如 2012 年 3 月 9 日《关于印发〈H 省高等学校特聘教授岗位制度实施办法〉的通知》，2012 年 11 月 5 日《关于印发〈H 省研究生教育创新培养基地建设实施办法〉的通知》，这一类管理办法需要学校认真贯彻并将在比较长的一段时间内连续执行。

其实，这 240 个文件仅仅是以教育厅名义向大学下发的，这只是大学接到上级来文的一部分。更多的上级来文，如果统计起来可能会是一个巨大的数字。例如教育厅每个和大学有关的处室如人事处、高教处、发展规划处、计划财务处、科研外事处等，每年都有大量的工作通知，这些通知的工作都需要大学认真完成。大学面对的省主管部门尽管以教育厅为主，但还有其他的对口厅局，如科研处对口省科技厅，外事处对口省外事办公室，组织部、宣传部、统战部分别对口省委组织部、宣传部、统战部，人事处对口省人力资源和社会保障厅等，基本上大学的每个处室在省厅都有对口的业务厅局，这些厅局也会对大学"发号施令"。人事处 Z 老师说：

> 我感觉我一年有一多半的时间都忙在办理上级来文上，这些文件有的关系到学校利益，领导都很重视，还有的是各类先进评选，有的是上级要的统计报表，有常规性报表，每年都做，一般都有基础数据。有的是临时性的，一般要求限时上报，这就比较麻烦了。这些通知到了学校有一个复杂的公文流程，校办报给校长或主管副校长，校领导签给处长，处长再签给我们，如果碰到哪个领导出差，还会耽误几天。即使不耽误时间到我们手里，一般离上报省里的时间也很紧了，所以碰到这类报表我们几乎都得加班。如果我们能处理还好些，有些数据还要学院或其他处室提供，那人家就很有意见，背后会说这些人干什么吃的。其实我们也有苦衷。

Z 老师还讲了他负责的个人年度考核的工作也有一定的代表性。

> 每年年底前的年度考核工作我负责做，这个事在学校其实大家都不太重视，大不了不当优秀，我也觉得这个形式主义太严重，现在反"四风"最好把这个反掉。每年 10 月我要去省人社厅（即人力资源与社会保障厅）批学校的优秀指标，一般优秀率控制在总人数的 15% 以内。去之前还要按他们的文件规定准备一大堆的材料、表格。送去以后还不能马上批，得等结果。有了结

果我再跑一趟省里。学校 11 月底布置考核工作，成立学校考核工作领导小组，院系成立基层考核委员会，院系向学校申请优秀指标等。① 校内的程序你都知道我也不说了，做完得一个月。学校有了最终结果我们再上报省里。更可笑的是前几年省里还统一印制了人手一册的考核工作日志，要求每人填写，那可是几十页的厚度，这些东西是要向省里买的。报考核结果时还要求把优秀人员的日志带去抽查。听说一转眼他们就拿这些当废纸卖了。

从目前的情况看，如果向大学下放该放的权力，将会减少很多不必要的上级来文，也将减轻上、下级以及基层教师的很多工作量。

校外上级来文是如此，学校内部的管理也是靠文件来实施的。学校内部的文件、通知会是一个怎样的情况？仍以 HN 大学为例。该校主页下的"办公网"显示了学校校级的全部文件。以 2013 年为例，当年学校发文数量达到 150 件之多。这还仅仅是以学校冠名的文件，如果加上各职能部门和学院层面的管理文件，数目肯定会有较大幅度的上升。

四　部门掣肘使效率下降

马克斯·韦伯的理想科层制有三个基本的特征：第一，每一部门或职位的义务与责任界限清晰，组织的常规活动能够在清晰的劳动分工中展开。第二，所有的部门都以金字塔式的权力等级结构构成。部

---

① 学校的个人年度考核程序很复杂，学校有专门的考核办法，每年还有考核工作的通知，每个人要对当年的工作进行全面的总结、填表。行政人员的表还简单，是一张单页的表，专业技术人员的表是一本，大约有 10 页厚，这些表格是全省统一的。自己总结完后还有述职，处级干部还要在全校述职，由领导、同行、服务对象代表打分，然后根据不同的权重统计总分，排出顺序。全校的结果出来后，还要上报学校考核工作领导小组审定，然后公示全校。这个结果除了优秀外，绝大部分是合格，不合格的寥寥无几。因为这个结果要和工资晋升、职称晋升挂钩，尽管大家都觉得是形式，但每人都不得不认真对待，考核表格还要归入本人档案。所以我们的人事档案里，每年都有一份自己的年度考核表。全部考核完得一个多月，加上部门考核等工作，所以不少人说每年的最后一个月是"考核月"，出不了任何的效益，费时费力，劳民伤财。

门主管不仅仅要为自己的行为和决定向上级主管负责，也要为下属的行为和决定负责。第三，所有的活动都要服从一整套规章体系，它界定了各部门的责任及其相互之间的关系。①

　　这三个特征强调了责任的界定、上下级的关系、规章体系及部门间的相互关系。应该说科层制是以实现组织效率化为最高原则，大学形成的科层制权力体系和组织模式，应该有助于协调大学内部各层次间的权责分配，提高管理效率。但是，上节已述及的科层制的一个副产品是机构臃肿和扩张，这已经在中国大学形成了事实，这个"副产品"带来的直接后果是大学内部部门之间的推诿扯皮，这种内耗牺牲的恰恰是工作效率，这可能是马克斯·韦伯所始料未及的。

　　本来是提高效率的一种组织模式，为什么反而变成了低效率呢？韦伯的理想科层制的高效率应该是在组织内部层与层之间，也即上、下级之间是高效的，由于金字塔形的组织结构，下级服从上级，上级布置的工作、下达的指令如果按照正常运行程序来走，效率应该很高。这个规律在大学内部也应如此。但是在同一层的部门之间也就是同级之间就不一定如此，或者部门 1 的领导与部门 2 的下级间也不一定是高效率的。后一种情况也许与管理的原则有背离，部门 1 的领导你为什么去指挥部门 2 的下属。其实现实工作中常常有这种情况出现。由于大学内中层之间横向联系很多，很多事情都是部门 1 的领导召集、协调，部门 2、部门 3 的下属参加，这种情况应该司空见惯。

　　产生低效率的情况还有一种，就是部门之间的分工以及互相制约。理想科层制的原则之一就是部门或职位的定义和责任界定清晰，组织的常规活动能够在清晰的劳动分工中展开。大学内每一个部门在成立时都有明确的职责分工，但是这些分工越明确，越不可能涵盖工作中的千变万化。由于中国大学近 30 年的"跨越发展"，新的工作不断出现，这就会出现工作交叉或难以分清是谁的范围内的事情出现。部门 1 说我的职责清清楚楚，你看哪一项规定这个事该我做，部门 2

---

① ［美］迈克尔·休斯、［美］卡罗琳·克雷勒：《社会学和我们》，周杨等译，上海社会科学院出版社 2008 年版，第 113 页。

也如是说，这就产生了"扯皮"。还有种情况是部门之间的分工很明确，但某件事情牵涉几个部门，一旦这件事情出现了一些问题，各部门都有责任，结果造成谁也不愿意管，谁也管不了的情况出现。造成这种现象的主要原因是机构的扩张。由于管理机构的扩张，原来由一个部门完成的职责划分给了其他的部门，部门之间的职责往往造成了相互掣肘，处理一个事情往往需要多部门参与，多部门同时参与一个事情，很容易造成效率的降低。还有一种情况是，如果出现了一个问题，如果涉及多个单位负责，我们经常看到有关系的单位都不愿意负责，并站在自己的立场上"自说自话"，你很难说谁说的一点不对，似乎都有他自己的道理，但恰恰就是这种"自己的道理"造成了问题难以解决。

还有一种情况，也可能会造成更多的"扯皮"。如某"985工程"大学，其内部管理机构中有"港澳台办公室""对外联络处""国际交流处"，都负责对外联系工作。虽然每个处都有自己明确的职责分工，但同一个学校是否有必要设立三个机构开展对外联系？工作中是否有职能交叉？是否更容易造成部门之间的"扯皮"而导致效率问题？这很令人怀疑。

中国大学内部如果没有这么多的管理机构，如果相关的职能经过有效的整合放在同一个机构内，也许"扯皮"会少些，效率会高些。

效率机制和合法性机制共同作用的结果是，大学机构一直在扩张之中。反过来，机构的过度扩张又抑制了效率的发挥，机构扩张的负功能越来越明显，这已经成了人们"广为接受"的事实。

第八章

大学机构功能改善的路径选择

中国大学内设机构的扩张有其社会合法性，对大学的正常运行和发展也发挥了各自机构的功能，应该说大学机构的适度扩张更多的是正功能的发挥和体现，而过度扩张的负面影响则越来越明显，可能造成"合法性"危机。目前，由于机构扩张带来的负功能已经成为"广为接受"的事实，因此，有必要对现有机构进行必要的调整以达到系统运行新的均衡。同时，合法性的获得不是一劳永逸的，政治发展的历史，在一定程度上就是合法性的建立——维护——衰落与危机——新的合法性建立的历史。为了建立大学机构新的合法性，需要经验借鉴，并确定合适路径。国外大学是如何设置机构的，中国政府近几年持续不断推行的"大部制"对大学是否有借鉴作用，中国大学如何科学地设置内设机构等，是本章研究的内容。

第一节　经验与启示

一　国外大学的机构设置

按照政府对大学的管理体制的不同，学界通常将其划分为三种类型，即中央集权管理体制、地方分权管理体制和直线制管理模式，其代表分别是法国、美国和日本。这三个国家的大学管理机构的设置各有鲜明的特点。[①]

第一，法国大学的内部管理机构。

法国大学的管理体制变革以 1968 年的"五月风暴"为分界点。

---

① 　骆峤嵘：《国外高校管理机构设置的启示》，《哈尔滨学院学报》2005 年第 1 期。

这场风暴的矛头直指因袭了数百年的高等教育管理制度。同年 11 月，"二战"后法国第一部高等教育立法《高等教育方向指导法》公布，明确重申了大学自治的原则。

1968 年改革之后，法国大学的管理通常由三个委员会①负责实施。三个委员会均由大学师生员工的代表构成，其中，行政委员会负责批准学校预算与编制，授权校长依法处理有关事宜，如批准借贷、投资、创建分支机构等事宜；科学委员会主要负责学校科研政策的制定，提出经费分配建议，以保证教学和科研之间的良好协调；教学与大学生活委员会负责学校本科教育及继续教育，如向行政委员会提出、审查设立新专业的申请及计划，制定和落实对学生进行指导的一些措施，帮助学生就业，支持学生举办各种文化、体育、社会活动，改善学生学习条件，检查有关学生学习、食宿、社会医疗服务、图书资料借阅等方面情况。法国大学管理机构的共同特点是：其一，管理机构较少，但每个机构拥有较多功能；其二，师生员工代表和校外人士代表也要参与学校管理事宜，其中，师生员工代表中教学和研究人员的占有比例较高。如教学与生活委员会成员由 20—40 人组成，其中 75%—80% 是学术人员代表和学生代表（两类人员席位相同）；科学委员会的成员与教学和生活委员会人数相同，其中 60%—80% 是学校人员代表，学校代表中至少有 50% 是学术人员；大学教务委员会由 30—60 名成员组成，其中 40%—45% 是学术人员。②

第二，美国大学的内部管理机构。

美国是一个地方分权国家，大学均拥有较大的自主权，然而其管理机构并不庞大。美国大学法定的领导机构是董事会，董事会成员以校外人员为主，其主要职责为制定学校的办学方向，任命校长，保持本校的财源稳固、资产管理，协调处理好学校与社会各方面的关系，校内各机

---

① 三个委员会的名称译法不一，行政委员会也叫教育委员会，教学与大学生活委员会也叫大学学业与生活委员会。详见李晓、黄建如《20 世纪后半叶法国大学内部管理机构问题研究》，《大学教育科学》2007 年第 1 期。

② 李晓、黄建如：《20 世纪后半叶法国大学内部管理机构问题研究》，《大学教育科学》2007 年第 1 期。

构人员的关系，董事会一般不插手学术及教学工作。评议会（或教授会）为学校的学术管理机构，主要负责制订校历、课程计划，订立招生录取标准、学位标准，厘定教师聘任、人事晋升规则。学校、院、系三级均设教授会。校长主要负责学校行政，同时兼任校评议会主席。校长要向董事会提出关于一般行政管理人员的任命建议、学校总体学术政策，并且在管理课程计划执行情况、制定教师和行政人员有关职责和工作标准等方面起到协调与监督作用，同时要提出学校财政预算，并监督预算执行，负责修订学校发展的总体规划、重大设备购置及学生事务等。大学的管理机构一般分为八个部门，分别负责学校的行政、财务、学术、规划、开发、事务、关系和学生方面工作。美国大学管理机构的主要特点是：机构数量不多，但职能界定清晰，特别重视资金筹集、公共关系协调及与校友的沟通联系。这些特点与美国的市场经济得到了高度发展、大学可充分按照市场经济规律运行的特有国情是紧密关联的。

第三，日本大学的内部管理机构。

日本大学机构设置的一个重要特点是"直线制"，从学校到学院，从事务局到各部、科、室，均实行"垂直领导制"。每一机构均是以事设岗，实行首长负责制，这样就避免了多个领导决策、互相"扯皮"现象的发生。整个大学的行政管理核心是事务局，事务局负责调控学校各部门事宜，其作用相当于我国大学中的校长办公室。事务局下设部、科、室，不同学校设置不同的事务局，其中，一些部室必不可少，如庶务部、教务部、学生部、人事部、财务部、总务部、设施部、就职部、国际部、综合规划室等。

上述国家的大学内部管理机构各有特点，与我国的大学管理机构相比，显著特点是机构精简、职能完备，拥有较大职权范围。但管理机构从权力作用发挥、在学校中的实际地位和角色来看，主要承担的是服务的职能，多扮演的是"服务者"的角色。行政权力总体上是服务于学术权力。这是西方发达国家大学中"学术权优先"的思想和传统在机构设置上最鲜明的体现。

西方发达国家大学的内部管理方式，可划分为两大类，即学术事务的管理和非学术事务的管理，张晓鹏分别将其称为"学术管理"

和"事务管理"。①

这两类管理在国外著名大学中，比较常见的是将其分为两套系统，并由不同的人员来操作。美国、日本、德国都将大学学术管理的重心放在基层，也即系或相当系一级。教学科研是实实在在的学校中心工作，系是教学科研的基本单位。所以大多数大学实行以系的自治为基础的三级管理，学院的作用是协调，学校的主要任务是处理教学科研之外的繁杂事务，各职能部门没有决定权，只有执行权。

虽然学术管理的重心都在基层，但德国、日本和美国又有所不同，前两个国家大学的基层更多的是一种教授"个人统治"，等级色彩更浓，而美国大学的基层更多的是一种教授的"集体统治"，民主色彩相对突出。

根据杨汉清、韩骅的研究，② 美国大学内部管理的特点之一是权力分配上分散，校、院、系三级在学校事务中都有各自的权力重点和范围。一般来说，系一级的权力多集中在教学和科研领域，校一级的权力则集中在教学和科研之外的其他领域，院一级的权力介于两者之间。关于它们各自的权力和影响力，据其专门的调查，可列成表8-1（由小到大分成1—5级）。

表8-1　　　　美国大学内部管理权力及影响力分布情况

机构	课程设置	教师聘任	系主任选择	长期规划	总影响力
校董事会	1.2	1.4	1.2	4.0	3.1
校长及其助手	2.1	2.2	2.6	4.5	3.7
院长	3.2	4.1	3.8	3.8	3.6
院评议会	3.1	2.3	1.8	3.5	3.5
系主任	3.9	3.9	2.4	3.0	2.6
系评议会	4.2	2.8	3.1	2.5	2.2

资料来源：杨汉清、韩骅：《比较高等教育概论》，人民教育出版社1997年版，第292页。

---

① 张晓鹏：《学院建制与管理分权——从国外名牌大学经验得到的启示》，《全球教育展望》2001年第2期。

② 杨汉清、韩骅：《比较高等教育概论》，人民教育出版社1997年版，第292页。

在大学内部院系的设置方面，国外大学的院系更多是在进行院系整合。其具有代表性的一种观点是，主张将大学中相互分离的、各自独立的学院及系科组成划分为三大学科群，即哲学或形而上学学科群、社会学科群和自然学科群。① 这种观点已经在西方大学得到实践。如斯坦福大学的非专业学院是在 1920 年开始设立的，其建立的目的为消除"各个系将自己封闭在互不通气的小天地里孤芳自赏、不相往来"的弊端，"以获取较为自由的空气，较为广阔的视野和较为充分的交流思想、互通信息的机会"。为了使本科生具有较宽泛的知识面，为他们研究生阶段学习创造条件，斯坦福大学在 1948 年将社会科学学院、人文学院、物理学院、生物学院合并为一个文理学院。目前文理学院拥有应用物理、物理、数学、生物、化学、通讯、统计学、英语、经济、哲学、社会学等 29 个系，学校 3/4 以上的本科生和 1/3 的研究生在该院学习。② 柏林工业大学也在做院系合并的事。自 20 世纪 60 年代后，柏林工业大学的传统学部被撤销，设置了 22 个学系，至 90 年代又合并为 15 个学系。③ 再如耶鲁大学，学校所有工科都囊括在一个系中即工程系，这种院系整合的做法与我国很多大学院系分化的做法正好相反。

二　政府"大部制"的启示

所谓"大部制"，顾名思义即"大部门制"。政府在机构设置时，将工作任务相近、业务交叉重合、容易造成政出多门、多头管理的职能放在一个部门统一管理，以达到提高行政效率、降低行政成本的目标。具体的做法就是机构的撤、并及精简，组成超级大部的政府组织体制。大部制可以有效化解目前政府部门存在的机构臃肿、重叠、职能交叉、政出多门的矛盾和管理权限的冲突，有助于减少和规范行政审批，提高政策执行效能。大部制是西方发达国家普遍采用的政府管

---

① 胡仁东：《我国大学组织内部机构生成机制研究》，广东教育出版社 2010 年版，第 242 页。

② 茹宁：《从学术自由与大学自治的关系看我国大学"去行政化"改革》，《高教探索》2011 年第 2 期。

③ 孔捷：《德国大学基层学术组织模式及其影响》，《江苏高教》2009 年第 1 期。

理模式，也是一种比较成熟的政府组织体制。

中国政府的机构庞大，职能交叉严重。根据不完全统计，在国务院 2008 年以前的 66 个部门中，职责多达 80 多项，仅建设部门就与发改委、交通部门、水利部门、铁道部门、国土部门等 24 个部门存在职责交叉。农业的产前、产中、产后管理涉及 14 个部委。再如发改委的基础产业司，就设有铁道处、交通处、民航处。铁道部、交通部、民航局的重大投资项目还要报到这些处来审批。正是行政职能的交叉、错位，造成了不同部门之间的"扯皮"现象，其行政办事效能低下，许多社会资源被行政机构本身消耗掉了。更为严重的是，它造成了行政机构无法很好地履行经济管理、社会管理、市场监管等职能，更无法向广大民众提供高质量的公共服务和社会保障服务。

根据大部制理念，我国自 2008 年起，对政府机构进行了大力度的整合，整合的结果有效地改变了机构设置多以及职能交叉的现象。由于机构数量精减，各部门之间的工作协调难度降低，行政运作更加高效。其中，2008 年的中央政府层面，改革后，正部级机构减少 4 个，国务院部门为 27 个。2013 年的中央政府机构改革，在 2008 年的基础上，经过新一轮的撤销、整合、组建，国务院组成部门为 25 个。这两次大部制改革，不仅仅局限于精简机构或追求绝对意义上的机构数量减少，同时，更重要的是根据我国的经济社会发展实际，在减少机构的同时，重在对机构职能的整合，甚至增加了一些新的机构。

与此同时，地方大部制改革试验也结合各地实际，与中央层面的改革相呼应，开展了不少创新实践。其中初步形成了以"深圳模式"、"富阳模式"等为代表的、各具特色的地方政府大部制改革局面。

但大部制改革不是政府职能越集中越好，不是简单的政府组成部门的数量减少，不是将交叉的权力集中起来的几个超级大部。其核心是分权或放权，因为随着权力的集中，可能更容易造成腐败，更容易导致效率的低下。所以，2008 年和 2013 年的大部制改革，在减少政府组成部门数量的同时，另一重点是对行政权力进行分解和下放，国家层面以宏观调控为主，更多的审批权力下放到地方或减少审批事项，通过转变政府职能使政府权力得到规范，回归政府的公共服务职能。政府部门的职责主要在公共政策的制定和监督上，而不是管具体的事项。国家行政学院教授竹立家说得很到位：

　　　　就像抱娃一样，关键是怎么抱。最好的方式是给他画一个框框在里面玩就行了，怎么玩是他们的事，而不是把所有的娃都抱在怀里不放才安全。现在我们还是把孩子紧紧地抱在怀里。①

　　中国政府的大部制改革走过了六年，但进一步改革还有很大的空间。仅仅从数量看，英国的政府组成部门是 17 个，美国是 15 个，日本是 12 个，我国目前是 25 个。从政府负责的职能看，与发达国家相比，权力下放的空间则更大，这一点上中国政府仍有很长的路要走。

　　中国大学的内部运行体制，与政府具有高度同构性，大学运行中的问题大多都能在政府中找到源头。政府推行的"大部制"改革已经取得了初步成效，这就给我们一个启发，解决大学的机构扩张问题是否可以借鉴政府"大部制"？这也许是一个选择。

第二节　理念、原则和目标

一　机构设置的基本理念

　　中国的大学受西方大学的影响而成立。西方现代意义上的大学起源于欧洲的中世纪。公元 476 年，西罗马帝国灭亡，西欧从此进入封建社会。由于西欧封建制是在古罗马帝国的废墟上建立的，所以西方文明的历史发展进程极其缓慢。在这一缓慢的历史进程中，到 11—12 世纪城市开始兴起。由于人们对基督教会长期一统天下的宗教教

---

　　① 2008 年中国大部制改革后，原本希望效仿西方国家的决策权与行政权分离的模式，并未取得太明显的效果。交通运输部、发改委等部委规模和权力都相应扩大了，他们与二级机构的关系都并未理顺。详见"超级部委"怎样炼成？http://news.sohu.com/s2013/7989/s368198293/。

育及神学思想束缚的不满，新兴的城市市民阶层提出了新的文化要求，追求学问成为一种时尚，城市中不断汇集了一批学者名流和求学的青年学生，他们聚集在一起，系统地进行相关教学活动。在这些城市中，外来的学者和学生没有城市的公民权，在住宿、生活、学习等各方面十分不便，人身安全也无法得到保障，为了能够进行教学和学习活动，学者和学生从当时城市的行会组织①受到了启发。在中世纪的欧洲，强大的教会势力和封建势力控制着社会的运行，在这种强大的势力下，行会是最能保持自主权的一种组织形式。聚集在城市探讨学问的学者和青年学生们正是看到了这种组织形式的好处，他们也开始模仿工商业行会组织了属于他们自己的行会。② 与其他行会一样，大学从教皇或国王那里获得了特许状，具有了独立的法人资格和内部自治权。中世纪的欧洲，教权与政权分庭抗礼，大学在与地方教会、封建势力的斗争中，还争取到了独立司法权、免税免役权、罢教、罢课及迁移权等，从而使欧洲中世纪的大学拥有了高度自治权。③

　　欧洲中世纪大学中最具代表性且影响深远的当属意大利的波隆那大学④、

---

　　① 行会组织是市民阶级中最普遍的一种组织形式。它是中世纪城市中的商人和手工业者为了在物质上和精神上能相互帮助，能维护自己行业和个人的利益而结成的自由联盟。这种联盟，对内可以管理和监督成员，对外可以保护组织和成员的利益不受侵害。

　　② Hastings RashdalI, *The Universities of Europe in the Middle Ages* (2). edited by F. M. Powicke and A. B. Emden, New York: Oxford University Press Inc., 1936 (1): 137.

　　③ 茹宁:《从学术自由与大学自治的关系看我国大学"去行政化"改革》,《高教探索》2011 年第 2 期。

　　④ 波隆那大学是以学生为主体来管理大学，也即学生行会组织，学生自己聘请教师，自出办学经费，自己选举校长。波隆那大学以研究法学著称，1158 年经罗马帝国皇帝费雷德里克一世的赦令成为正式大学，被公认为"最古老的欧洲大学"。波隆那之所以有了最早大学的创立得益于罗马法的复兴以及致力于罗马法研究的著名学者，其地理位置的优势是法学兴盛的主要原因。波隆那地处意大利北部的一个天然的十字路口，是所有主要干道的会合地。过往商旅络绎不绝，商业纠纷时有发生，为求贸易公平合理地进行，波隆那非常重视罗马法的研究。随着波隆那法学的声望提高，其他地区的学生也成群结队地来到这里，使波隆那成为著名的具有革新精神的罗马法教学的中心。正是由于其在法学上的声誉，大批教师和学生从欧洲各地涌入这座城市。到了 13 世纪初，已有学生 5000 余人，教授民法、教会法，以后增设了医学和神学等学科。详见徐建国《从西方大学的起源和发展看现代大学的精神内涵》,《北方民族大学学报》(哲学社会科学版) 2011 年第 2 期。

法国的巴黎大学①以及英国的剑桥大学和牛津大学。②

　　波隆那大学和巴黎大学对中世纪欧洲大学的举办产生了深远的影响。到 15 世纪末期，欧洲至少创办了 80 所大学，有些大学延存至今，一直是世界著名学府。大学从起源到建立乃至后续的发展，学术自由、大学自治始终相伴。大学能够有独立办学、不受教会和政府诸多限制的豁免权和自治空间，从而使大学在一种宽松的环境中生存、发展，这是欧洲中世纪大学的基本特征。自由、自治也成为以后大学办学的基本理念。

　　19 世纪末，中国大学开始创立。与欧洲近现代大学不同的是，中国大学没有传统可承的大学自治的理念。追溯中国大学的发展史，中国近现代大学的建立和制度设计从一开始就是政府的责任。顺其自然，大学在创办后，政府天然地拥有了继续主导大学的资本和权力。清末的大学以皇权依附为基本特征，大学自治无从谈起。民国时期，由于中西交流的增多，随着一批批留学归国人士加入中国大学之中，植根于大学本质中的大学自治理念开始萌动。最有代表性的当属蔡元培的主张，其《教育独立议》认为，"教育是求远效的；政党的政策是求近功的。教育事业不可不超然于各政党外"。"大学的事务，都由大学教授所组成的委员会主持，大学校长，也由委员会举出。"③

---

① 巴黎大学则是一所教师行会大学，以教师为主管理大学。巴黎大学成立于 1150 年，以研究神学著称。巴黎是中世纪法国君主政体的政治中心和经济中心，也是当时欧洲著名的文化艺术中心。正是巴黎文化艺术呈现出的活跃气氛，以及名师阿伯拉尔的执教促成了巴黎大学的兴起与发展。阿伯拉尔是法国著名的哲学家、诗人，颇受学者的青睐，国内慕名而来者日渐增多。他无论走到哪里，都有一群学生尾随左右，这种自由讲学的风气，很快就吸引了来自其他国家的学生和听讲者。于是，在巴黎塞纳河畔的一个小岛上，在古老的巴黎圣母院附近诞生了被人们称为"世界大学之王"的巴黎大学。到 1300 年，巴黎大学就成为拥有 3 万多学生的著名学府。

② 英国大学的出现比巴黎大学稍晚。1167 年，英国国王亨利二世与法国国王菲利普三世发生激烈争吵，盛怒之下的亨利二世下令召回巴黎大学的全部英国学者。这批回国的学者来到牛津，使牛津迅速成为英国经济学院哲学教学和研究的中心，牛津大学就此诞生。1209 年，牛津大学的部分学者与当地居民发生冲突，逃到了剑桥，遂创办了剑桥大学。

③ 周光礼：《中国大学办学自主权（1952—2012）：政策变迁的制度解释》，《中国地质大学学报》（社会科学版）2012 年第 5 期。

蔡元培所设想的正是西方的学术自由、大学自治的制度。但是，由于西方大学的自治理念与中国传统价值观必然的冲突，多次冲突的结果是大学自治被逐渐修正。蔡元培在北大的实践也成为昙花一现的短暂辉煌。尽管这种制度在中国没有完全被实现，但是，由于大学起源决定了大学自治与大学是与生俱来、相伴而生的，大学自治这颗种子还是在中国大学播种了下来。

前文已述及，新中国成立后，大学一直在政府的主导下发展，从校长任命权、进人权、招生权、财政拨款权、专业设置权等，都由政府独揽。其间，由于社会、经济发展的需要及大学的呼吁，政府也曾对大学"放权"，但几度陷入"一放就乱、一收就死"的怪圈，而且"放权"或"收权"的主动权一直在政府手中。所以从严格意义上来说，新中国的大学一直没有获得过自主权。①

造成中国大学机构不断扩张的原因是多方面的，也是复杂的，但最主要的原因是政府对大学的过度控制，大学一直随政府的指挥棒"起舞"。由于政府对大学"抱着不放"，大学永远都处于"长不大"状态，永远在"心理上"一直依附于政府。大学自控力的不足和对政府的过度依附，造成了大学随着政府机构的扩张而扩张，大学内设机构扩张是政府机构膨胀在大学的投影。所以，要解决大学机构扩张的问题，应该尽量减少政府对大学的干预。如果大学自治这一理念有了国家法律层面及制度层面的保证，大学在设置内部管理机构时，就可能会减少许多上下对口的机构。

从大学内部来说，在进行机构设置时，由于来自政府层面的干预减少，大学应该更多地从自身的基本属性去设置机构。大学的性质是学术机构，大学自治的核心是学术自由，离开学术自由的大学自治是没有意义的。大学应该有独立思考的氛围与环境。大学还应该是社会的风向标，"当社会出现失范的时候，大学的学者应该站起来，写文

---

① 我国法律并没有采用"大学自治"的概念，而是称之为"办学自主权"。"大学自治"一直是西方大学的一个概念。但是，两者在精神内涵上和功能上存在一种内在的一致性。

章说话，发警世之言，告诉你为什么这样，解决之道在哪里"。①

学术的氛围需要宽松，因为学者的整体素质较高，大学在设立内部管理机构时，应在大学自治的理念之下，围绕如何使学术自由的氛围更加宽松，使教授的工作和思考更加方便、快捷和顺畅。在建构制度时，其理念不是"他律"而更多的应是学者群体的"自律"。②

作为办学理念，大学自治、大学自主办学和学术自由都植根于大学的内在逻辑之中。政府对大学放权是大学自主办学的基本前提。之后，大学内部的自我治理和自我约束，也即大学内部的治理结构、中国特色的现代大学制度建构将同等重要，其中包括机构设置原则和目标等，这是后续章节的讨论范畴。

二　机构设置的基本原则

美国组织社会学家艾兹奥尼（A. W. Etzioni）将社会组织按照其影响组织成员的方式分为三类，即强制性组织、功利性组织和规范性组织。③ 哪类影响方式占主导地位，该组织就被认定为是这类性质的组织。根据此分类方法，大学应属于规范性组织。作为规范性组织，其内部机构的设置一定是有序的，并按一定的原则去进行设置。

目前对大学内部机构设置原则的研究比较多，具有代表性的观点

---

① 周凯：《复旦大学校长杨玉良：中国大学精神虚脱》，《中国青年报》2010 年 6 月 22 日。他认为"大学应率先回归到大学本身的高尚上去，尤其在精神层面上"。"知识分子的特点，应该有强烈的社会责任感"。"当前来讲，回归和坚守，比改革更重要，回到大学应该担负的使命，回到大学应有的状态"。

② 田子俊：《管理的最高境界——从他律到自律》，《领导科学》2008 年第 16 期。所谓他律，是通过外因条件发生作用来规范、约束个体行为，而其中尤以法规、政策的外在约束为主要形式。他律是成本相对较高的管理，包括执行制度、规则本身的人力、物力成本，也有因管理者与被管理者因不理解产生的感情成本。自律是相对他律而言，也即自己约束自己，所以自律是最低成本的管理。

③ 强制性组织的特征是以物理性的胁迫行为，如关押、殴打、训斥等，迫使其成员就范；功利性组织是以物质刺激如工资、奖金等支配其成员；规范性组织是以精神手段促使其成员参与组织活动。

在文献综述部分已述及。陈孝彬[1]的精兵简政、与学校目标任务相一致原则、统一领导原则、分工协作原则、职责、权利相一致原则、监督与民主管理原则、因校制宜原则；袁祖望的功能齐全原则、实在必要原则和权责明确原则；胡仁东的分工原则、协作原则、资源利用的有效性原则及稳定与灵活原则；马玲的效益性原则、权责一致原则、实在必要、党政协调原则及法制化原则；诸常初的按需设岗原则、精简高效原则、注重服务原则和统一协调原则；万志峰的党政分工原则、不可替代原则、责权相当原则、管理层次与管理幅度原则和精简高效原则。

以上研究从不同的侧面分析了大学机构设置应遵循的基本原则，这些原则有许多共同之处，也有各自不同的地方，应该说这些原则都适用于大学的机构设置或改革。在这些原则的基础上，针对中国大学内设机构扩张这一事实，又提出了以下原则，某些地方也是在前述研究基础上对一些原则的再解释。这些原则不仅仅是对大学的管理机构而言，也不仅仅是对大学教学或科研机构而言，而是泛指对大学的整个内设机构的设置。

第一，精简高效原则。

中国大学的内设机构扩张已是不争的事实。第三章已述及，最能代表中国大学水平的是"985 工程"大学和"211 工程"大学，其中"985 工程"大学校均内设机构达到 83 个，最多的学校达到 131 个。"211 工程"大学校均内设机构达到 59 个，最多的学校达到 101 个。与此同时，行政人员的数量也居高不下。以 2012 年中国普通高校为例，校均专任教师 590 人，校均行政人员 127 人，专任教师与行政人员之比为 4.7：1。由于机构的过度扩张导致其机构正功能发挥的同时，潜功能的某些部分有不少已转化为负功能。例如，由于管理机构增加、管理人员增加，本来是为教学科研服务的管理机构和人员，反而呈"尾大不掉"之势，行政权力与学术权力的位置倒置，从而对

---

① 陈孝彬：《教育管理学》（修订版），北京师范大学出版社 2002 年版，第 412—415 页。

大学办学造成了许多消极影响，这一点第七章已有分析阐述。因此，精简大学的现有内设机构，整合、撤并管理机构，对一些学院根据学科、专业的特点进行合并，以达到高效率运转的目的，应该是大学机构设置和改革的首要原则。

第二，区别对待原则。

从应然和实然的角度，第七章提出了中国大学内设机构分类的又一种方法，第一类是大学存在和正常运转必不可少的机构，第二类是大学为了自身发展的需要设立的机构，第三类是政府管理体制下要求设立的对口机构或具有中国大学管理体制特点的机构，第四类则是因人设岗等因素设立的机构。

按照这种分类方法，大学在设置或改革内设机构时，应贯彻区别对待的原则。对第一、第二类机构，这是大学运转必不可少的，处理的原则是保留或个别必要的整合。比如校长办公室、党委办公室的合署办公等。对第三类机构，很多机构是学校无法决定的，只能是随着体制的改革而改变。在体制没有改变时，学校对这些机构只能是保留或整合，而不能撤销。对第四类机构，由于大多数是因人设岗的不必要的机构，或者是为了一时急需而临时设立的机构，所以这一类机构应坚决撤销。

第三，因校制宜原则。

2012 年，中国有普通本科高校 1145 所。这 1145 所大学，办学层次、学校类别、学科特点可以说差别巨大。因此，大学在设计自己的内设机构时，不应照搬别的学校的模式，也不应简单地效仿，而应该根据自己学校的特点，根据自己学校的实际情况和发展需要去设置内设机构。比如有的学校有医学类学生，附属医院较多，为了协调教学和医院的关系，保证医学教学和医院发展的需要，这些学校就可以根据自身的特点设立诸如医院管理处一类的机构。

但是目前的情况是，大多数学校机构的设置是千校一面，雷同率极高。看到其他学校设立了一个机构，自己学校很快跟进。最典型的例子是大多数大学都设有高教研究所或高教研究室一类的机构，但除了少数大学的高教研究所有博士或硕士培养任务，并有自己的高等教育研究方向外，绝大多数的大学对高教研究所的定位不清、目标不明，每年仅限于编发几页高教发展参考资料。因此，高教研究所在大多数大学不受重视。其实，这个机构应根据各校的实际来设置，许多大学不一定要设立这个机构。

有的学校在这方面就做得很有特点，学校根据自己的发展需要成立相应的机构。如华中科技大学的"大学生文化素质教育基地"的成立，专门有负责此项工作的大学生文化素质教育办公室，这和华中科技大学在全国大学率先倡导加强大学生文化素质教育有关。学校以人文教育和科技教育相融合作为办学指导思想之一，经过多年来的探索，已经初步形成了覆盖第一课堂、第二课堂和社会实践三个层次六个方面的文化素质教育体系。[①] 目前，已开办人文讲座1200余期，这些讲座不仅促进了华中科技大学学生人文素质的培养，而且对中国大学教育有一定影响，已成为华中科技大学的办学特色之一。与此类似的还有北京大学、厦门大学、中国人民大学和华中科技大学国学研究院的成立。这就是因校制宜的机构设置原则的体现。

三　机构设置的目标

"一所大学固然要以其智力资源、科研优势服务地方经济、社会的发展，但一所大学的学术水平和学术影响才是其国际评价和声誉的衡量标尺，所以，我们强调'大学是一个学术共同体'，这是大学原本应有的品格"。[②] 大学的声誉来源于它的学术声誉，而学术声誉是由作为学者的教师和其培养的学生做出的科学贡献来决定的。因此，

[①]　三个层次、六个方面的文化素质教育体系是：

1. 实施按前三个学期不分专业、系科打通培养方案，以强化基础教育和文化素质教育；

2. 实施人文社会科学辅修专业制；

3. 开设人文社会科学选修课，每年举行一次"中国语文水平达标考试"；

4. 举办人文讲座和自然科学讲座，每年出版一卷《中国大学人文启示录》；

5. 开展形式多样、内容高雅健康的校园文化、科技、艺术活动；

6. 开展社会实践活动，并纳入课程体系。

详见网址 http：//www2. hust. edu. cn/jky/pages/yxjj. asp？ ClassID = 44&NewsID = 185。

[②]　黄达人：《大学的观念与实践》，商务印书馆2012年版，第1页。

"拥有能得到遥远掌声的教授和会自觉发出遥远掌声的学生，是一所大学的根基，也是一所大学的灵魂。"①

从大学的发展史看，大学的管理机构起始并不存在，而是随着大学的发展逐渐演进而成。所以大学的管理机构天生是从属于学术的，是为服务学术和学生而生的。如果没有了学术，没有了学生，大学的管理机构也就失去了存在的意义和价值。虽然，我们习惯上把大学的党政机关叫作"管理机构"，但我们同时也提出管理就是服务，要寓管理于服务之中，这也是大学管理工作的基本特点，"服务至上"应该是大学机构设置的最终目标。

机构设置时要以服务为价值取向，在机构运转的制度层面的设计也应以提供良好的服务为价值取向。但是，目前中国大学内部运行的体制和机制大大背离了"服务"轨道。2014年4月，《经济观察报》记者采访中科院院士李小文的一段话就很能说明这个问题。当记者问什么样的体制更适合科学的发展？李小文院士的回答耐人寻味：

> 跟以前比起来，国家现在总的科研经费投入是非常充裕的，但还是没人来当这个"后勤部长"。这涉及两个方面的问题，一是现在的体制仍然很烦琐，浪费了大家很多的时间，二是对知识分子缺乏基本的信任。好像科学家们都在以搞课题的名义圈钱，不干事，把搞科研的人都像贼一样防。于是，有关部门就今天发明一个指标，明天又发明一个指标，三天两头搞考核。现在申请一个课题，六月批了，十二月钱才到，第二年三月就要终期评估了，弄得想干事的科学家没时间真干事，都去应付考核了。长此以往就形成了恶性循环。有的时候，我一年要评估五次，评估得太差了，别人又会觉得没有面子。事实上，并不是几篇论文就能代表科学事业的，为什么现在都拿论文来代表科学事业？发表了几篇论文，申请了多少奖，这就不是"后勤部长"该干的事儿。国家应该有一个发展规划，别让科学家每天都在写本子申请经

---

① 周佳：《学术权利的政治哲学基础》，山西教育出版社2010年版，第107页。

费、应付考核。要想当好"后勤部长",说起来很简单,但要怎么当,还是很难的。①

李小文院士说的其实就是管理机构的服务问题。不仅在制度设计时应体现服务取向,每个机构的管理人员也应该体现服务取向。在大学里,教学与科研绝对是主流,是一个学校发展的重中之重,大学的行政人员必须从属于这个"重中之重"。为师生服务,是大学行政管理人员最重要的责任。大学的特质决定了行政人员的职业就是辅助性的,既然我们的行政工作人员选择了这个职业,就必须遵守这个职业最基本的入行要求。在学校,行政工作人员就是要做到为广大教师服务,这是一个刚性的要求。我们的行政人员必须善待学生,善待老师,尽最大的努力为他们服务。②

第三节　功能改善的实现路径

一　大环境的营造

任何一个组织要想变化,都需要巨大的外力挤压,同时有组织内部变革的强烈要求。英国著名教育家阿什比把影响大学的主要力量分为三种:一是社会对人才的需求,二是来自大学自身的内在发展逻辑的力量,三是来自政府的政治力量,这三种力量中,社会需求和政治力量可以看作高校发展的外部力量,而高校自身发展逻辑则为其内部力量。③

我们先看来自政府的政治力量。新中国成立以来,对政府机构的精简可以说一直在进行中,只是由于多种因素,这种精简一直在"精简——膨胀——再精简——再膨胀"的怪圈中做着循环往复运动。直至 2008 年,围绕减少和规范行政审批的大部制改革,六年多来精简

---

① 详见 http://www.fawan.com/Article/fwkx/2014/04/23/082425237995.html。
② 黄达人:《大学的观念与实践》,商务印书馆 2012 年版,第 240 页。
③ 全力:《论高校组织模式存在的问题与重构》,《教育发展研究》2011 年第 3 期。

机构的实践已经从原来的怪圈中走出。这为与政府具有高度同构性的大学提供了精简机构的"模板"。这是大学对日益扩张的内部管理机构进行重构的大环境。另一个大环境是国家对大学治理模式的转变，也为大学重构内部治理模式提供了政策支持。2010 年 7 月《国家中长期教育改革和发展规划纲要（2010—2020）》的发布，对我国高校的改革提出了明确的目标，要求"健全统筹有力、权责明确的教育管理体制。以转变政府职能和简政放权为重点，深化教育管理体制改革，提高公共教育服务水平。明确各级政府责任，规范学校办学行为，促进管办评分离，形成政事分开、权责明确、统筹协调、规范有序的教育管理体制"。① 这是高校组织模式变革的政策依据。

从社会需求的力量来看，近十几年来中国大学办学的社会环境已经发生了巨大的变化。社会及经济的发展，迫切需要大学提供更多的合格毕业生，由此直接导致了中国大学的大扩招，我国的高等教育也迅速由精英型教育转化为大众教育阶段。由于高等教育的国际化竞争，也要求中国大学提高办学水平。社会需求的变化必然推动大学组织模式的变革。近几年来社会对大学行政化的弊端日益关注，要求大学"去行政化"的呼吁不断见诸报端，在每年的全国"两会"上也不断有代表"炮轰"大学"行政化"。这些也为大学内部组织重构提供了社会大环境。

从大学内部来看，党政管理机构臃肿，"官场化"、"官场病"严重。由于行政权力对学术权力的日益"挤压"，大学日益成为一个官僚化的机构。教授在大学已没有多少发言权，行政管理者成为大学的主宰和雇主，教师成了大学的雇员。大学中出现了资源危机、制度危机、价值危机、质量危机和公信危机等。② 这些危机已经危害到大学的根基。因此，大学内部要求围绕服务学术、重构机构的意识渐强。与此同时，教学和科研机构划分越来越细，导致学科专业的整体性被

---

① 《国家中长期教育改革和发展规划纲要（2010—2020）》，http：//www.gov.cn/jrzg/2010 –07/29/content_ 1667143. htm。

② 王英杰：《大学危机：不容忽视的难题》，《探索与争鸣》2005 年第 3 期。

破坏，知识体系被割裂得支离破碎，有 20 个甚至 30 个学院的大学比比皆是。所以近几年要求院系整合的呼声渐起。

目前，在政府、社会、大学自身的共同努力下，大学内部组织模式重构的大环境正在形成。

二 "收"与"放"是政府必需的选择

对大学机构扩张进行治理，是中国大学内部管理体制的根本性变革。要完成这项变革，有两个重要的方面，一是政府与大学的关系，二是大学内部的治理结构。① 本节讨论的内容是第一个方面。

前已述及，中国大学的发展史就是一部政府主导史。尤其是新中国成立以来，政府对大学的控制尤甚，每一项涉及大学的重大决策和变革都是政府直接发起和执行的。高度集权的管理体制对中国大学的高速发展起到了主要作用。换句话说，如果没有强有力的政府推动，中国的高等教育尤其是近 20 年的高等教育将不会达到今天的水平。但是高度集权也是一把"双刃剑"。政府在"全能主义"管理理念的支配下，不顾及高等教育的特点和规律，将大学作为行政机构或其延伸部门来管理，严格控制，管办不分，致使大学根本不能依法办学，并逐渐丧失了自己应有的独立资格和能力。②

张维迎认为，"中国大学实际上是政府的一个特设机构，一个政府主管部门的处长，可以随时召集大学的校长开会，可以训斥大学校长，大学校长没有一点办法，因为你的经费来源都是由他拨的，得罪不起"。③ 全国政协委员姜耀东的说法更形象：从一定程度上讲，中国只有唯一的一所大学，即"教育部大学"，而其他的高校只不过是这所大学的"分院"。④

政府对大学的干预日深，已经严重影响到大学的发展，大学独有

---

① 张维迎：《大学的逻辑》，北京大学出版社 2004 年版，第 49 页。

② 丁福兴：《中国大学"行政化"的多重归因及其治理路径》，硕士学位论文，南京师范大学，2014 年，第 18 页。

③ 张维迎：《大学的逻辑》，北京大学出版社 2004 年版，第 56 页。

④ 谢艳华：《政协委员热议高校去行政化》，《人民政协报》2014 年 3 月 7 日。

的学术自由、自治的精神几近丧失。政府对大学过于细致的"指导"适得其反，因为大学教学科研如同医学临床一样，具有高度专业性和技术性。"外行人"或许可以对教授和医师提出一些合理化要求，但却不能"荒唐"地直接去"指点教授应如何教学、医师应如何处方"。① 所以，必须对政府干预大学的行为进行限制。

但是，这种"限制"由谁提出，又由谁去实施？或者说中国大学的办学自主权由谁去争取？由大学校长去争取，很难。校长是政府任命的，由被任命者向任命者去争权，如何开口？由教授去争取，没用。今天中国大学的教授还有多少发言权？所以，大学自身难以挣脱国家权力和政府的制约，高等教育场域内很难自发地形成新的秩序。

"解铃还须系铃人"，中国大学的变革一直是"顶层设计"，各种教育改革举措往往是"政府推进型"的强制性制度变迁。大学机构扩张这一问题的开解也应从政府层面开始。政府必须在对大学管理的"收权"与"放权"中做出选择。其实，选择的路径只有一个，那就是政府要从对大学的过度控制转变为"放权"，寻求政府控制与大学自主办学的协调与平衡。

三　大学机构重构的"大部制"路径

本节讨论的内容是大学内部的治理结构问题。其前提是政府对大学的"放权"，也即切实落实大学办学自主权，使大学真正回归自我管理，按照学术规律而非行政意志办学。

政府推行的"大部制"改革，解决的问题是政府职能交叉、政出多门、多头管理、效率低下、行政成本高等问题。大学借鉴政府"大部制"的成功经验，该如何推行？我们可以从两个层面予以分析，即管理机构层面和从事教学科研的院系层面。

第一，管理机构的"大部制"。

管理机构的"大部制"，可以理解为大学从学术本位和精简效能

---

① 阿什比：《科技发达时代的大学教育》，滕大春、滕大生译，人民教育出版社 1983年版，第 59—61 页。

要求出发，围绕转变职能的核心使命，通过合并职能相近部门以拓宽单个部门管理职能，并向基层和学术组织分权，推进管理重心下移而建立的内部管理体制。从学术组织特性和组织设计的要求两个向度辩证地考察可知，学术本位和精简效能是学术组织应追求的目标，高校管理机构"大部制"与两者具有内在的一致性。①

大学是一个极其复杂的社会组织，在大学的发展过程中，常常被赋予不同的属性，如大学发展初期的宗教性，近现代的行政性，几年前争议不断的产业性等。尽管在不同的历史阶段、不同的国家体制下，大学的这些特性都曾成为人们关注的焦点，但相对于学术性，它们都是某一阶段的从属特性，只有学术性才是贯穿于大学组织的始终，是大学的本质属性。因此，大学的"大部制"管理机构构建应从目前的"行政本位"回归到"学术本位"。职能转变是"大部制"改革的核心使命。如果仅仅是将职能相近的部门精简、整合，而没有将本来应属于学术组织的学术权力还给学院和学术组织，没有管理重心的下移，其实施的效果将会走前几十年政府机构改革"精简——膨胀"的老路。所以"大部制"的精简、整合不是目的，也不是部门规模的简单扩大，而是在精简、整合的同时，简化办事程序、提高服务的效率。或者更直接地说，把原来管理部门手中的权力一部分回归到学术组织，一部分通过管理重心的下移下放到院系，自己留下来的一部分管理职能则是如何提高服务效率，如何强化保障功能，也即如何做好教学科研和学生服务的"后勤部长"。

大学实施管理机构的"大部制"改革该如何实施？目前已经有一些大学进行了初步"试水"。如2009年2月，武汉科技大学中南分校的尝试，行政机构减少50%；2010年年初的山东大学，通过撤并校级管理部门，组建学术研究部与合作发展部，将其作为两个试点单位探索"大部制"运行机制。张志万、孙柳青则给出了更直接的"大部制"改革方案：组建综合服务部，包括：党办、校办、宣传部、国

① 卢威、邱法宗：《论高校管理机构的"大部制"改革》，《国家教育行政学院学报》2011年第3期。

际交流合作处、工会、纪委监察室、档案室等；组建教务与科研部，包括：教务处、科技处、图书馆；组建学生服务部，包括：学生工作处、招生就业处、团委等；组建组织人事部，包括：组织部、人事处等；组建后勤保障部，包括：财务处、后勤保卫处、建设规划处、条件设备处（网络信息中心）等。①

其实，由于大学的办学层次、目标、传统各不相同，中国大学管理机构的"大部制"改革并无统一模式，也不应该有统一模式。但改革还是有共同点的。一是合并职能相近的部门。虽然高校管理机构较多，但经归类，学校科层组织系统主要包括教学管理组织、德育管理组织、科研管理组织、人事管理组织与总务管理组织等。② 可根据情况将职能相近的部门合并，重组出新的"大部门"。二是对分属党委和行政系统但关系密切的部门推行合署办公。目前，高校中党办与校办、党委学工部与学生处、纪委办公室与监察处等合署办公较普遍。其实，还有许多机构像党委组织部、人事处、离退休人员管理处也可以组建为大人事部，纪委、审计、监察处可以组建为监审办公室，后勤、基建、保卫可以组建为大后勤部等。三是要下决心撤掉因人设岗的机构和部门。

第二，学院的"大部制"。

学院"大部制"改革要解决的问题是中国大学学科分化带来的学院越拆越多、越分越细的问题。目前一个大学有 20—30 个学院已经司空见惯，学院分化的结果造成了知识之间的"壁垒"和"沟壑"增多，与今天科技发展要求学科交叉融合的趋势反其道而行之，不利于大学学术水平的提高和新知识、新技术的发现，甚至阻碍了国家科技创新的步伐。所以，近几年已有一些高校在推进院系的"大部制"改革。

与管理机构"大部制"改革一样，院系的"大部制"改革也没

---

① 张志万、孙柳青：《关于推行高校职能部门大部制改革的实践探讨》，《世纪桥》2014 年第 3 期。

② 龚常、曾维和、凌峰：《我国大部制改革述评》，《政治学研究》2008 年第 3 期。

有统一的样板，更不能搞"一刀切"，而要根据大学自身的特点去进行。这个特点既包括大学的办学层次和类型，也包括大学的发展历史、发展水平。例如，研究型大学、教学研究型大学与教学型大学在院系设置上不能按同一个模式进行。还有，许多"985 工程"大学的"学部制"改革也不能简单推广、移植到普通的本科高校中去。

以教学研究型大学为例，教学研究型大学与研究型大学的组织目标与价值取向不同，教学研究型大学的学科发展水平各有差异，此类学校的整体科研实力不强，缺乏高水平的学科带头人，且学校的教学与科研资源较为短缺，导致其组织结构、管理模式、运行机制都与研究型大学差别较大。而研究型大学学科发展水平较高，有大师级学术带头人，办学资源优良，学科发展平台良好，学科之间相对容易形成一种有机联系的生态环境，同时，其发展水平决定了有跨学科的基础和要求。① 所以，教学研究型大学与研究型大学在推行院系"大部制"改革时，实施的环境不同，方法和途径也不同，但相同的一点是学院"大部制"的方向是一致的，即学科、专业都要从分化走向融合。

四　人的去向是关键

按照前述原则和途径，大学机构进行大部制改革后，由于机构绝对数量的减少和岗位合并，现有管理人员必然出现冗余。与此同时，由于政府对大学的放权，政府从原来对大学的微观管理转向宏观指导和咨询服务，最直接的效果就是每年政府主管部门对大学的行文数量减少。这也意味着大大减少了大学行政人员处理上级来文、完成上级交办任务的工作量，工作量的减少也会直接导致大学的管理部门不再需要那么多的人员。再加上目前大学管理人员已经出现冗余的现状，多种因素决定了改革后大学管理队伍必然出现较大的分流。

人的问题是最难解决的问题，换句话说，如果人的问题解决了，其他问题都会迎刃而解。所以，大学内部管理体制重构成败的关键是

---

① 宣勇：《大学组织结构研究》，博士学位论文，华东师范大学，2004 年，第 115 页。

解决好管理人员的去向问题。HN 学院曾出现过这样一件事情，20 世纪 80 年代中期，该校推行全员聘任制改革，"定编、定岗、定员、聘任"即"三定一聘"。行政机关岗少人多，其中一名原在机关工作的女同志被分流到学校图书馆聘任，这种事情在今天的人们看来不算什么大事，但当时，由于改革开放不久，人的思想观念还比较保守，该同志感觉"无颜见人"，再加上思想工作没有跟上，结果是发生了自杀事件。事件发生后，其他被分流人员也有不稳定趋势。学校领导迫于压力，结果"三定一聘"改革最终以"虎头蛇尾"草草收场。

因此，大学内部机构改革应在以人为本理念的基础上做好两件事。一是舆论引导，更新观念；二是设计好人员出口。人的问题首先要解决思想问题，第一件事做好了，有了好的舆论氛围，分流也好、转岗也好，在思想上可能更容易接受一些。但这只是基础，更重要的是做好第二件事，要给人找出路。客观地说，出现目前机构臃肿、人浮于事等问题大多不是管理人员的问题，而是体制和管理机制的因素造成的，改革的代价也不能全部由这些人去承担。出路应该很多，比如一部分高学历的管理人员，可以回到教学或科研队伍。一部分人可以到学院去，更直接地为教师服务。因为随着管理重心的下移，学院一级会承担比现在更多的管理任务，前述的大学"填表教授"的情况，完全可以随着院系管理人员的充实，由管理人员为教授提供更到位的服务，把教授从烦琐的具体工作中解放出来。比如管理人员可以为每个教授建立业绩登记备案数据库，一旦有"填表"任务出现，院系的管理人员可以根据教授备案的业绩情况，完成"填表"的基础性工作，经教授审核修改后上报，以尽量减少教授的重复性劳动。也许，今后"填表教授"将成为历史。此外，管理人员也可以充实到教辅人员队伍等。不管出口在哪里，观念的转变最重要，那就是大学的管理其实质就是服务，为教学科研服务，为教师服务，为育人服务。

第九章

结　语

　　中国大学机构的扩张是一种社会现象，这种现象与新中国高等教育的快速发展相伴而生，其产生的原因是效率机制和合法性机制共同作用的结果。随着社会、经济和科技的发展，大学的功能不断分化，面对各类办学资源的诱惑，面对高等教育大发展中出现的新情况、新问题，大学为了快速适应这些发展和变化的需要，不断成立了一些新的机构。同时，由于中国大学政府主导的管理体制，党委领导下的校长负责制的内部运行机制，以及传统文化的多重影响，这些已经成为人们"广为接受"的社会事实。大学为了自身的合法性，在强制性规范、共享观念或共享思维的作用下，成立了与政府具有高度同构性的内部机构以及有大学自身特点的机构。同时，由于模仿性机制的作用，不同类型大学之间互相"攀比"，导致中国不同类型大学的机构都处在扩张之中。所以，大学机构的扩张有其历史必然性。

　　目前，大学的内设机构扩张可以分为基础型机构扩张、发展型机构扩张、体制型机构扩张和临时型机构扩张四种类型，近20多年来，大学机构的扩张绝大部分属于后三种类型的扩张。还有另一种机构扩张的分类方法，即分为管理型机构扩张和学术型机构扩张，其中前者包含党政管理机构、各类辅助管理机构及群团组织等，而学术型机构扩张包含教学科研方面的院系所的增加等。从这种分类方法看，学术型机构的扩张大多是大学为了适应社会、经济及科技发展的需要，从很大程度上说是一种正常的扩张，而管理型机构的扩张，虽然有其客观必然性，但近几年也是最受大学内外诟病的扩张，其焦点就是扩张带来的大学运行中的过度行政化问题。

　　根据结构功能论的观点，大学在设立每一个机构时，其设立的初衷都是为了发挥这些机构的"正功能",以促进大学某一方面的工作,从而保障大学这个大系统的协调发展。但是,在运行的过程中,一些机构的"潜功能"逐渐显现,并呈现"负功能"。如管理机构的扩张导致学术权力的弱化、"学术泡沫"的出现、部分机构之间的"扯皮"等,这是系统运行过程中经常出现的情况。帕森斯指出,为了达到社会体系的整合,其各部分必须时常调整内部结构与各部门间的关系。这种调整是由于体系内部缺少均衡而引起,调整的目标是达到新的均衡。同时,近几年要求政府减少对大学运行的微观干预,要求解决大学机构过度扩张带来的"行政化"问题,也已经成为社会"广为接受"的事实,这是大学进行机构改革的合法性基础。为此,本书对大学走出机构扩张进行了路径设计——按"大部制"理念进行精简、整合,构建服务型机构管理模式。

改变旧体制、建立新体制的过程是一个变革的艰难过程。大学既有权力系统的转型,取决于大学场域之外的冲击,以及场域之内的变革动力。在大学场域中,一旦有组织改变了场域的策略,一旦其他行动者感觉到这种变化已经给这些组织带来特权,那么其他组织可能很快跟进行动。这就是制度主义十分强调的组织场域的制度化力量。[1]为了推进中国大学内设机构的体制重构,我们有必要培养一些关键的样板组织,把他们的行为建构为大学场域中的成功行为,使其他大学跟随这种成功行为实施改革。事实上,在研究大学机构扩张问题的过程中我们发现,学校之间的模仿和攀比一直存在。譬如,一个大学把研究生处改为研究生院后,同一层次的学校纷纷效仿;某个顶尖大学把社会科学研究的管理从科研处分离出来成立社会科学处后,其他"985 工程"大学、"211 工程"大学甚至一般普通高校也相继跟进。所以,目前我们进行大学内设机构改革的关键是树立典型,培养"领头羊",而且这个"领头羊"最好是中国顶尖的几所大学。如果这些"领头羊"着手了这项改革,制度的扩散效应将会很快显现。犹如当

---

[1] 周光礼:《中国大学"去行政化"改革的制度困境及其破解》,《现代大学教育》2012 年第 3 期。

年北京大学实施的校内岗位津贴制度一样，其成功的典范使其他大学纷纷效仿，两年之内在全国高校全面实施。

目前，中国大学存在的问题几乎都能在政府管理和运行中找到根源或"影子"。如大学的机构扩张与政府的机构扩张有共同的逻辑关系；大学的"学术泡沫"与政府经济管理中出现的"经济泡沫"如出一辙；大学对教师的论文、课题及成果的量化考核与政府对地方官员的 GDP 考核惊人一致；大学教师的论文抄袭、"注水"与地方官员的 GDP 数字造假、"注水"何其相似。大学的问题根源在政府，社会是土壤，文化是助推，表象在学校。要解决这些问题，政府的"放权"是基本前提。政府应该做的首先是自觉转变管理角色和职能，在宏观指导、规划预测、咨询服务上"认真作为"。同时简政放权，把目前已经"印"在法律、法规和各类"规划"、"纲要"、"行动计划"中下放的权力真正还给大学。把准备交给社会的职能，尽快帮助培育完善相应的社会评价机构，使各类社会中介组织协调政府与大学关系的作用尽早发挥。

有了政府的"放权"，大学还需要有一个好的校长。中国大学的发展史上有一批著名的大学校长，蔡元培、蒋梦麟、胡适、梅贻琦、张伯苓、竺可桢、马寅初、苏步青、朱九思……大学校长不是官，而是一个组织者，一个带头人，没有什么特权，也没有利益可图。校长还需要有服务意识。曾经的过去，校长虽然主持教授会、评议会和校务会议，但大学的事情大多由教授说了算，而不是校长说了算。据说，梅贻琦开会时很少说话，而是仔细听别人的意见；大家意见不一致时，他又能很快指出症结所在，使问题得以解决。梅贻琦还有一件事是，数额庞大的清华基金一直由梅贻琦打理。他晚年重病，病床下放一皮包，皮包里放着什么，连梅夫人也不知道。他去世后，皮包里的东西由秘书公示，全是清华基金的账目，一笔一笔，分毫不差。人们因此都赞扬梅贻琦的廉洁。希望今后能有更多的懂教育、负责任、重人才、无私心、有魄力的校长出现。

大学内部还需要有一个好的治理结构，有一套运行有序的机制，有一个以良好服务为价值体现的管理队伍，"教授可以有性格，处长不能有脾气"。① 还希望教师有一个宽松的环境，没有严格的考核指标体系，没有过重的心理压力，有的只是对学术追求的自由。这样的大学才是一个培养人的地方。它培养出来的人应该是能独立思考的人，通过自己的独立思考去认识人生、认识社会、认识自我。这样的大学才是真正意义上的大学。

大学是一个学术性的组织，学术性是大学的根本属性。所以，大学内部的运行体制和管理制度的价值取向，应当围绕如何充分激发教师的学术创造性、如何为教师服务去设计。随着社会及经济的发展，以及"巨型大学"的不断出现，大学的行政管理越来越复杂，为了办好现代大学，大学运行中不能没有行政。但行政的目的和重心不能偏移，那就是以学术为中心的行政，这应该是大学机构设置的基本理念。

---

① 引自中山大学黄达人教授 2013 年 1 月在 HN 大学的一次讲座，题目是"关于大学管理的一些体会"。

附　　录

附录 1

HN 大学 1982—2001 年人事工作上级来文存档目录

年度	序号	来文机关	文号	文件名称
1982	1	机械工业部	(82)机劳字 977 号	《机械工业企业职工分类标准》
	2	市科委、人事局	（82）科人字 105 号	《转发国家科技干部局、国家人事局"关于给专家配备助手的几点意见"》
	3	部办公厅	（82）办字 51 号	《转发"中央办公厅机要局关于原机要学校毕业学员的学历、工资、工龄问题的请示"》
1983	1	机械工业部	（83）机干函字 2293	《转发"中组部关于再次出国人员审查问题的复函"》
1984	1	机械工业部	（84）机干字 101 号	《关于印发贯彻国务院（1983）141、142 号文件的实施细则的通知》
	2	组简讯	84 年第六期	《关于参加革命工作时间的三个通知》
1985	1	国家教委劳动人事部	劳人薪字（85）84 号	《对已取得博士、硕士学位的研究生毕业生尚未明确职务前如何发给工资的通知》
	2	劳人财政部	劳人险（85）14 号	《关于探亲假工资和探亲路费计算基数问题的复函》
	3	机械部办公厅	（85）办老字 15 号	《转发"国务院关于发给离、退休人员生活补贴费的通知"》
	4	市劳人局	市劳人字（85）186 号	《转发总参、总政、劳人部"关于确定干部入伍时间的规定"》
	5	省劳人厅	市劳人才字（85）6 号	《关于专业技术干部辞职问题的通知》
	6	省劳人厅	市劳人才字（85）11 号	《关于自费走读大专生合同期满后有关问题的意见》
	7	省政府	豫政（85）123 号	《关于新增农转非人口粮油和肉价补贴由职工所在单位负担的报告的通知》
1986	1	机械委人劳司	（86）干办字 8 号	转《关于建国前干部参加革命工作时间问题座谈会纪要》
	2	L 市劳人局	洛市劳人字（86）53 号	转《省劳人厅"关于调整采用五大毕业生的实施意见"的通知》
	3	河南省委	豫发（86）8 号	关于贯彻落实《中共中央关于严格按照党的原则选拔任用干部的通知》的意见
	4	河南省侨务办公室、劳人厅、财政厅	豫政侨字（86）24 号	转发国务院侨办、劳人部、财政部、国务院港澳办公室《关于港澳同胞眷属职工探亲待遇问题的通知》

续表

年度	序号	来文机关	文号	文件名称
1986	5	市劳动人事局	洛市劳人字（86）285 号	转发河南省劳人厅《关于调整采用五大毕业生的实施意见的修改补充意见》的通知
	6	民政部、财政部	民（1986）优6 号	《关于调整军人、机关工作人员、参战民兵民工因公牺牲、病故一次抚恤金标准的通知》
	7	L 市劳人局、银行、工商银行	洛市劳人字（86）402 号	关于转发豫劳人险字（86）第 16 号文件《关于开设合同制工人退休养老基金和"国营企业统筹基金"有关问题的通知》的通知
	8	市政府	洛市政字（1986）236 号	关于印发《L 市劳动争议仲裁试行办法》的通知
	9	L 市政府	洛市政（86）247 号	《关于印发 L 市劳动合同制工人退休养老基金统筹办法（试行）的通知》
	10	机械委人劳司	（86）人劳直字125 号	国家机械委人劳司转发劳人部、财政部《关于调整离休退休人员护理费标准的通知》
	11	机械委人劳司	（86）人劳直字126 号	机械委人劳司转发国家教委《关于教龄津贴、护龄津贴作为计发离退休费待遇的通知》
	12	市劳人局	洛市劳人字（86）460 号	转发省劳人厅《关于贯彻国务院改革劳动制度四个规定中一些政策问题的处理意见》的通知
	13	机械委人劳司	（86）机劳人直字133 号	转发中组部等五部《对中办发（86）6 号文件补充规定》的通知
	14	市科技干部处	科干（86）05 号	转发省科干局《关于认真贯彻国发（83）141、142 号文件通知》的通知
	15	市劳人局	市劳人（86）449 号	《关于在农村老工人子女招为农民轮换工和农民合同工的暂行办法》
	16	市劳人局、公安局、粮食局		《关于新增千分之三"农转非"指标的使用办法》
	17	省教育厅	豫教人字（86）40 号	印发《关于全日制中小学教职工编制、机构设置和教师工作量标准》的通知
	18	国家教委	（86）教职称字034 号	《关于高等学校校长、党委书记、教授、副教授职务任职资格的评审和职务聘任工作的通知》
	19	市政府办	洛市政办（86）	《杨尚奎在市殡葬改革工作会议上的讲话的通知》
	20	市政府	洛市政（86）244 号	《关于对违反殡葬管理问题处理意见的通知》
	21	市政府办	洛市政办（86）130 号	《关于烈士陵园骨灰存放暂行办法的通知》

年度	序号	来文机关	文号	文件名称
1987	1	省政府办公厅	市政办（87）1号	《关于给退休职工加发辅助费的通知》
	2	中央办公厅	中办发（87）1号	《关于国家机关和事业单位工作人员职务变动后确定职务工资的通知》
	3	机械委人劳司	机人技（87）377号	《关于提高部分成绩优异的高级工程师职务工资的办法（试行）的通知》
	4	省、市		《关于（87）96号、（87）42号调资文件》
	5	机械委	机委（87）机人字6号	《关于对直属单位中一般干部确定行政职务实行职务工资有关问题的通知》
	6	市劳人局	劳人办（87）03号	转发省劳人厅《关于颁发和使用〈劳动手册〉有关问题的通知》的通知
	7	市劳人局	劳人字（87）122号	《劳动合同制工人流动暂行办法》
	8	省劳人厅	市劳人计（87）41号	《关于劳动合同制工人上学后是否解除劳动合同的复函》
	9	省劳人厅	豫劳人险字（87）15号	《关于调整工人退休、退职审批权限的通知》
	10	中央职改组	职改字（87）23号	《关于实行专业技术职务聘任制工作中若干问题的原则意见》
	11	省职改办	豫职改办字（87）8号	《专业职务聘任制度的工作规范（试行)》
	12	省教委	教委文（87）109号	转发教委《关于高等学生思想政治工作兼职人员若干问题的规定》
	13	机械委	机委人函（87）1131号	《关于科级干部管理工作的暂行规定》
	14	国家教委	（87）外教综字210号	《关于加强公派出国留学人员政治审查工作的通知》
	15	机械委人劳司	机人办（87）390号	《关于派遣临时出国人员政审细则》
	16	劳动人事部	劳人干（87）62号	关于发布《国家行政机关工作人员职级奖惩暂行处理办法》的通知
	17	机械委人劳司	机人技（88）387号	关于转发《关于发出〈高等学校毕业生见习暂行办法〉的通知》的通知
	18	机械委	机委人（87）199号	《关于认真贯彻中发（87）12号文件精神加强委属事业单位编制管理的通知》
	19	国家教委	（87）教干字05号	印发《关于高等学校各级领导干部任免的实施办法》的通知
	20	省民政局、物价局	豫民民字（87）10号	《关于全省火化厂收费标准的通知》

续表

年度	序号	来文机关	文号	文件名称
1996	1	市人事局	洛市人教（1996）02号	关于转发《全国专业技术人员继续教育暂行规定》的通知
	2	省人事厅、省财政厅、省计委	豫人薪（1996）1号	关于转发人事部、财政部、国家计委《关于印发机关事业单位工作人员正常晋升工资档次办法的通知》的通知
	3	省劳动厅	豫劳（1996）38号	关于颁布《河南省从事技术工程劳动者就业上岗前必须培训的规定》的通知
	4	部人事劳动司	机人劳（1996）080号	《关于进行工人技术等级复核认定的通知》
	5	机械部人劳	机人劳（1996）077号	关于印发《部直属事业单位工作人员正常晋升工资档次实施意见》的通知
	6	省人代会常务委员会	豫人常（1996）25号	关于《河南省企业职工失业保险条例》的批复
	7	省教委	教高字（1996）670号	关于印发《河南省高等学校师资培训"九五"规划要点》的通知
1997	1	市残联等11个单位	洛残联字（1997）12号	《关于统一核发残疾人证及管理使用有关问题的通知》
	2	部人劳司	机人劳（1997）012号	关于转发《关于机关事业单位因事（工）致残完全丧失工作能力人员退休费问题的复函》的通知
	3	部人劳司	机人办（1997）023号	关于转发《干部人事档案工作目标管理暂行办法》和《干部人事档案工作目标管理考评标准》的通知
	4	市劳动局	洛市劳（1997）09号	关于转发《河南省从事技术工种劳动者就业上岗前必须培训的规定》的通知
	5	部人劳司	机人技（1997）029号	关于印发《机械工业部高级专业技术人员延长退（离）休年龄和提高退休费比例暂行规定》的通知
	6	市政府	洛政（1997）21号	转发《河南省人民政府关于转发省劳动厅河南省企业职工失业保险条例实施意见的通知》的通知
	7	市人事局	洛市人（1997）52号	《关于1997年部分专业技术人员和党政管理干部家属"农转非"工作的通知》
	8	省人事厅省财政厅	豫人（1997）62号	关于转发人事部、财政部《关于机关、事业单位离退休人员增加离退休费的通知》的通知
	9	人事部财政部	人发（1997）89号	《关于1997年调整机关、事业单位工作人员工资标准等问题的通知》
	10	部人劳司	机人办（1997）114号	关于转发《关于印发〈人事争议处理暂行规定〉的通知》的通知
	11	市政府	洛政（1997）81号	《关于印发L市城区居民最低生活保障暂行规定的通知》

年度	序号	来文机关	文号	文件名称
1996	12	市委市政府	洛发（1997）20号	《L市拔尖人才、优秀专家选拔管理的意见》
	13	部教育司	机教（1997）67号	《关于对"部原院校跨世纪学科带头人和学术骨干"进行复审、增补工作的通知》
	14	省人事厅省财政厅	豫人（1997）61号	关于转发人事部、财政部《关于1997年调整机关、事业单位工作人员工资标准等问题的通知》的通知
	15	部人劳司	机人劳（1997）135号	《关于开展部直属单位技师评聘工作的通知》
	16	省教委	豫教人字（1997）153号	《关于落实教师退休待遇问题的通知》
	17	市人事局	洛市人（1997）79号	《关于1997年度全民事业单位实行考试考核择优聘用干部工作实施意见的通知》
	18	机械工业部人劳司	机人技（1997）072号	《关于一九九六年享受政府特殊津贴人员审批工作的通知》
	19	机械工业部人劳司	机人技（1997）078号	《关于组织申报1997年"百千万人才工程"人选科研资助基金的通知》
	20	省人事厅	豫人职（1997）23号	关于印发《河南省机械工程专业中、高级专业技术职务任职资格评审条件实施办法》的通知
	21	省教委	教高字（1997）444号	《关于对我省高校第二批优秀中青年骨干教师进行期末考核有关问题的通知》
	22	省人事厅	豫人薪（1997）7号	关于印发《河南省机关、事业单位工人技师评聘试点工作意见》的通知
	23	省人事厅	豫人薪（1997）8号	《关于机关、事业单位工人技术等级岗位考核工作正常化有关问题的通知》
	24	市委组织部	洛市人（1997）25号	关于转发中共中央组织部、人事部《流动人员人事档案管理暂行规定》的通知
	25	省财政厅、省物价局、省教委	豫财预外字（1997）223号	《关于我省普通话水平测试收费的通知》
1998	1	教育部	教体（1998）4号	关于印发《高等学校医疗保健机构工作规程》的通知
	2	教育部办公厅	教人字（1998）14号	《关于做好1999—2000学年度全国高等学校教师培训工作有关问题的通知》
	3	机械工业部人劳司	机人劳（1998）009号	《关于转发调整纪检、监察办案人员补贴范围和标准的通知》
	4	机械工业部职改领导小组	机人职（1998）064号	《关于核定部属院校专业技术职务结构比例的通知》
	5	机械工业部人劳司	机人技（1998）065号	《关于中国机械工业科技专家和青年科技专家有关待遇的补充通知》

续表

年度	序号	来文机关	文号	文件名称
1998	6	机械工业部	机械教（1998）211 号	《关于公布"部属院校跨世纪学科带头人和学术骨干"复审结果及增补人员名单的通知》
	7	机械工业部人劳司	机人劳（1998）079 号	《关于停止执行有关下岗人员可以提前退休规定的通知》
	8	机械工业局人事司	机人综（1998）091 号	《关于 1998 年度专业技术职务任职资格评审工作的通知》
	9	机械工业局人事司	机人综（1998）092 号	《关于选拔 1998 年度国家有突出贡献的中青年科学、技术管理专家的通知》
	10	机械工业局人事司	机人综（1998）093 号	《关于选拔 1998 年享受政府特殊津贴人员的通知》
	11	省卫生厅、省财政厅	豫卫监（1998）4 号	《关于调整放射工作人员保健津贴的通知》
	12	省职改办	豫职改办（1998）2 号	《关于认真开展职改专题调研工作的通知》
	13	省人事厅	豫人薪（1998）1 号	《关于做好 1998 年机关、事业单位工人技术等级岗位考核工作有关具体问题的通知》
	14	省教委	教人字（1998）54 号	《关于高校专业技术人员任职资格证发放工作的通知》
	15	省教委	教高字（1998）107 号	《关于我省高校第二批中青年骨干教师考核工作的通知》
	16	省教委	教人字（1998）08 号	转发国家教委关于发布《教师和教育工作者奖励规定》的通知
	17	省教委等	教人字（1998）106 号	《转发国家教委、中国教育工会关于加强教师休养工作的意见》
	18	省委组织部等	豫人退（1998）1 号	《关于加强省直机关事业单位离退休人员及经费管理有关问题的通知》
	19	省教委	教人字（1998）307 号	《关于调整省教委职改领导小组成员的通知》
	20	省人事厅	豫人计函（1998）1 号	《关于做好国务院撤并部门所属在豫学校管理体制调整后的人事计划管理工作意见》
	21	省人事厅	豫人职（1998）4 号	《关于做好 1998 年度全省专业技术职务任职资格评审工作有关问题的通知》
	22	省人事厅	豫人职（1998）5 号	关于印发《河南省高级专业技术职务任职资格评审工作规则（试行）》的通知
	23	省人事厅	豫人职（1998）10 号	关于印发《省中小学教师中、高级专业技术职务任职资格申报、评审条件的通知》
	24	省职改领导小组	豫教职改（1998）42 号	《关于做好 1998 年高校职称评审组织工作的通知》
	25	省职改领导小组办公室	豫职改办（1998）8 号	《关于 1998 年高校职称评审工作有关具体问题的通知》

年度	序号	来文机关	文号	文件名称
1998	26	省职改领导小组	豫职改（1998）106 号	《关于组建省高校工程系列高级职务任职资格评委会等问题的通知》
	27	省教委	教高字（1998）429 号	《关于开展高校青年教师岗前培训工作的通知》
	28	省职改领导小组	豫教职改（1998）46 号	《关于调整 HN 学院教师中级职务评委会的批复》
	29	省教委	教高字（1998）436 号	《关于高校第二批省级优秀中青年骨干教师期末考核及培养评定情况的通报》
	30	省教委	教高字（1998）480 号	《转发教育部关于做好 1999—2000 学年度全国高校师培工作有关问题的通知》
	31	省机构编制委	豫编（1998）25 号	《关于中央与我省共建以省管为主的大中专学校机构编制问题的通知》
	32	市教委、市人事局	洛教人字（1998）154 号	《关于认真做好 1998 年优秀教师、优秀教育工作者评选表彰工作的通知》
	33	市劳动局	洛市劳（1998）23 号	关于实行《L 市职工工伤保险实施细则》的通知
	34	市人事局等	洛市人计（1998）8 号	《关于进一步加强机关、事业单位工资基金管理的通知》
	35	市人事局	洛市人考（1998）14 号	转发《关于我省专业技术人员参加全国职称外语等级统一考试的通知》
	36	市大中专毕分办	洛毕分办（1998）4 号	《关于 1999 年大中专毕业生就业工作有关问题的通知》
	37	文化部	职改字（1998）	《关于周树德等六名同志任职资格评审结果的通知》
	38	省人事厅	豫人薪（1998）12 号	《关于做好 1996 年度、1997 年度事业单位正常升级中个别考核优秀专业技术人员提前或越级晋升职务工资档次工作的通知》
	39	市台办、市人事局、市劳动局	洛市政台字（1999）12 号	《关于转发省台办、人事厅、劳动厅"关于企事业单位在机构改革、转制中对台湾籍同胞工作安排的意见"的通知》
	40	省教委	教高字（1998）436 号	《关于高等学校第二批省级优秀中青年骨干教师期末考核及培养工作评定情况的通报》
1999	1	国家机械工业局人事司	机人综（1999）29 号	《关于进行局属单位专家队伍现状调查的通知》
	2	国家机械工业局人事司	机人综（1999）39 号	《关于一九九八年享受政府特殊津贴人员审批工作的通知》
	3	省科委、省人事厅	豫科字（1999）10 号	《关于做好中国科学院、中国工程院院士候选人提名推荐工作的通知》
	4	省教委	教高字（1999）39 号	《关于做好河南省普通高等学校学术拔尖人才调整工作的通知》
	5	省教委	豫教高字（1999）07 号	《关于公布河南省普通高校第三批优秀中青年骨干教师培养对象名单的通知》

续表

年度	序号	来文机关	文号	文件名称
1999	6	省教委办公室	教办科外字（1999）5号	关于组织撰写《中国高级科学技术人才大辞典》（河南卷）有关事宜的通知
	7	省人事厅	豫人专延字（1999）13号	《关于批准高级专家延长离、退休年龄的通知》
	8	省人事厅	豫人职（1999）2号	关于抓紧做好《专业技术人员数据库》建库和《专业技术人员任职资格证书》审验、换发工作的通知
	9	省教委、省教育工会	豫教工字（1999）8号	《关于表彰河南省教育系统第二届社会主义劳动竞赛获奖教师的决定》
	10	省教育系统普通话水平测试培训领导小组	豫语字（1999）2号	《关于1999年教育系统教师、干部进行普通话水平测试工作的通知》
	11	省教委	教人字（1999）190号	关于贯彻执行《政协河南省委员会贯彻执行〈政协全国委员会关于政治协商、民主监督、参政议政的规定〉的办法》有关问题的通知
	12	省委组织部、省人事厅	豫组通字（1999）24号	关于转发《关于跨地区、跨部门组团人员和流动人员因公出国审批问题的通知》的通知
	13	省委办公厅	厅文（1999）21号	《省委办公厅关于下放因公临时出国人员审批权限的通知》
	14	省语言文字工作委员会	豫语字（1999）6号	《河南省语言文字工作委员会1999年工作安排要点》
	15	省语言文字工委、省教委	教语办字（1999）223号	转发教育部、国家语委关于印发《关于进一步发挥城市的中心作用，全面推进语言文字工作的意见》的通知
	16	省机构编制委员会	豫编（1999）8号	《关于接受安置团职以上军队转业干部增加领导职数的通知》
	17	省高校工委、省教委、共青团省委	豫教思字（1999）47号	《关于表彰河南省优秀青年教师的决定》
	18	省教委	豫教高字（1999）54号	《关于实施"河南省高等学校创新人才培养工程"的通知》
	19	省人事厅	豫人职（1999）14号	《关于公布我省首批专业技术人员资格考试监督巡视员名单的通知》
	20	省教委	教高字（1999）287号	转发教育部人事司关于印发《关于实施特聘教授岗位制度若干问题的意见》的通知
	21	省教委	教高字（1999）788号	转发教育部人事司关于印发《关于"长江学者奖励计划"第二阶段实施工作的安排意见》的通知
	22	省教委	教高字（1999）289号	转发教育部人事司关于印发《"长江学者奖励计划"工作会议纪要》的通知

年度	序号	来文机关	文号	文件名称
1999	23	省教委	豫教高字（1999）54号	《关于实施"河南省高等学校创新人才培养工程"的通知》
	24	省教委	教人字（1999）277号	《关于开展1999年享受政府特殊津贴和省级跨世纪学术、技术带头人选拔工作的通知》
	25	省人事厅	豫人专技字（1999）46号	《关于批准高级专家延长离、退休年龄的通知》
	26	省人事厅	豫人职（1999）16号	《关于第四批中级专业技术职务任职资格评审委员会审查备案情况的通报》
	27	省人事厅	豫人职（1999）20号	《关于进一步规范职称工作中有关收费行为的通知》
	28	省人事厅	豫人职（1999）21号	关于印发《河南省文物、博物专业中、高级专业技术职务任职资格申报、评审条件（试行）》的通知
	29	省教委	豫教人字（1999）90号	转发教育部关于印发《高等学校优秀青年教师教学和科研奖励基金实施办法（试行)》的通知
	30	省职改办	豫职改办（1999）6号	《关于1999年度事业单位专业技术职务结构比例审核工作有关问题的通知》
	31	省委组织部	豫组通字（1999）50号	关于转发《中央组织部办公厅关于转发云南省委组织部〈关于云南省昭通地区开展干部档案材料审查工作的情况报告的通知〉的通知》
	32	省教委	教人字（1999）377号	《关于做好1995年教师系列高、中级专业技术职务评审组织工作的通知》
	33	省人事厅	豫人职（1999）22号	关于印发《河南省群众文化专业中、高级专业技术职务任职资格申报、评审条件（试行）》的通知
	34	省人事厅	豫人职（1999）23号	关于印发《河南省档案专业中、高级专业技术职务任职资格申报、评审条件（试行）》的通知
	35	省职改办	豫职改办（1999）9号	关于抓紧完成《河南省专业技术人员任职资格证书》审验、换发工作的通知
	36	省职改办	豫职改办（1999）10号	《关于1999年度高级专业技术职务任职资格评审工作安排的通知》
	37	省教委职改领导小组	豫教职改（1999）62号	《关于调整HN学院教师中级职务评审委员会的批复》
	38	省职改办	豫职改办函字（1999）1号	《关于1999年度新闻、出版系列高级专业技术职务任职资格申报、评审工作有关问题的通知》

续表

年度	序号	来文机关	文号	文件名称
	39	省人事厅	豫人职（1999）26 号	转发人事部办公厅《关于印发〈2000 年专业技术人员资格考试工作计划〉的通知》的通知
	40	省人事厅	豫人职（1999）27 号	《关于开展评聘教授级高级工程师工作有关问题的通知》
	41	省委组织部	豫组干核（1999）128 号	《对 HN 学院院级干部 98 年度考核等次的函》
	42	省人事厅	豫人（1999）57 号	《关于 1999 年年度考核工作有关问题的通知》
	43	省人事厅	豫人核（1999）1 号	《关于 1999 年度考核工作的补充通知》
	44	省教委	豫教高字（1999）125 号	《关于公布"河南省高等学校创新人才培养工程"1999—2000 年培养对象名单的通知》
	45	市劳动局	洛市劳监（1999）2 号	关于印发《L 市劳动和社会保障年检实施细则》的通知
	46	市劳动局	洛市劳监（1999）3 号	《关于开展 1998 年度劳动和社会保障年检的通知》
	47	市劳动局	洛市劳（1999）12 号	关于印发《L 市劳动人事代理暂行办法实施细则》的通知
1999	48	市人事局	洛市人考（1999）3 号	《关于公布 1998 年度经济、统计、企业法律顾问、造价工程师和执业药师、执业中药师资格考试结果的通知》
	49	市劳动局	洛市劳（1999）14 号	《关于加强对外来劳动力管理的通知》
	50	市人事局	洛市人考（1999）4 号	《关于 1999 年度 L 市卫生系列初级专业技术资格和申报中级专业技术职务任职资格考试考务工作的通知》
	51	市人事局	洛市人考（1999）5 号	《关于 1999 年度经济专业技术资格考试考务工作的通知》
	52	市人事局	洛市人考（1999）8 号	《关于 1999 年度审计专业技术资格考试考务工作有关问题的通知》
	53	市人事局	洛市人考（1999）9 号	《关于 1999 年统计专业技术资格考试考务工作的通知》
	54	市人事局	洛市人考（1999）10 号	《关于公布 1998 年度 L 市会计专业技术资格考试结果的通知》
	55	市人事局	洛市人考（1999）7 号	关于转发省人事厅《关于印发〈河南省专业技术人员继续教育基地管理办法〉的通知》的通知
	56	市政府	洛政（1999）4 号	《关于贯彻国务院条例进一步做好社会保险工作的通知》
	57	市人事局	洛市人考（1999）11 号	《关于 1999 年度执业药师资格考试有关考务工作的通知》

年度	序号	来文机关	文号	文件名称
1999	58	市政府	洛政（1999）49号	《批转市大中专毕业生就业分配工作领导小组办公室关于认真做好1999年大中专毕业生就业分配工作的报告的通知》
	59	市委办公室	洛办（1999）38号	《市委办、市办关于切实做好1999年军转干部安置工作的通知》
	60	市政府办公室	洛政办（1999）40号	《转发关于下达1999年度城镇退伍军人安置计划的报告的通知》
	61	市政府	洛政文（1999）110号	《关于调整L市跨世纪人才工程领导小组的通知》
	62	市转业军官安置工作小组	洛市军转（1999）2号	《关于召开1999年L市军队转业干部安置工作会议的通知》
	63	市政府	洛政文（1999）142号	《关于成立L市人事争议仲裁委员会的通知》
	64	市人事局	洛市人考（1999）13号	《关于公布1999年度L市职称外语、医古文和古汉语考试合格人员名单及违纪人员名单的通知》
	65	市政府	洛政（1999）88号	《关于表彰优秀教师和教育工作者的决定》
	66	市劳动局	洛市劳锅（1999）11号	转发河南省劳动厅《关于转发国家质量技术监督局1998年锅炉压力容器、压力管道事故通报》的通知
	67	市人事局	洛市人（1999）26号	《关于印发L市企事业单位聘用制干部管理暂行办法的通知》
	68	市人事局	洛人专技（1999）6号	《关于1999年L市跨世纪学术和技术带头人选拔工作的通知》
	69	市劳动局	洛市劳险（1999）4号	《关于做好九九年度职工因病退休和特殊工种退休审批工作的通知》
	70	市劳动局	洛市劳监（1999）9号	《关于开展1999年度劳动和社会保障年检工作的通知》
	71	市委	洛委（1999）43号	《市委、市政府关于命名表彰第五批L市拔尖人才的决定》
	72	市人事局	洛市人考（1999）21号	《关于2000年度全国监理工程师执业资格考试考务工作的通知》
	73	市人事局	洛市人考（1999）20号	《关于2000年度全国注册税务师执业资格考试考务工作的通知》
	74	市人事局	洛市人考（1999）19号	《关于2000年度国际商务专业技术资格考试考务工作的通知》
	75	省委	豫文（1999）56号	《省委关于办理干部退（离）休手续有关问题的通知》
	76	市教委、市人事局	洛教人（1999）102号	《关于认真做好1999年优秀教师和优秀教育工作者评选表彰的通知》

续表

年度	序号	来文机关	文号	文件名称
1999	77	省教委	教高字（1999）287号	转发教育部人事司关于印发《关于实施特聘教授岗位制度若干问题的意见》的通知
	78	省教委	豫教高字（1999）54号	《关于实施"河南省高等学校创新人才培养工程"的通知》
2001	1	省教育厅	教高字（2001）104号	《关于世界银行贷款河南省高校教师及管理人员培训项目有关事宜的通知》
	2	省教育厅	教人（2001）190号	《关于省属学校调入人员有关问题的紧急通知》
	3	省教育厅		河南省教育厅关于印发《河南省高校青年骨干教师资助计划实施办法（试行）》的通知
	4	省教育厅	教社政（2001）276号	《河南省教育厅关于做好2001年高等学校"两课"教师在职攻读硕士学位报名工作的通知》
	5	省教育厅	豫教高（2001）125号	河南省教育厅关于印发《河南高校青年骨干教师资助计划实施办法（试行）》的通知
	6	省教育厅	豫教高（2001）189号	《河南省教育厅关于公布我省高校第二批特聘教授岗位学科名单的通知》
	7	省教育厅	教办科外（2001）7号	《关于做好2001年国家留学基金资助出国留学申请和报送材料工作的通知》
	8	省教育厅	豫教高字（2001）225号	《河南省教育厅关于公布2001年河南省高校青年骨干教师资助计划对象名单的通知》
	9	省教育厅	豫教人（2001）73号	《关于非师范教育类大中专毕业生申请认定教师资格参加教育学、心理学课程培训的通知》
	10	省教育厅	豫教人（2001）76号	关于印发《河南省申请认定高等院校教师资格人员教育学、心理学培训方案》的通知
	11	省教育厅	豫教人（2001）115号	《河南省教育厅关于印发河南省各级各类学校教师资格教育教学基本能力测试标准及办法（试行）的通知》
	12	省教育厅	豫教人（2001）116号	河南省教育厅关于印发《河南省面向在职教师推行教师资格制度实施方案（试行）》的通知
	13	省教育厅	豫教资办（2001）3号	《河南省教师资格管理办公室关于做好各级各类学校在职教师、离退教师申请认定教师资格工作有关问题的通知》
	14	省教育厅	豫教资办（2001）4号	《河南省教师资格管理办公室关于做好全省教师资格证书编号工作的通知》
	15	省教育厅	豫教资办（2001）5号	《河南省教师资格管理办公室关于认真做好教师资格认定专家审查委员会组织工作的通知》

续表

年度	序号	来文机关	文号	文件名称
2001	16	省教育厅	豫教资办（2001）1号	《关于各级各类学校在职教师、离退休教师及2001年各级师范教育类应届毕业生申请认定教师资格工作有关问题的说明》
	17	省教育厅	豫教资办（2001）7号	《河南省教师资格管理办公室关于举办教师资格认定工作培训班的通知》
	18	省教育厅	豫教资办（2001）5号	《关于申请教师资格人员教育教学基本能力测试等有关事宜的通知》
	19	省教育厅		《河南省教师资格办公室关于教师资格认定工作有关问题的政策解释》
	20	省教育厅	豫教资中心（2001）7号	《河南省教师资格认定指导中心关于举办在职教师申请教师资格教育学、心理学扫尾培训班的通知》
	21	省教育厅	豫教资（2001）8号	《河南省教师资格管理办公室关于河南省教师资格认定材料报送等有关事宜的通知》
	22	省教育厅	豫教资（2001）9号	《河南省教师资格管理办公室关于使用"教师资格认定管理信息系统"的通知》
	23	省教育厅	豫语字（2001）5号	《河南省语言文字工作委员会关于加强普通话水平测试等级证书管理的通知》
	24	省教育厅	豫语办字（2001）6号	关于做好《语言文字规范标准学习资料》征订工作的通知
	25	省教育厅	教语办（2001）316号	《中共河南省委宣传部等部门转发中宣部等部门关于开展第四届全国推广普通话宣传周活动的通知》
	26	省委省政府办公厅	豫办（2001）10号	《省委办公厅、省政府办公厅关于进一步加强高层次专业技术人才队伍建设的若干意见》

附录 2

2012 年 H 省教育厅有关高校工作发文统计

序号	文件名称	时间
1	关于授予 ZJW 等 2011 "感动 ZY" 年度教育人物荣誉称号的决定	2012 年 2 月 7 日
2	关于印发《2011 年 H 省教育事业发展统计公报》的通知	2012 年 2 月 8 日
3	关于做好 2011—2012 年度学术技术带头人选推荐工作的通知	2012 年 2 月 14 日
4	关于 2012 年选调优秀高校毕业生到基层工作的通知	2012 年 2 月 20 日
5	关于表彰 H 省高等教育学生工作先进集体和先进工作者的决定	2012 年 2 月 23 日
6	关于印发《中共 H 省委高校工委 H 省教育厅 2012 年工作要点》的通知	2012 年 3 月 1 日
7	关于公开征求《H 省教育事业发展 "十二五" 规划》意见有关事项的公告	2012 年 3 月 1 日
8	关于切实做好当前高校毕业生就业工作有关问题的通知	2012 年 3 月 8 日
9	关于选拔 2012 年普通高等学校优秀专科毕业生进入本科阶段学习的通知	2012 年 3 月 9 日
10	关于对口招收 2012 届中等职业学校毕业生进入普通高等学校学习的通知	2012 年 3 月 19 日
11	关于印发《H 省教育人才发展中长期规划（2011—2020 年)》的通知	2012 年 3 月 22 日
12	H 省教育厅 2011 年政府信息公开工作年度报告	2012 年 3 月 26 日
13	关于印发《H 省高等学校特聘教授岗位制度实施办法》的通知	2012 年 3 月 29 日
14	关于在全省教育系统深入开展 "学习雷锋见行动'三平'之中做贡献" 活动的通知	2012 年 3 月 31 日
15	关于印发《H 省高等职业院校教师素质提高计划（2011—2015)》通知	2012 年 4 月 5 日
16	关于表彰 2010—2011 年度精神文明建设先进集体和先进个人的决定	2012 年 4 月 5 日
17	关于征集、评选 "学习雷锋见行动'三平'之中做贡献" 活动优秀案例的通知	2012 年 4 月 17 日
18	关于开展 2012 年度 H 省信息技术教育优秀成果奖评选工作的通知	2012 年 4 月 17 日
19	转发教育部办公厅关于组织观看电影《钱学森》的通知	2012 年 4 月 17 日
20	关于举办 2012 年全国大学生工业设计大赛 HN 赛区比赛的通知	2012 年 4 月 20 日
21	关于做好 2012 年度 H 省高等学校特聘教授人选推荐工作的通知	2012 年 4 月 20 日
22	关于 2012 年度教育系统精神文明建设工作的意见	2012 年 4 月 20 日
23	关于在全省教育系统开展 "雷锋精神在 ZY、先进典型在身边" 暨 2012 "感动 ZY" 年度教育人物网络推介评选活动的通知	2012 年 4 月 24 日

序号	文件名称	时间
24	转发教育部关于贯彻落实《国家综合防灾减灾规划（2011—2015 年）》的实施意见	2012 年 4 月 25 日
25	关于对入选 2011—2012 年度 H 省教育厅学术技术带头人进行公示的通知	2012 年 4 月 26 日
26	关于做好 2012 年防灾减灾日有关工作的通知	2012 年 5 月 7 日
27	关于公布 2011—2012 年度 H 省教育厅学术技术带头人评选结果的通知	2012 年 5 月 7 日
28	关于组织开展 H 省第七届中等职业学校"文明风采"竞赛活动的通知	2012 年 5 月 7 日
29	关于 2012 年 H 省考录省选调生拟录用人选名单的公示	2012 年 5 月 30 日
30	关于组织开展 2012 年省直属教育公共机构节能宣传月活动的通知	2012 年 5 月 30 日
31	关于"国培计划（2012）"中西部项目——H 省有关招（邀）标事宜的公告	2012 年 6 月 5 日
32	H 省教育厅发出关于切实加强高考期间在校生管理的紧急通知	2012 年 6 月 8 日
33	关于转发省纠风领导小组关于批转《2012 年全省治理教育乱收费规范教育收费工作实施意见》的通知	2012 年 6 月 11 日
34	关于印发 H 省"十二五"节能减排全民行动实施方案的通知	2012 年 6 月 20 日
35	关于做好 2012 年度 H 省高等职业院校教师素质提高计划骨干教师培训工作的通知	2012 年 6 月 26 日
36	关于实施全国信息技术应用培训教育工程的通知	2012 年 6 月 28 日
37	关于组织参加第七届全国信息技术应用水平大赛的通知	2012 年 6 月 28 日
38	H 省教育厅关于自 2012 年起开展 H 省信息技术教育研究项目立项工作的通知	2012 年 7 月 2 日
39	关于评选表彰 H 省高等教育教学工作先进集体和先进个人的通知	2012 年 7 月 6 日
40	中共 H 省委高校工委 H 省教育厅关于进一步做好城镇教师支援农村教育工作的通知	2012 年 7 月 6 日
41	关于印发《H 省教育系统工程建设中挂靠借用资质投标违规出借资质问题专项清理工作方案》通知	2012 年 7 月 6 日
42	关于评选表彰全省教育系统优秀教师和优秀工作者的通知	2012 年 7 月 9 日
43	关于评选表彰全省教育系统先进集体和全省优秀教师、全省教育系统先进工作者的通知	2012 年 7 月 9 日
44	H 省教育厅直属大中专学校 2012 年公开招聘工作人员方案	2012 年 7 月 10 日
45	H 省教育厅 29 所省属高校 2012 年公开招聘工作人员方案	2012 年 7 月 10 日
46	HQ 学院 2012 年公开招聘工作人员方案	2012 年 7 月 11 日
47	H 省教育厅、共青团 H 省委关于表彰 2012 年 H 省普通高校三好学生、优秀学生干部和先进班集体的决定	2012 年 7 月 12 日

续表

序号	文件名称	时间
48	H 省教育厅办公室转发省发改委关于下达 2012 年 H 省节能减排计划的通知	2012 年 7 月 12 日
49	关于推荐 H 省 SHLZ 国学教育基金会 2012 级家庭特困大学生资助对象的通知	2012 年 7 月 17 日
50	关于在全省教育系统开展向 HN 大学见义勇为优秀大学生先进群体学习活动的通知	2012 年 7 月 18 日
51	关于在全省教育系统开展"学习雷锋见行动'三平'之中做贡献"主题征文比赛活动的通知	2012 年 7 月 18 日
52	关于做好 2012 年师德主题教育活动征文和演讲比赛的通知	2012 年 7 月 19 日
53	H 省教育厅转发教育部关于授予 LRF 同志"全国优秀教师"荣誉称号的决定	2012 年 7 月 19 日
54	ZYWH 学院 2012 年公开招聘工作人员方案	2012 年 7 月 20 日
55	ZYWH 学院（筹）公开招聘工作人员笔试成绩及进入面试人员名单公示	2012 年 8 月 7 日
56	关于印发 H 省高等学校协同创新计划实施方案的通知	2012 年 8 月 9 日
57	关于进一步加强高等学校重点和特色学科专业建设的意见	2012 年 8 月 9 日
58	关于开展第八批 H 省重点学科评审建设工作的通知	2012 年 8 月 9 日
59	ZYWH 学院 2012 年公开招聘工作人员方案第二批	2012 年 8 月 18 日
60	关于做好 2012 年度教师系列和工艺美术系列专业技术职务任职资格评审工作有关问题的通知	2012 年 8 月 21 日
61	关于公布 H 省成人教育教学优秀论文评选结果的通知	2012 年 8 月 22 日
62	关于实施 H 省高等学校协同创新计划的通知	2012 年 8 月 23 日
63	关于表彰 H 省高等教育教学工作先进集体和先进个人的决定	2012 年 8 月 23 日
64	H 省人民政府关于全面提高高等教育质量的若干意见	2012 年 8 月 23 日
65	关于公布英特尔未来教育项目优秀教学成果展示活动评选结果的通知	2012 年 9 月 7 日
66	关于 H 省高等学校教育类课程试行"双导师制"的意见	2012 年 9 月 7 日
67	关于启动实施教师教育课程改革研究项目的通知	2012 年 9 月 7 日
68	关于启动实施 H 省教师教育改革创新实验区引导发展计划的通知	2012 年 9 月 7 日
69	关于启动实施 H 省高等学校教育类课程教师培训计划的通知	2012 年 9 月 7 日
70	关于成立 H 省教师教育课程改革工作领导小组的通知	2012 年 9 月 7 日
71	关于公布 2012 年度 H 省信息技术教育优秀成果奖的通知	2012 年 9 月 11 日
72	关于表彰 2012 年度 H 省高等学校教学名师奖获奖教师的决定	2012 年 9 月 12 日
73	关于我省高校 2012—2013 学年度国家助学贷款发放工作安排意见	2012 年 9 月 12 日
74	关于组织参加 2012 中国（郑州）产业转移系列对接活动的通知	2012 年 9 月 13 日

序号	文件名称	时间
75	转发教育部关于切实做好 2012 年普通高等学校家庭经济困难新生入学及各项资助工作的通知	2012 年 9 月 13 日
76	关于加强国家奖助学金评审有关问题的通知	2012 年 9 月 13 日
77	转发教育部关于切实做好 2012 年普通高等学校家庭经济困难新生入学及各项资助工作的通知	2012 年 9 月 13 日
78	关于表彰 2012 年度 H 省高等学校教学名师奖获奖教师的决定	2012 年 9 月 13 日
79	关于我省高校 2012—2013 学年度国家助学贷款发放工作安排意见	2012 年 9 月 13 日
80	关于公布 H 省教育科学"十二五"规划 2012 年度立项课题的通知	2012 年 9 月 17 日
81	关于公布 2012 年度 H 省教育科学研究优秀成果的通知	2012 年 9 月 17 日
82	关于公布 2011 年度人文社会科学研究成果奖的通知	2012 年 9 月 17 日
83	关于建立高校学生食堂饭菜价格平抑基金的指导意见（试行）	2012 年 9 月 17 日
84	关于公布 2012 年度 H 省高等学校"专业综合改革试点"项目的通知	2012 年 9 月 17 日
85	关于公布第十六届多媒体教育软件大奖赛评选结果的通知	2012 年 9 月 17 日
86	关于做好秋季新学期食品安全工作的紧急通知	2012 年 9 月 17 日
87	关于表彰 H 省高校科技管理工作先进集体和先进个人的决定	2012 年 9 月 21 日
88	转发教育部办公厅关于普通高等学校毕业生赴国外担任汉语教师志愿者服务期满相关工作的通知	2012 年 9 月 21 日
89	关于举办 2012 书法家进校园暨第二届河南电视书法大赛（学生组）活动的通知	2012 年 9 月 21 日
90	转发教育部关于深入学习全面贯彻落实全国科技创新大会精神的通知	2012 年 9 月 21 日
91	关于组织申报 2013 年度 H 省科技计划项目的通知	2012 年 9 月 21 日
92	关于印发《H 省教育事业发展"十二五"规划》通知	2012 年 9 月 21 日
93	关于举办 2012 年 H 省中等职业学校学生素质能力大赛的通知	2012 年 9 月 21 日
94	关于开展第十届全省高校思想政治理论课奖励基金评审工作的通知	2012 年 9 月 24 日
95	关于公布 H 省中等职业学校信息化教学大赛获奖名单的通知	2012 年 9 月 24 日
96	关于开展 2012 年度全省高校思想政治工作奖评选的通知	2012 年 9 月 24 日
97	关于修订印发《H 省高等学校思想政治工作奖评审办法》的通知	2012 年 9 月 24 日
98	关于转发 H 省人民政府安全生产委员会办公室关于贯彻落实《H 省生产安全事故隐患排查治理规定》的通知	2012 年 9 月 26 日
99	关于表彰我省参加 2012 年全国职业院校技能大赛获奖选手、先进单位和先进工作者的决定	2012 年 9 月 26 日

序号	文件名称	时间
100	关于 2012 年度中央财政支持的职业教育实训基地建设项目统一招标采购的通知	2012 年 9 月 26 日
101	转发教育部体卫艺司关于开展学校水、环境卫生与个人卫生教育优质教学活动征集与评选的通知	2012 年 9 月 26 日
102	转发教育部办公厅关于开展 2012—2013 年度高校毕业生就业总结宣传的通知	2012 年 9 月 26 日
103	关于办理遗失、错损教师资格证书补发换发相关事项的通知	2012 年 9 月 28 日
104	关于 2012 年大学生村干部国家助学贷款代偿工作有关问题的通知	2012 年 9 月 28 日
105	转发教育部办公厅关于转发中共中央组织部中共中央宣传部《关于认真做好历史文献纪录片〈信仰〉学习宣传工作的通知》的通知	2012 年 9 月 29 日
106	转发 H 省清理拖欠工程款领导小组办公室关于进一步做好十八大期间建设领域清欠工作的通知	2012 年 9 月 29 日
107	关于公布 2012 年度第二批通过前置审批的教育类网站名单的通知	2012 年 9 月 29 日
108	关于开展 2012 年中央专项彩票公益金教育助学项目的通知	2012 年 9 月 29 日
109	转发教育部思政司关于举办第二届全国高校优秀辅导员博客评选活动的通知	2012 年 9 月 29 日
110	转发教育部关于开展 2012 年国家级精品资源共享课推荐工作的通知	2012 年 10 月 8 日
111	H 省教育厅关于调整民办教育领导小组的通知	2012 年 10 月 8 日
112	关于印发关于进一步加强普通高校研究生管理工作的意见的通知	2012 年 10 月 8 日
113	关于举办 H 省高校哲学社会科学管理论坛 2012 征文活动的通知	2012 年 10 月 10 日
114	关于公布第十六届多媒体教育软件大奖赛评选结果的通知	2012 年 10 月 10 日
115	关于举办第十届高等学校师范教育专业毕业生教学技能大赛的通知	2012 年 10 月 12 日
116	关于公布"教育崛起 教师为基"师德主题教育征文和演讲比赛活动结果的通知	2012 年 10 月 12 日
117	关于印发 H 省"十一五"国家级实验教学示范中心验收工作方案（草案）的通知	2012 年 10 月 12 日
118	关于举办 H 省大学生"诚信校园行"标语口号征集大赛的通知	2012 年 10 月 12 日
119	关于推荐省教育信息化专家库专家的通知	2012 年 10 月 12 日
120	关于申报 2012 年度普通高等学校人文社会科学重点研究基地的通知	2012 年 10 月 13 日
121	H 省教育厅关于加强学校禁毒教育工作的意见	2012 年 10 月 13 日
122	关于表彰 H 省职业教育校企合作工作先进单位的通知	2012 年 10 月 13 日
123	关于开展全省高校心理健康教育宣传周活动的通知	2012 年 10 月 15 日

续表

序号	文件名称	时间
124	关于延迟开展德育评估工作的通知	2012 年 10 月 15 日
125	关于公布 2012 年度 H 省普通高等学校本科工程教育人才培养模式改革试点专业的通知	2012 年 10 月 16 日
126	关于开展全省普通高校人文社科重点研究基地评估工作的通知	2012 年 10 月 16 日
127	关于召开全省普通高校人文社科重点研究基地成果展示会的通知	2012 年 10 月 16 日
128	关于对我省高等学校体育专业进行专项检查的通知	2012 年 10 月 17 日
129	关于进一步做好 2012 年度冬季大学生征兵有关工作的通知	2012 年 10 月 17 日
130	关于全省教育系统"身边的榜样"暨 2012"感动中原"年度教育人物评选结果公示	2012 年 10 月 18 日
131	关于开展全省教育史志优秀成果评奖活动的通知	2012 年 10 月 19 日
132	转发《教育部关于印发普通高等学校本科专业目录（2012 年）》《普通高等学校本科专业设置管理规定》等文件的通知	2012 年 10 月 19 日
133	关于做好 2012 年度 H 省学术技术带头人推荐工作的通知	2012 年 10 月 23 日
134	关于公布 2012 年度 H 省高等学校特色专业建设点的通知	2012 年 10 月 23 日
135	关于印发 SXJ 副厅长在第八批 H 省重点学科评审工作会议上讲话的通知	2012 年 10 月 23 日
136	关于公布第八批 H 省重点学科名单的通知	2012 年 10 月 23 日
137	关于公布第十三届 H 省暨全国中小学电脑制作活动我省获奖单位和个人名单的通知	2012 年 10 月 23 日
138	关于引导地方政府加大市属公办本科高校投入的意见	2012 年 10 月 23 日
139	关于印发《H 省教育信息化十年发展规划（2011—2020 年）》的通知	2012 年 10 月 23 日
140	关于召开依法依规开展学生管理工作培训研讨会议的通知	2012 年 10 月 26 日
141	关于公布高校思想政治理论课管理工作征文评比结果的通知	2012 年 10 月 26 日
142	关于公布 2011 年度人文社会科学（马克思主义理论学科）研究成果奖的通知	2012 年 10 月 26 日
143	关于下达 2012 年度人文社会科学（马克思主义理论学科）研究项目立项计划的通知	2012 年 10 月 26 日
144	关于印发 H 省高等学校哲学社会科学创新团队支持计划实施办法的通知	2012 年 10 月 26 日
145	关于申报首批 H 省高等学校哲学社会科学创新团队的通知	2012 年 10 月 26 日
146	转发教育部办公厅关于开展优秀网络课程及资源征集活动的通知	2012 年 10 月 26 日
147	关于公布 2012 年度 H 省高等学校特色专业建设点的通知	2012 年 10 月 26 日
148	关于举办第六届 H 省高职院校技能大赛暨 2013 年全国职业院校技能大赛高职组 H 省选拔赛的通知	2012 年 10 月 27 日
149	关于印发《H 省教育系统"百日安全生产大检查"活动实施方案》的通知	2012 年 10 月 27 日

续表

序号	文件名称	时间
150	关于下达 2012 年度 H 省教育厅人文社会科学研究应用对策专项资助计划的通知	2012 年 10 月 29 日
151	关于公布第四批普通高等学校人文社会科学重点研究基地的通知	2012 年 10 月 29 日
152	关于对全省普通高校基建管理工作和校舍建设工程质量进行检查的通知	2012 年 10 月 29 日
153	转发教育部办公厅关于做好普通高等学校现设本科专业整理和 2012 年度普通高等学校本科专业申报工作的通知	2012 年 10 月 31 日
154	关于开展全省高校校报评估工作的通知	2012 年 10 月 31 日
155	转发《H 省财政厅转发财政部关于开展事业单位公务用车清查工作的通知》的通知	2012 年 10 月 31 日
156	关于对示范性综合实践基地、青少年校外活动中心检查的通知	2012 年 10 月 31 日
157	关于 2012 年度哲学社会科学研究重大课题攻关项目招标工作的通知	2012 年 11 月 2 日
158	关于对高等学校艺术类专业办学情况进行检查的通知	2012 年 11 月 2 日
159	关于公布 2012 年度 H 省协同创新中心名单的通知	2012 年 11 月 2 日
160	关于对全省高校 2011 年度国家助学贷款风险补偿金奖励与超额分担情况的通报	2012 年 11 月 5 日
161	关于组织"走转改"活动优秀编辑记者进高校开设讲座的通知	2012 年 11 月 5 日
162	关于开展第三批依法治校示范校申报评选工作的通知	2012 年 11 月 5 日
163	关于进一步加强高等学校实验室安全管理的通知	2012 年 11 月 5 日
164	关于在 HF 大学设立 H 省学位与研究生教育发展中心的批复	2012 年 11 月 5 日
165	关于印发《H 省研究生教育创新培养基地建设实施办法》的通知	2012 年 11 月 5 日
166	关于对全省电教教材建设应用工作专项检查的通知	2012 年 11 月 5 日
167	转发教育部办公厅关于推荐观看文献电视片《永远的雷锋》的通知	2012 年 11 月 5 日
168	关于分别授予 LBY 等 2012 "感动 ZY"年度教育人物、094 班等教育系统 2012 "身边的榜样"荣誉称号的决定	2012 年 11 月 5 日
169	关于对全省中等职业教育工作进行专项督导检查的补充通知	2012 年 11 月 5 日
170	关于对 ZZ 大学和 HS 大学获得全国优秀博士学位论文进行表彰和奖励的决定	2012 年 11 月 6 日
171	关于公布 2012 年度 H 省卓越法律人才教育培养基地的通知	2012 年 11 月 6 日
172	关于组织参加第十五届中国留学人员广州科技交流会的通知	2012 年 11 月 6 日
173	关于 2012 年度 H 省高等学校教学团队评审结果公示的通知	2012 年 11 月 7 日
174	关于全省教育系统"学习雷锋见行动'三平'之中做贡献"活动优秀案例评选	2012 年 11 月 7 日
175	关于开展职业指导师、心理咨询师第二期培训认证工作的通知	2012 年 11 月 8 日

序号	文件名称	时间
176	关于表彰 2012 年全省高校思想政治理论课教学能手的通知	2012 年 11 月 8 日
177	关于开展全省高校思想政治教育管理工作系列征文活动的通知	2012 年 11 月 8 日
178	关于认真做好 2012 年冬季征兵应征青年学籍学历审查工作的通知	2012 年 11 月 9 日
179	关于开展 2013 年 H 省职业教育教学改革项目立项工作的通知	2012 年 11 月 9 日
180	关于申报 2013 年度 H 省高校科技创新团队支持计划的通知	2012 年 11 月 12 日
181	关于申报 2013 年度 H 省高校科技创新人才支持计划的通知	2012 年 11 月 12 日
182	关于认定首批省级高等职业教育示范性综合实训基地的通知	2012 年 11 月 13 日
183	关于对我省参加第九届全国大学生运动会暨科学论文报告会获奖单位和个人的表彰决定	2012 年 11 月 14 日
184	关于开展第三批博士后研发基地申报工作的通知	2012 年 11 月 15 日
185	转发教育部关于做好今冬学校安全有关工作的通知	2012 年 11 月 19 日
186	关于组织开展 H 省高校科技创新团队和人才支持计划验收工作的通知	2012 年 11 月 19 日
187	关于公布全省教育系统"学习雷锋见行动'三平'之中做贡献"活动优秀案例获奖名单的通知	2012 年 11 月 19 日
188	关于 2012 年度 H 省高等学校精品资源共享课程及双语教学示范课程评审结果公示的通知	2012 年 11 月 20 日
189	关于 H 省高等学校人文社会科学研究项目 2012 年度下半年集中结项的通知道	2012 年 11 月 20 日
190	关于命名 H 省第三批语言文字规范化示范学校的通知	2012 年 11 月 21 日
191	关于做好在 Z 市民办高等层次学校（教育机构）办学情况年审工作的通知	2012 年 11 月 22 日
192	关于立项建设 2012 年度 H 省高等学校教学团队的通知	2012 年 11 月 22 日
193	关于成立 H 省财经类等 4 个行业职业教育指导委员会的通知	2012 年 11 月 22 日
194	关于统计 2012 年国际汉语教育教师派出及培训情况的通知	2012 年 11 月 26 日
195	关于公布第七批 H 省高等学校实验教学示范中心建设单位名单的通知	2012 年 11 月 27 日
196	关于开展"经典照亮人生"知识竞赛暨诵读活动的通知	2012 年 11 月 27 日
197	关于开展本科教学工程国家级大学生校外实践教育基地遴选推荐工作的通知	2012 年 11 月 28 日
198	关于举办"诚莲杯"第二届 H 省大学生创业设计大赛的通知	2012 年 11 月 29 日
199	关于公布教育部对我省有关中外合作办学项目审批结果的通知	2012 年 11 月 29 日
200	关于开展 2012—2013 年度"留动中国——在华留学生阳光运动文化之旅"活动的通知	2012 年 11 月 30 日
201	关于 H 省高等学校人文社会科学研究项目 2012 年度下半年集中结项的通知	2012 年 12 月 3 日

续表

序号	文件名称	时间
202	关于公布我省入选教育部第一批教育信息化试点单位名单的通知	2012 年 12 月 3 日
203	关于印发 W 厅长在 H 省普通大中专毕业生就业工作表彰大会暨 2013 年毕业生就业工作启动仪式上的讲话的通知	2012 年 12 月 3 日
204	关于开展 2012 年度高等学校标准化学生食堂和公寓评估验收工作的通知	2012 年 12 月 4 日
205	关于做好 2012—2013 学年 H 省高等学校教育类课程"双导师制"试行工作的通知	2012 年 12 月 5 日
206	关于下达 2012 年度 H 省教师教育课程改革研究项目立项计划的通知	2012 年 12 月 5 日
207	关于公布首批 H 省教师教育改革创新实验区的通知	2012 年 12 月 5 日
208	关于进一步加强我省家庭经济困难学生资助工作的意见	2012 年 12 月 5 日
209	转发教育部人事司关于做好 2012 年度"长江学者奖励计划"人选申报工作的通知	2012 年 12 月 5 日
210	关于 2012 年"国家高层次人才特殊支持计划"教学名师（高等学校）推荐候选人公示的通知	2012 年 12 月 5 日
211	关于做好 2013 年国家公派硕士研究生项目遴选工作的通知	2012 年 12 月 6 日
212	关于对全省电教教材建设应用工作专项检查的补充通知	2012 年 12 月 6 日
213	关于举办 2012 年师范院校教师教育类课程教师及教师教育管理者培训班的通知	2012 年 12 月 6 日
214	关于 H 省高校哲学社会科学管理论坛 2012 征文活动评审结果的通知	2012 年 12 月 8 日
215	关于 2012 年度 H 省教育厅哲学社会科学研究重大课题攻关项目的立项通知	2012 年 12 月 8 日
216	关于上报 2013 年教育部直属师范大学免费师范毕业生就业需求计划的通知	2012 年 12 月 8 日
217	关于评选 2013 年度中等职业学校省级优秀学生、三好学生、优秀学生干部及先进班集体的通知	2012 年 12 月 8 日
218	关于印发 W 厅长在全面提高高等教育质量工作会议上的讲话的通知	2012 年 12 月 8 日
219	关于编制 2012—2015 年 H 省职业教育品牌示范院校和特色院校建设项目计划的通知	2012 年 12 月 8 日
220	转发教育部关于做好 2013 年全国普通高等学校毕业生就业工作的通知	2012 年 12 月 8 日
221	关于公布全省 2012 年特殊教育教师技能（优质课）竞赛评选结果的通知	2012 年 12 月 11 日
222	关于公布 2012 年 H 省研究生教育创新培养基地名单的通知	2012 年 12 月 12 日
223	关于同意 ZZYX 学院变更举办者和法人代表的批复	2012 年 12 月 12 日
224	关于编制 2012—2015 年 H 省职业教育品牌示范院校和特色院校建设项目规划的通知	2012 年 12 月 13 日

序号	文件名称	时间
225	关于开展 H 省高等职业教育品牌示范学校和特色学校申报工作的通知	2012 年 12 月 13 日
226	关于公布 2012 年认定的 H 省第七批职业教育强县（市）和创建职业教育强县（市）活动先进县（市）的通知	2012 年 12 月 13 日
227	转发教育部国际司、高教司关于做好普通高等学校现设中外合作办学本科专业整理工作的通知	2012 年 12 月 13 日
228	关于公布 2012 年 H 省信息技术教育研究立项项目的通知	2012 年 12 月 15 日
229	关于实施 2012 年教育信息移动服务平台建设试点项目的通知	2012 年 12 月 15 日
230	转发教育部关于印发第一批十二五普通高等教育国家级规划教材书目的通知	2012 年 12 月 20 日
231	转发教育部办公厅关于开展国家级教师教育精品资源共享课推荐工作的通知	2012 年 12 月 20 日
232	关于表彰全省教育审计工作先进单位和先进工作者的决定	2012 年 12 月 20 日
233	关于公布 2012 年度 H 省高等学校精品资源共享课程及双语教学示范课程名单的通知	2012 年 12 月 24 日
234	转发教育部办公厅关于做好 2012 年特岗教师在职攻读教育硕士工作的通知	2012 年 12 月 24 日
235	转发教育部职业教育与成人教育司关于印发部分《高等职业学校专业教学标准》	2012 年 12 月 24 日
236	关于印发 2013 年全省学生体育竞赛计划的通知	2012 年 12 月 25 日
237	关于公布首批 H 省高校哲学社会科学创新团队的通知	2012 年 12 月 26 日
238	关于转发财政部教育部《研究生国家奖学金管理暂行办法》的通知	2012 年 12 月 26 日
239	关于印发《H 省 2013 年高等职业院校单独招生改革试点工作实施意见》的通知	2012 年 12 月 28 日
240	关于公布第十届高等学校师范教育专业毕业生教学技能大赛结果的通知	2012 年 12 月 28 日

参考文献

论著类

[1] 李岚清：《李岚清教育访谈录》，人民教育出版社 2003 年版。

[2] 覃彪喜：《读大学，究竟读什么》，南方日报出版社 2005 年版。

[3] ［荷］弗兰斯·F. 范富格特：《国际高等教育政策比较研究》，王承绪等译，浙江教育出版社 2001 年版。

[4] 喻本伐、熊贤君：《中国教育发展史》，华中师范大学出版社 1991 年版。

[5] 周仲高：《中国高等教育人口的地域性研究》，中国经济出版社 2009 年版。

[6] 潘懋元：《中国高等教育百年》，广东高等教育出版社 2003 年版。

[7] 杨泉明：《中国高等教育改革发展研究》，中国人民大学出版社 2009 年版。

[8] 韩克敬、苏英：《高校人事制度改革研究》，湖南大学出版社 1997 年版。

[9] 张天雪：《校长权力论：政府、公民社会和学校层面的研究》，教育科学出版社 2008 年版。

[10] 朱新梅：《知识与权力：高等教育政治学新论》，教育科学出版社 2007 年版。

[11] 宋承祥：《高等教育内涵发展分析与研究：山东高等教育中长期发展战略研究报告》，教育科学出版社 2009 年版。

［12］陈磊：《大学的理想与实践》，武汉理工大学出版社 2009 年版。

［13］张维迎：《大学的逻辑》，北京大学出版社 2004 年版。

［14］方妍：《高等教育强国背景下政府与大学关系重构研究》，武汉大学出版社 2012 年版。

［15］周佳：《学术权利的政治哲学基础》，山西教育出版社 2010 年版。

［16］侯定凯：《中国大学的理性之路》，华东师范大学出版社 2009 年版。

［17］风笑天：《社会学研究方法》（第二版），中国人民大学出版社 2005 年版。

［18］于显洋：《组织社会学》（第二版），中国人民大学出版社 2009 年版。

［19］叶忠海：《教育人才学》，复旦大学出版社 1993 年版。

［20］曾绍元：《高校师资队伍建设实践与研究》，中国人民大学出版社 2004 年版。

［21］邬大光：《中国高等教育大众化问题研究》，高等教育出版社 2004 年版。

［22］陈列：《市场经济与高等教育——一个世界性的课题》，人民教育出版社 1998 年版。

［23］郑杭生：《社会学概论新修》（第三版），中国人民大学出版社 2003 年版。

［24］教育部人事司：《高等教育法规概论》，北京师范大学出版社 2000 年版。

［25］顾明远：《比较高等教育：知识、大学与发展》，人民教育出版社 2000 年版。

［26］陈孝彬：《教育管理学》，北京师范大学出版社 1990 年版。

［27］袁祖望：《中外教育管理比较》，武汉工业大学出版社 1992 年版。

［28］柏岳：《中国教育现状沉思录》，山东友谊出版社 2001

年版。

[29] HN 学院志编纂委员会:《HN 学院志》,中州古籍出版社 1998 年版。

[30] 陈孝彬:《教育管理学》(修订版),北京师范大学出版社 2002 年版。

[31] 胡仁东:《我国大学组织内部机构生成机制研究》,广东教育出版社 2010 年版。

[32]《HN 大学 2002 年鉴》,内部刊物。

[33]《HN 大学 2013 年鉴》,内部刊物。

[34] 石亚军:《中国政治建设与发展研究》,中国人民大学出版社 2009 年版。

[35] 伍新春:《高等教育心理学》(修订版),高等教育出版社 1999 年版。

[36] 教育部人事司:《高等教育学》,高等教育出版社 1998 年版。

[37] 孙艳红:《人力资源开发与管理》,吉林人民出版社 2006 年版。

[38] 曾绍元:《中国高等学校教师队伍建设和发展》,航空工业出版社 1996 年版。

[39] HN 大学校史编纂委员会:《HN 大学校史 (1952—2012) 下卷》,内部刊物。

[40] 范先佐:《教育经济学》,人民教育出版社 1999 年版。

[41] 李捷理:《社会学》,中国人民大学出版社 2007 年版。

[42] 徐玉坤:《河南教育大事记》,河南教育出版社 1993 年版。

[43] 熊丙奇:《大学有问题》,天地出版社 2004 年版。

[44] 朱新梅:《政府干预与大学公共性的实现:中国大学的公共性研究》,教育科学出版社 2007 年版。

[45] 吴松、沈紫金:《WTO 与中国高等教育发展》,北京理工大学出版社 2002 年版。

[46] 张建新:《高等教育体制变迁研究——英国高等教育从二

元制向一元制转变探析》，教育科学出版社 2006 年版。

[47] 李金龙：《中国共产党领导创建的地方行政制度研究》，上海人民出版社 2008 年版。

[48] 谢维和、文雯、李乐夫：《中国高等教育大众化进程中的结构分析——1998—2004 年的实证研究》，教育科学出版社 2007 年版。

[49] 张成福、孙柏瑛：《社会变迁与政府创新——中国政府改革 30 年》，中国人民大学出版社 2008 年版。

[50] 陈尧：《难以抉择：后发展国家的政治发展战略研究》，上海人民出版社 2008 年版。

[51] 李景治、熊光清：《当代中国政治发展与制度创新》，中国人民大学出版社 2009 年版。

[52] 潘晨光：《中国人才发展报告 No. 1》，社会科学文献出版社 2004 年版。

[53] 王斌华：《教师评价：绩效管理与专业发展》，上海教育出版社 2005 年版。

[54] 亚伯拉罕·弗莱克斯纳：《现代大学论——美英德大学研究》，徐辉等译，浙江教育出版社 2001 年版。

[55] 罗伯特·伯恩鲍姆：《大学运行模式——大学组织与领导的控制系统》，别敦荣译，中国海洋大学出版社 2003 年版。

[56] 冒荣等：《高等学校管理学》，南京大学出版社 1997 年版。

[57] 母国光：《高等教育管理》，北京师范大学出版社 2000 年版。

[58] 朱有瓛：《中国近代学制史料》（第二辑上册），华东师范大学出版社 1987 年版。

[59] 天津大学校史编辑室：《北洋大学——天津大学校史》，天津大学出版社 1995 年版。

[60] 熊丙奇：《我国高校的行政化弊端及改革建议，教育蓝皮书（2008）：深入推进教育公平》，社会科学文献出版社 2008 年版。

[61] 杨汉清、韩骅：《比较高等教育概论》，人民教育出版社 1997 年版。

［62］毕宪顺：《权利整合与体制创新——中国高等学校内部管理体制改革研究》，教育科学出版社 2006 年版。

［63］张友琴、童敏、欧阳马田：《社会学概论》，科学出版社 2008 年版。

［64］郑世光：《中国现代教育史》，三民书局 1981 年版。

［65］熊明安：《中华民国教育史》，重庆出版社 1900 年版。

［66］刘志民：《教育经济学》，北京大学出版社 2007 年版。

［67］郭新立：《中国高水平大学建设之路——从 211 工程到 2011 计划》，高等教育出版社 2012 年版。

［68］宋恩荣、章咸：《中华民国教育法规选编（1912—1949）》，江苏教育出版社 1990 年版。

［69］江铭：《中国教育督导史》，人民教育出版社 1994 年版。

［70］马叙伦：《关于综合大学的方针和任务的报告——中华人民共和国建国以来高等教育重要文献选编（上）》，上海市高等教育局研究室 1953 年版。

［71］王东杰：《国家与学术的地方互动——四川大学国立化进程（1925—1939）》，生活·读书·新知三联书店 2005 年版。

［72］金以林：《近代中国大学研究（1895—1949）》，中央文献出版社 2000 年版。

［73］李露：《中国近代教育立法研究》，广西师范大学出版社 2001 年版。

［74］刘道玉：《一个大学校长的自白》，长江文艺出版社 2005 年版。

［75］高平叔：《蔡元培全集》（第四卷），中华书局 1984 年版。

［76］《傅斯年全集第 5 卷》，湖南教育出版社 2003 年版。

［77］《梅贻琦先生纪念集》，吉林文史出版社 1995 年版。

［78］周予同：《中国现代教育史》，长友图书印刷公司 1934 年版。

［79］张永宏：《组织社会学的新制度主义学派》，上海人民出版社 2007 年版。

［80］吴志功：《现代大学组织结构设计》，北京师范大学出版社1998年版。

［81］阎凤桥：《大学组织与治理》，同心出版社2006年版。

［82］辞海编辑委员会：《辞海》，上海辞书出版社2000年版。

［83］《周鲠生致胡适》，载中国社会科学院近代史研究所中华民国组《胡适往来书信选》，山西教育出版社1995年版。

［84］金铁宽：《中华人民共和国教育大事记》，山东教育出版社1995年版。

［85］中国教育事典编委会：《中国教育事典》，河北教育出版社1994年版。

［86］程斯辉：《新中国著名大学校长（1949—1983）》，湖北人民出版社2007年版。

［87］中国第二历史档案馆编：《中华民国史档案资料汇编第五辑第一编教育（一）》，江苏古籍出版社1991年版。

［88］萧超然、沙健孙、周承恩、梁柱：《北京大学校史（1898—1949）》，上海教育出版社1981年版。

［89］苏云峰：《从清华学堂到清华大学，1928—1937：近代中国高等教育研究》，生活·读书·新知三联书店2001年版。

［90］黄达人：《大学的观念与实践》，商务印书馆2012年版。

［91］周少男：《斯坦福大学》，湖南教育出版社1991年版。

［92］迈克尔·休斯、卡罗琳·克雷勒：《社会学和我们》，周杨等译，上海社会科学院出版社2008年版。

［93］伯顿·克拉克：《高等教育新论——多学科的研究》，王承绪等译，浙江教育出版社2001年版。

［94］托尼·布什：《当代西方教育管理模式》，强海燕等译，南京师范大学出版社1998年版。

［95］阿什比：《科技发达时代的大学教育》，滕大春、滕大生译，人民教育出版社1983年版。

［96］［美］伯顿·R.克拉克：《高等教育系统——学术组织的跨国研究》，王承绪等译，杭州大学出版社1994年版。

[97] Risman David, *The Academic Procession: Constraint and Variety in American Higher Education*, Lincoln: University of Nebraska Press, 1956.

[98] Stroup. H. , *Bureaucracy in Higher Education*, New York: The Free Press, 1966.

[99] Campbell, R. F. , *A History of Thought and Practice in Educational Administration*, Columbia Press, 1989.

[100] William H. Bergquist, *The Four Culture of the Academy: Insights and Strategies for Improving Leadership in Collegiate Organizations*. Published by Jossey-Bass Inc. , 1992.

[101] Massy, W. E. , *Honoring the Trust: Quality and Cost Containment in Higher Education*, Boston: Anker, 2003.

[102] R. Geiger, *To Advance Knowledge: The Growth of American Research Universities: 1900 – 1940*, New York: Oxford University Press, 1986.

[103] Stieglitz. J. E. , *Economics of the Public Sector. Chapter* 16: *Education*, New York: W. W. Norton, 2002.

[104] Richard S. Ruch. Higher Ed, *The Rise of The For-Profit University*, The Johns Hopkins University Press, 2001.

[105] O. Pedersen, *The First Universities-Smdium Generale and the Origins of Universtity Education in Europet Cambridge*, 1997.

[106] Behn, R. D. , *Rethinking Democratic Accountability*, Washington D. C. : Brookings Institution Press, 2001.

[107] Hastings Rashdal, *The Universities of Europe in the Middle Ages* (2). edited by F. M. Powicke and A. B. Emden, New York: Oxford University Press Inc. , 1936.

[108] Walter Powell, *The New Institutionalism in Organizational Anaiysis*, University of Chicago Press, 1991.

[109] Fairholm, G. W. , *Organizational Power Politics: Tactics in Organizational Leadership*, Westport, Conn. : Praeger, 1993.

［110］ J. Victor Baldridge, *Power and Conflict in The University*, John Wiley & Sons Inc. , 1971.

［111］ Eric Ashby, *Universities*: *British*, *Indian*, *African*, *A Study in the Ecology of Higher Education*, Harvard University Press, 1966.

［112］ Alan B. Cobban, *The Medieval Universities*: *Their Development and Organization*, Methuen Ltd. , 1995.

［113］ Richard Hofstadter, *Academic Freedom in the Age of the College*, New Jersey: Transaction Publishers, 1996.

［114］ Foucaut, M. , *The Subject and Power*, London: Harvester Wheatsheaf, 1982.

［115］ Nicholas Tyacke, *The History of the University of Oxford*. Vol Ⅳ. *The Seventeenth Century*, *Part*2, Oxford: Oxford University Press, 1997.

［116］ Steven Lukes, *Power*: *A Radical Review*, London: Macmillan, 1974.

［117］ H. Rashdall, *The Universities of Europe in the Middle Ages*. Vol. 2, Oxford: Oxford University Press, 1936.

［118］ Micharel Sanderson, *The Universities and British Industry 1850 – 1970*, London: Routledge & Kegan Paul, 1972.

［119］ Bourdieu & Passeron, *Reproduction in Education*, *Society and Culture*, London: Sage, 1977.

［120］ Burton R. Clark, *Creating Entrepreneurial Universities*: *Organizational Pathways of Transformation*, IAU (International Association of Universities) Press, 1998.

［121］ Bourdieu, *The State Mobility*: *Elite Schools in the Field of Power*, London: The Polity Press, 1996.

［122］ Hildede Riddler-Symoners, *A History of the University in Europe*, *Volume-Universities in the Middle Ages*, Cambridge: Cambridge University Press, 1992.

论文类

[1] 黄祥林：《"学院制"改革与高校内部教学科研机构重组》，《延安大学学报》（社会科学版）2004 年第 3 期。

[2] 刘国艳：《我国大学学院制改革：理论·问题·思考》，《国家教育行政学院学报》2008 年第 8 期。

[3] 钱建平：《新一轮学院制改革的动力与路径探析》，《江苏高教》2010 年第 6 期。

[4] 刘晓东：《高等学校学院制目标管理模式的构建》，《理论界》2007 年第 8 期。

[5] 严燕：《学院制的内涵与学院的设置》，《教育研究》2005 年第 10 期。

[6] 李北群、徐月红：《大学实行学院制的研究》，《教育与职业》2008 年第 8 期。

[7] 肖期华：《高校管理创新与学院制实体化运作思考》，《文教资料》2007 年第 3 期。

[8] 冀斌：《高等学校机构调整及其组织变改的理论内涵》，《宁夏大学学报》（人文社会科学版）2002 年第 1 期。

[9] 龙献忠：《高等学校组织结构分析及改革研究》，《湖南师范大学教育科学学报》2004 年第 1 期。

[10] 袁祖望：《高校党政机构设置缺陷及纠偏》，《高教探索》2004 年第 3 期。

[11] 黄红梅：《论核心期刊泛化的负效应》，《江汉大学学报》（人文科学版）2003 年第 6 期。

[12] 李东辉：《学术泡沫下的期刊趋势一鉴》，《云梦学刊》2010 年第 1 期。

[13] 杨明丽：《学术泡沫中沉浮的学术期刊》，《江西社会科学》2005 年第 2 期。

[14] 黄仁宗：《论我国政府机构改革"怪圈"的成因》，《探索》2001 年第 5 期。

［15］茹宁:《从学术自由与大学自治的关系看我国大学"去行政化"改革》,《高教探索》2011 年第 2 期。

［16］苗素莲:《中国大学组织特性历史演变研究》,博士学位论文,华东师范大学,2004 年。

［17］彭荣础:《理性主义与西方大学发展变迁研究——兼论中国大学的本土发展》,博士学位论文,南开大学,2009 年。

［18］张金福:《中国大学自主性的制度环境与自主性特征》,《中国高教研究》2007 年第 9 期。

［19］周光礼:《中国大学办学自主权(1952—2012):政策变迁的制度解释》,《中国地质大学学报》(社会科学版)2012 年第 5 期。

［20］邹广义:《学术泡沫是怎么吹起来的》,《人民论坛》2012 年第 15 期。

［21］王文江:《构建和谐的学术生态》,《赤峰学院学报》(汉文哲学社会科学版)2009 年第 6 期。

［22］申志国:《身处窘境的学术创新》,《大观周刊》2011 年第 50 期。

［23］刘少雪等:《创新学科布局 规范院系设置》,《清华大学教育研究》2005 年第 5 期。

［24］袁祖望:《从官僚制到官本位:大学组织异化剖析》,《现代大学教育》2010 年第 6 期。

［25］董云川:《论大学行政权力的泛化》,《高等教育研究》2002 年第 2 期。

［26］韩骅:《再论教授治校》,《高等教育研究》1998 年第 1 期。

［27］王长乐:《我们应该怎样对待大学行政化》,《大学教育科学》2005 年第 6 期。

［28］袁祖望:《论高校领导干部问责的特殊性》,《复旦教育论坛》2010 年第 2 期。

［29］李北群、徐月红:《大学实行学院制的研究》,《教育与职业》2008 年第 8 期。

［30］严燕:《学院制的内涵与学院的设置》,《教育研究》2005

年第 10 期。

　　[31] 张玮等：《高校权力解构与分权原则研究》，《湖北教育》2011 年第 3 期。

　　[32] 林健：《大学校院两级管理模式中的权责划分》，《国家教育行政学院学报》2009 年第 11 期。

　　[33] 董泽芳：《博士学位论文创新的十个切入点》，《学位与研究生教育》2008 年第 7 期。

　　[34] 刘广明：《大学边界的形成与功能：组织社会学的视角》，《郑州大学学报》（哲学社会科学版）2008 年第 5 期。

　　[35] 曹云亮：《高校管理制度的合法性危机现象探析》，《现代教育管理》2012 年第 4 期。

　　[36] 刘亚荣、高建广等：《我国高校实行院校两级管理体制改革的调研报告》，《国家教育行政学院学报》2008 年第 3 期。

　　[37] 周远清：《我国高等教育改革与发展的回顾与展望》，《高等教育研究》2001 年第 1 期。

　　[38] 王英杰：《大学学术权力和行政权力冲突解析》，《北京大学教育评论》2007 年第 1 期。

　　[39] 许建玲：《论大学学术权力扩张的可能与限度》，《江苏高教》2001 年第 3 期。

　　[40] 蔡文伯等：《高校学术权力与行政权力的回溯与反思》，《国家教育行政学院学报》2009 年第 4 期。

　　[41] 蒋洪池等：《美国大学学术权力与行政权力冲突的案例探析》，《现代大学教育》2010 年第 4 期。

　　[42] 冉亚辉等：《取消高校行政级别是一个短视的观点》，《江苏高教》2007 年第 5 期。

　　[43] 马陆产：《现代大学制度建设中的内部治理结构》，《北京教育》2009 年第 6 期。

　　[44] 章美锦：《论大学的异化：学科制、科层组织及功能演变》，《黑龙江高教研究》2009 年第 11 期。

　　[45] 王颖等：《高校"去行政化"的讹传与现实反思》，《江苏

高教》2011 年第 3 期。

　　［46］于静之等：《大学去行政化的思考》，《山东医学高等专科学校学报》2011 年第 2 期。

　　［47］崔明辰：《高校内部"行政化"倾向及其"去行政化"的对策建议》，《管理观察》2012 年第 12 期。

　　［48］陈健：《政府机构设置：集中还是分立》，《河北经济贸易大学学报》2013 年第 7 期。

　　［49］高桂娟等：《大学内部管理机构设置的实证分析与问题探讨——以"985 工程"大学为例》，《高校教育管理》2013 年第 7 期。

　　［50］王应密等：《美国"常春藤联盟"大学院校研究机构建制模式及其启示》，《比较教育研究》2013 年第 5 期。

　　［51］李俊生：《美国密西根大学服务型科研管理体系与策略》，《中国高等教育》2013 年第 3 期。

　　［52］郭为禄等：《美国大学评议会的运行模式》，《全球教育展望》2012 年第 4 期。

　　［53］朱维究：《中国政府适应市场经济职能转变的机构设置研究》，《中国机构改革与研究》2012 年第 2 期。

　　［54］陈硕：《我国政府组织结构的优化问题探讨》，《滨江学院学报》2013 年第 4 期。

　　［55］谭燕萍：《试论高校科室建制档案机构改革的实现途径》，《黑龙江档案》2012 年第 4 期。

　　［56］杨婷等：《英美大学教师学术管理参与层次的刍探》，《教育教学论坛》2013 年第 43 期。

　　［57］王四方：《"大部制"改革研究综述及前瞻》，《当代社科视野》2008 年第 2 期。

　　［58］左然：《国外中央政府机构设置研究》，《中国行政管理》2006 年第 4 期。

　　［59］张弥等：《行政体制改革的问题和教训及进一步改革的思考》，《科学社会主义》2006 年第 6 期。

　　［60］洪谊雅等：《对政府机构改革走出"精简—膨胀"循环怪

圈的探讨》，《福建行政学院学报》2001 年第 4 期。

　　［61］徐远中等：《地方政府机构改革的深层原因及最大难点》，《中国行政管理》2000 年第 2 期。

　　［62］骆峤嵘：《国外高校管理机构设置的启示》，《哈尔滨学院学报》2005 年第 1 期。

　　［63］彭未名：《高等教育管理权力结构问题及对策》，《高教探索》2002 年第 4 期。

　　［64］福民：《苏联高等教育的改革》，《人民教育》1952 年第 9 期。

　　［65］陈颖：《我国高等学校校、院（系）权力配置影响因子研究——基于高等学校组织特性的思考》，博士学位论文，南京师范大学，2008 年。

　　［66］杨兴坤：《论大部制的治理结构和治理机制》，《郑州航空工业管理学院学报》2008 年第 5 期。

　　［67］孙建波等：《政府机构改革的前车之鉴》，《南京大学学报》（哲学、人文、社会科学版）1999 年第 4 期。

　　［68］朱中原：《"大部制"将引领机构改革》，《中国改革》2008 年第 1 期。

　　［69］李军鹏：《"大部制"有利于问责》，《南风窗》2007 年第 10 期。

　　［70］董方军等：《大部门体制改革：背景、意义、难点及若干设想》，《中国工业经济》2008 年第 2 期。

　　［71］杨黎明：《高等教育大众化与中国大学组织结构的变革》，《江苏高教》2008 年第 5 期。

　　［72］赵炬明：《中国大学与院校研究》，《高等教育研究》2005 年第 8 期。

　　［73］胡成功：《五国大学学术组织结构演进研究》，《东北师范大学学报》（哲学社会科学版）2005 年第 5 期。

　　［74］迟景明：《现代大学的组织特性与管理创新》，《大连理工大学学报》（社会科学版）2002 年第 2 期。

［75］刘刚:《对我国高等教育大众化的几点新认识》,《中国成人教育》2005 年第 11 期。

［76］熊德明等:《论高校目标管理中的机构设置》,《黑龙江高教研究》2008 年第 7 期。

［77］周憬:《管理幅度探析》,《宝鸡文理学院学报》(社会科学版) 2000 年第 3 期。

［78］杨宁:《高校科研机构设置的历史演进》,《辽宁行政学院学报》2007 年第 12 期。

［79］孟媛:《创办世界一流大学——浅析香港科技大学的崛起》,《当代教育论坛》2011 年第 9 期。

［80］黄子杰等:《经营:大学管理新模式》,《湖北社会科学》2011 年第 4 期。

［81］徐同文:《经营大学与大学经营》,《高校教育管理》2008 年第 6 期。

［82］吴晓曼:《研究型大学的投入:大陆与香港的比较》,《学海》2005 年第 6 期。

［83］郭德侠:《中美英三国政府资助大学科研方式的比较》,《清华大学教育研究》2010 年第 6 期。

［84］赵莹莹:《行业特色高校与综合大学的投入比较研究》,《观察》2010 年第 3 期下旬刊。

［85］蒋维桥:《民元以来学制之改革》,《光华月刊》1936 年第 1 期。

［86］顾树森:《对于改革现行学制之意见》,《教育杂志》1919 年第 9 期。

［87］黄仁宗:《论我国政府机构改革"怪圈"的成因》,《探索》2001 年第 5 期。

［88］谢泳:《1949 年前中国国立大学校长与政府的关系》,《社会科学论坛》2004 年第 10 期。

［89］陈红:《大学官本位:社会表现及影响》,《科学家》2008 年第 6 期。

［90］张家：《中国大学何处去——大学"官本位"十大表现》，《当代教育论坛》2008 年第 4 期。

［91］刘莉莉、张道生：《大学校园称呼"官味"浓，官本位思想是根源》，《经济参考报》2008 年 9 月 24 日。

［92］徐继宁：《英国高等教育职能演进之探讨》，《高教发展与评估》2006 年第 11 期。

［93］石祥强、刘东华：《经济发展驱动下的大学职能变迁趋势探析》，《高教研究》2010 年第 3 期。

［94］赵宪荣：《助人成功：现代领导新观念》，《经济师》2002 年第 5 期。

［95］吴宗元、孙渝莉、杨建：《和谐的现代大学制度》，《黑龙江高教研究》2008 年第 2 期。

［96］周光礼：《中国大学"去行政化"改革的制度困境及其破解》，《现代大学教育》2012 年第 3 期。

［97］伍修琼：《教授呼吁将办学自主权交给大学，称自主办学是趋势》，《人民日报》2009 年 2 月 5 日。

［98］张维迎：《清华大学因花不完经费被罚几千万》，燕赵都市网，http：//help. 3g. 163. com/13/1020/14/9BKTQGTR00963VRO. html，Oct 20，2013 年。

［99］钟秉林、张斌贤、李子江：《大学如何协调学术权力与行政权力》，《中国教育报》2005 年 2 月 4 日。

［100］王毅：《院士是"院仕"，一种必然的结局》，《中国青年报》2009 年 12 月 18 日。

［101］张建林：《高校去行政化需要找准平衡点》，《特别关注》2009 年第 11 期。

［102］俞建伟：《学院制中学院的内部管理体制》，《江苏高教》2001 年第 1 期。

［103］章晓莉：《高校行政权力与学术权力博弈分析》，《黑龙江高教研究》2009 年第 12 期。

［104］李春梅、孟蓉蓉：《大学行政权力与学术权力的博弈分

析》,《陕西科技大学学报》2012 年第 10 期。

[105] 叶铁桥:《学术打假, 怎一个愁字了得》,《中国青年报》2010 年 11 月 10 日。

[106] 蒋维乔:《清末民初教育史料》,《光华》1935 年第 5 期。

[107] 曾昭抡:《高等学校的专业设置问题》,《人民教育》1952 年第 9 期。

[108]《北大新语·授教 (三) ——北大名师的授教风采》, ht-tp://book. douban. com/review/1133519。

[109] 姜明安:《行政国家与行政权的控制和转化》,《法制日报》2000 年 2 月 13 日。

[110] 陈敏:《聚焦中国大学校长:公众认同度不够理想》, ht-tp://news. sina. com. cn/c/p/2005 – 06 – 30/18087093790. shtml, 2005 年 6 月 30 日。

[111] 吴楠:《公务员数量连涨 4 年, 已达 708. 9 万——人不怕多, 好使才行》, http://bjwb. bjd. com. cn/html/2013 – 07 – 01/content_ 86405. htm, 2013 年 7 月 1 日。

[112] 周蓬安:《呼吁全国人大督察落实〈国务院组织法〉》, http://zhoupa. blog. sohu. com/301392033. html, 2014 年 3 月 6 日。

[113] 邵鸿:《大学行政化趋势日益明显, 应切实保障大学自主权》, 人民网, http://lianghui 2009. people. com. cn/GB/145749/8925126. html, 2009 年 3 月 8 日。

[114] 黄伟:《两会声音:扩大办学自主权需政府高校一起改革》, 人民网 (江苏), http://js. people. com. cn/html/2014/01/22/283899. html, 2014 年 1 月 22 日。

[115] 温家宝:《百年大计教育为本》, 人民网, http://politics. people. com. cn/GB/101380/8618164. html, 2009 年 1 月 4 日。

[116] 熊飞骏:《"官本位"文化的十大怪状》, http://blog. if-eng. com/article/22387441. html, 2013 年。

[117] 李爱民:《对中国公立大学组织的社会学分析》,《现代大学教育》2007 年第 3 期。

［118］周广亚：《320 名高校教师职业倦怠与抑郁躯体化的关系》，《中国校医》2012 年第 6 期。

［119］李晓、黄建如：《20 世纪后半叶法国大学内部管理机构问题研究》，《大学教育科学》2007 年第 1 期。

［120］张晓鹏：《学院建制与管理分权——从国外名牌大学经验得到的启示》，《全球教育展望》2001 年第 2 期。

［121］朱建华：《教育部评出第五届高校教学名师 9 成有行政职务》，新华网，http：//news. xinhuanet. com/edu/2009 - 09/11/content_12032603. htm，2009 年 9 月 11 日。

［122］莫静清：《南科大正局级副校长风波"去行政化"成传说》，http：//edu. qq. com/a/20110518/000140. htm，2011 年 5 月 18 日。

［123］刘尧：《大学内部学术权力与行政权力的演变》，《现代教育科学》2006 年第 2 期。

［124］郭锦飞、陈仕铋：《新建地方本科行政权力与学术权力协调机制探究》，《江西教育学院学报》（社会科学）2013 年第 4 期。

［125］刘文嘉：《规范学术期刊不能仅盯着"出口"》，《光明日报》2011 年 3 月 21 日。

［126］李光福：《学术不端行为泛滥及其严重后果》，《东南大学学报》（哲学社会科学版）2011 年第 13 期。

［127］江晓原：《泡沫学术是计划学术的直接产物——江晓原教授答记者问》，《社会科学论坛》2005 年第 21 期。

［128］金涛、朱作宾、贺谊等：《三级教学督导组织的职责及其相互关系》，《宁波大学学报》（教育科学版）2013 年第 3 期。

［129］陶东风：《高校改革和填表教授》，《光明日报》2003 年 8 月 20 日。

［130］孔捷：《德国大学基层学术组织模式及其影响》，《江苏高教》2009 年第 1 期。

［131］李丹阳：《2008—2013：中国大部制改革探索的成效和存在的问题》，《经营管理者》2014 年第 5 期。

［132］王青花：《合力促成民国时期中国大学的崛起》，《贵州师

范大学学报》2009 年第 1 期。

［133］常连智、贾协增、侯建设:《我国高等教育改革和发展五十年的历程与时代特征》,《机械工业高教研究》2000 年第 2 期。

［134］王根顺、陈蕃:《新中国成立后两次高校合并历史经验的理性探析》,《教育探索》2006 年第 6 期。

［135］李萍、卢政:《关于高等教育大众化理论在我国实践的反思》,《中国科技教育》(理论版) 2012 年第 6 期。

［136］刘金松、彭友:《浙大校长任命风波》,《经济观察报》2013 年 6 月 29 日。

［137］徐建国:《从西方大学的起源和发展看现代大学的精神内核》,《北方民族大学学报》(哲学社会科学版) 2011 年第 2 期。

［138］周凯:《复旦大学校长杨玉良:中国大学精神虚脱》,《中国青年报》2010 年 6 月 22 日。

［139］田子俊:《管理的最高境界——从他律到自律》,《领导科学》2008 年第 16 期。

［140］诸常初:《大部制理念下的高校机构改革研究——以温州大学为例》,硕士学位论文,浙江师范大学,2009 年。

［141］卢威、邱法宗:《论高校管理机构的"大部制"改革》,《国家教育行政学院学报》2011 年第 3 期。

［142］张志万、孙柳青:《关于推行高校职能部门大部制改革的实践探讨》,《世纪桥》2014 年第 3 期。

［143］龚常、曾维和、凌峰:《我国大部制改革述评》,《政治学研究》2008 年第 3 期。

［144］全力:《论高校组织模式存在的问题与重构》,《教育发展研究》2011 年第 3 期。

［145］王英杰:《大学危机:不容忽视的难题》,《探索与争鸣》2005 年第 3 期。

［146］丁福兴:《中国大学"行政化"的多重归因及其治理路径》,硕士学位论文,南京师范大学,2014 年。

［147］崔恒秀:《民国教育部与大学关系之研究 (1912—

1937)》，博士学位论文，苏州大学，2008 年。

［148］万志峰：《大学内部机构设置及现状研究》，硕士学位论文，曲阜师范大学，2008 年。

［149］严冬生：《社会主义市场经济条件下政府与高校关系研究》，硕士学位论文，苏州大学，2006 年。

［150］马玲：《我国研究型大学校级行政机构与岗位设置研究》，硕士学位论文，上海交通大学，2005 年。

［151］宣勇：《大学组织结构研究》，博士学位论文，华东师范大学，2004 年。

［152］谢艳华：《政协委员热议高校去行政化》，《人民政协报》2014 年 3 月 7 日。

［153］智效民、谭山山：《中国大学的 30 年的好时光》，《新周刊》第 325 期。

［154］孟庆伟、郝成：《中国高校校企资产超 3000 亿，北大清华最"土豪"》，http：//money. 163. com/14/0125/10/9JE7O66T00252G50. html？from = endart，2014 年 1 月 25 日。

［155］顾海良：《去行政化必须找到症结所在》，山东教育网，http：//edu. sdchina. com/show/762716. html，2010 年 12 月 16 日。

［156］Annemarie Van Langen, Hetty Dekkers, "Decentralization and Combating Educational Exclusion", *Comparative Education*, Vol. 37, Mar. 2001.

［157］Mark Bray, Nina Borevskaya, "Financing Education in Transitionl Societies: Lessons from Russian and China", *Comparative Education*, Vol. 37, Mar. 2001.

［158］Nelson, Richard R. and Edmund S. Phelps, "Investment in Humans, Technological Diffusion, and Economic Growth", *American Economic Review*, Feb. 1966.

［159］Paul Gibbs, "Higher Education as a Market: a Problem or Solution", *Studies in Higher Education*, Vol. 26, Jan. 2001.

［160］Simon Marginson, "Global Position and Position Taking: The

Case of Australia", *Journal of Studies in International Educaiton*, Jan. 2007.

[161] S. J. Duckett, "Turning Right at the Crossroads: The Nelson Report's Proposals to Transform Australia's Universities", *Higher Education*, 2004 (6).

[162] Strain, M. & Field, J. , "On the Myth of the Learning Society", *British Journal of Educational Studies*, Vol. 3, 1997.

[163] Paul DiMaggio & Walter Powell, "The Iron Cage Revisited: Institutional Isomorphism and Collective Rationality in Organizational Fields", *American Sociological Review*, Vol. 42, No. 2. 1983 (4).

[164] David D. Dill. , "The Management of Academic Culture: Notes on the Management of Meaning and Social Integration", *Higher Education*, 1982 (11).

[165] Pamela Toibert. "Institutional Sources of Change in the Formal Structure of Organization: the Diffusion of Civil Service Reform", *Administrative Science Quarterly* 28, 1983.

[166] So Imon. L. C. , "Quality of Education and Economic Growth", *Economics of Education Review*, 1985 (10).

[167] Lynn Thorndike, "Natural Science in the Middle Ages", *Popular Science Monthly*, September, 1915.

[168] Mare. R. , "Change and Stability in Educational Stratification", *American Sociological Review*, Vol. 46, No. Jan. 1981.

[169] Lucas. S. R. , "Effectively Maintained Inequality: Education Transitions, Track Mobility and Social Background Effect", *The American Journal of Sociology*, Vol. 106, No. Jun. 2001.

[170] S. Willis Rudy, "The 'Revolution' in American Higher Education, 1865 – 1900", *Harvard Educational Review*, 1951 (21).

[171] Ayalon. H. &Y. Shavit, "Educational Reforms and Inequalities in Israel: The MMI Hypothesis Revisited", *Sociology of Education*, Vol. 77, No. 2, 2004.

后　记

　　本书是在我博士学位论文的基础上修改而成。读博的过程充满了曲折和艰辛，我总是不由自主地把这件事和牛联系起来。老家的牛在耕地或拉车时，牛的脖子上有一个叫"套"的物件，呈抛物线形状，一般由光滑的木质材料制成。"套"的两端由绳子连着后边的犁或车，牛的力量通过"套"带动犁或车前行。读博士对我来说，一旦做了要读的决定，后来的几年就感觉如"套"上了脖子，唯有不断地用力前行。

　　决定读博士时年龄已过四十，"四十不惑"对我还是有影响的。而且从功利的角度看，读博士对我来说可能不是非常迫切。读是自加压力，肯定非常辛苦，不读可能生活得更轻松些。所以，读与不读很是踌躇了一段时间。但是，如果不读从内心来说还是觉得有些遗憾，虽然生活轻松了，总感觉人生有些"虚度"和"浪费"。再加上家人的鼓励，同时还想给女儿做个榜样，最后还是决定"读"。"套"就这样被我自己套上了脖子。这个"套"一旦上了脖子，想摘下来就不可能了，无论从"面子"角度还是其他……

　　一系列课程进展顺利，先后有雷洪老师、孙秋云老师、吴毅老师、张小山老师的精彩授课，社会学的一扇扇大门依次被打开……随着一个个一万多字大作业的完成，再加上英语课程考试等，课程学习的环节完成了。

　　接下来进入了论文阶段。确定写作方向花了不少的时间，最后还是选择了自己比较熟悉的大学机构设置作为研究的内容。选定方向后，利用各种机会，搜集、阅读有关文献。学校图书馆这方面的文献较少。于是，只要到外地出差，书店成了我的必到之处。只要是有一点内容有关的书籍，都会买下来带回。现在我的书架里，有关选题方面的书有了几十本。事情进行得还算顺利，边工作，边学习，一切都在计划之中。

天有不测风云。2011 年 5 月 31 日，上天在我生命的历程中留下了一道深深的印记。这也是至今不愿过多回忆、令人不寒而栗的一天。当天出差镇江，车行至宁洛高速安徽滁州段时，后车追尾造成严重车祸，我在高速行驶的车里被甩出车外，全身血肉模糊……救护车到医院的路是那么漫长，虽然是下午 3 点左右，但我总感觉天是黑的……滁州第一家收治的医院诊断为颈椎骨折，头部以下失去知觉，血压在急剧下降，病危。医院做了必要的处置后，表示已无力救治，要求尽快转院。无奈，转至滁州市第一人民医院，在重症监护室，我一次次感受到"死神的降临"。

谢敬佩副校长、学校一附院骨科熊明月博士和我的家人连夜出发，第二天早上赶到了医院。由于学校领导出面协调，医院非常重视，并很快拿出了救治方案，为了尽可能保证手术成功，商定请南京鼓楼医院俞扬主任主刀手术。手术时间定在 6 月 5 日。

极度痛苦中的等待。我曾问医生，我的伤是否和体操运动员桑兰一样，他说差不多。在等待手术的几天里，我一直在想，如果手术失败，以后就是高位截瘫，将在轮椅上度过余生，自己已经这样也无所谓了，但我的家人怎么办？还在上大学的女儿怎么办？我的妻子将辛辛苦苦伺候我一辈子？这不是我希望的。现在女儿还需要我的抚养，等女儿大学毕业后能够自食其力了，我将不会拖累家人。这种想法挥之不去。

6 月 5 日终于到了。这一天本应是我妻子的生日。那天是个星期天。上午，我被推进了手术室。手术室外是我的家人、同事。在手术床上，听医生们说，主刀医生的车已上了长江大桥，可以进行麻醉了。随后即进入无意识状态。不知过了多久，听到有人叫我的名字，我被唤醒了。当我清醒地听到陶日东大夫第一声叫我的声音时，真的感觉是天籁之音。当听到手术很成功时，在手术床上的第一个想法是如果我还有会自由行走的那一天，我一定要亲眼看看给我主刀的大夫。①

神经损伤是极度痛苦的，由于颈椎不能再有移动，手术前的 5 天和手术后的 4 天，我的颅骨上被打了孔，用 4 公斤的重物牵引固定在床上。正常的人躺在床上一般 30 分钟就会翻一次身，而我 9 天不能动，而且全身伤痕累累，在滁州住院的一个月时间里，我每天问得最多的一句话是"几点了"。人常说"度日如年"，我感觉每一秒钟都是煎熬。一个月后，学校一附院的救护车把我接回了洛阳继续治疗。接下来是在病床上足足躺了三个月，此后是长达一年的康复治疗。

这一段恐惧、痛苦的经历除了耽误论文如期完成外，本与论文没有多少关系。但我总有一种要把这段经历写出来的想法。因为这个印记留在我的生命里太深太深，这一段时间有太多我非常感激的人。在滁州，如果不是谢敬佩副校长及时赶到，也许就不会请到俞扬主任主刀，此后我很可能会和轮椅相伴一生。我的妻子在滁州的一个月里每天连续十几个小时陪在我的病床前，精心地照料。我的家人、我的同事张文成、杨海恩、杜刚、任崴、刘明、杜东源等，轮流在夜间陪护，还有医生、护士等，需要感谢的人太多，我都一一记在了心里。这也是借此记录这一段痛苦经历的主要原因。

几年来，虽然后遗症一直伴随着我，但与当初"高位截瘫，不可修复"的诊断结论比，能自由行走就是最大的幸福。由于病痛，博士学位论文的撰写是彻底停止了。直至 2013 年 5 月接到华中科技大学通知："2015 年 5 月是最后完成时间"，这时才感到必须认真对待这件事了。

感谢导师丁建定教授及时对我论文提纲的修改，对每一章每一

---

① 俞扬大夫就职于南京鼓楼医院。因为手术麻醉前俞大夫还在南京到滁州的路上，手术后醒来时，俞大夫已经离开滁州。所以，当在手术床上听到手术成功的消息时，最大的愿望就是当我能自由行走时，一定去当面感谢俞大夫。这一天还是实现了，参见 http://cbu. cnr. cn/yw/201110/t20111017_ 508636154. shtml。

节的内容进行了仔细审阅，并多次提出了非常明确的修改意见。根据导师审定的写作提纲，在前期搜集、阅读大量文献的基础上，写作时的思路还是很清晰的，素材也比较充足。但是我还是遇到了很大的问题，那就是身体不能适应长时间写作的要求。由于颈椎、腰椎的问题，不能坐太长时间。受伤后右臂一直疼痛、右手一直麻、胀，敲击键盘的速度远远跟不上思维的速度。所以，后来就改用手写方式。非常感谢我的同事王亚芳、刘钰、刘洁在文字输入等方面的支持，如果不是她们的帮助，论文完成的时间肯定大大推迟。感谢韩炜、牛卫东、张献文以及徐斌、邓四二、王晓强博士提供的诸多方面的帮助。

写作的过程是痛苦的，既有身体的痛，也有心理的压力。多少个夜里，一觉醒来，脑子里突然又冒出了写下去的"灵感"，唯恐这个"灵感"转瞬即逝，总是半夜起床继续写作。写作也是愉快的，当看到手稿在一点点变厚，提纲的内容在一点点完成，剩余的工作量在一点点变少，这时的心里是愉悦的……

感谢我的家人，我年迈的岳父岳母对我学业的鼓励和支持。是我贤淑的妻子王雅丽女士，多年来几乎承担了全部家务，支持我的学习和工作，关心我的健康。也是她在时时催促着我的论文写作，时时地敲着论文答辩"倒计时"的警钟。

尽管有许多曲折，但已近知天命之年还在做读博之事，自觉令人汗颜。此生追求学历的求学之路应该是画"句号"的时候了。回想求学的历程，每一阶段都有师长的教诲。小学、初中阶段的田正恩老师，高中阶段的余芬、李星奇老师，大学阶段的陈经明老师，硕士阶段的陈磊老师，都曾对我的人生有重大影响。周志立副校长在我求学路上也多次给予了极大的帮助。为了供我读高中、大学，年迈的父母仍须在田间劳作。有多少次，父母在烈日下劳作的身影不时出现在梦中。如今，"子欲孝而亲不待"。35年前父亲鼓励我努力考大学的一句话至今仍在耳边萦绕："读书就像推着小车上坡，要一口气推到顶，中间如果停下来，前边的劲就白费了"。当年，过了"大学"这个"坡"后没有一鼓作气再向上推，如果博士学位算是最高的"坡顶"

的话，也可以告慰我的父亲母亲。

也希望我的读博能给我的女儿做个榜样，期盼着她能学有所成。

今天，几经修改的书稿完成，作此文以记之。

2016 年 6 月 5 日